BIBLIOTHÈQUE GÉNÉRALE

SALON LITTÉRAIRE NATIONAL

ou

CABINET DE LECTURE DE TOUT LE MONDE [1]

1, RUE MÉHUL, 1

OUVRAGES DE LA MÊME COLLECTION

PAR

Léon De VILLIERS & Georges De TARGES

EN VENTE :

Liste alphabétique des blessés sous Paris, pendant la période du siége de Paris, br. in-18 jésus. . . Prix : 0 fr. 60 c.

SOUS PRESSE :

Le Livre d'Or du Siége de Paris, liste de tous les citoyens décorés, médaillés, cités à l'ordre du jour, etc., suivi de la liste des blessés pendant la période du siége, in-18 jésus . . . . Prix : 2 fr. »»

La Légende des huit femmes de pierre, petit in-8 (accompagné de neuf magnifiques Photographies). Prix : 2 fr. »»

Vie de saincte Geneviefve en vingt Légendes. (Édition de luxe accompagnée de 20 magnifiques gravures, par MM. René Boulangé, Ed. Cibot, J. B. Corot, Eug. Lavieille, Ch. Philippart, Thirion-Duval, Félix Villé.)

Tablettes d'un Homme d'ordre, pendant l'insurrection communale (du 18 mars au 20 mai 1871), accompagnée d'une liste alphabétique des noms propres cités dans l'ouvrage.

L'agonie de la Commune, ou huit jours de bataille dans la rue, br. in-8 ornée d'un beau dessin de M. Thirion-Duval, représentant le panorama de Paris, pendant l'incendie . . . . Prix : 2 fr. 50 c.

D'autres Volumes sont en préparation.

[1] Voir à la fin des *Tablettes d'un Mobile* le prospectus du Salon littéraire.

TABLETTES

D'UN

MOBILE

Journal Historique et Anecdotique

DU

SIÉGE DE PARIS

(Du 18 septembre **1870** au 28 janvier **1871**)

PAR

Léon de VILLIERS & Georges de TARGES

2ᵉ ÉDITION

PARIS

BUREAUX DE LA BIBLIOTHÈQUE GÉNÉRALE

1, RUE MÉHUL, 1

Au coin de la rue Neuve-des-Petits-Champs, en face du Théâtre-Italien
(Au premier)

Chez **M. J. MOLLIE**,

Libraire-Éditeur,
Boulevard Saint-Germain, 131,
Près l'église St-Germain-des-Prés.

Chez **M. Th. MASSART**,

Imprimeur-Libraire,
Rue du Bac, 104,
Faubourg Saint-Germain.

1871

NOTE DE L'ÉDITEUR

———❊———

Ces **Tablettes** devaient paraître vers le fin de mars ; les événements qui ont surgi depuis cette époque, entravant toutes les relations de la capitale avec les départements, en ont forcément retardé la publication, mais nous avons cru que, malgré ce retard, ce petit volume ne perdrait rien de sa fraîcheur et de son actualité, car les événements qu'il retrace rappellent à tous les Français l'héroïsme des habitants de la grande ville, pendant ce siége sans précédent dans l'histoire. Nous avons espéré aussi qu'il ferait pardonner les excès dont quelques misérables, indignes du nom de *Parisiens*, souillèrent la gloire de la capitale, et qu'il resterait comme un souvenir impérissable pour tous ceux dont les parents ou les amis ont pris part à la défense de Paris, ainsi que pour ceux qui en ont été les héros.

———❧———

Un beau **PLAN DU SIÉGE DE PARIS**, de 0 m. 50 c. de largeur sur 0 m. 37 c. de hauteur, sur beau papier, *vendu partout 75 c.*, sera remis au prix de **30** cent. aux acheteurs des **Tablettes d'un Mobile**, qui s'adresseront au *Salon littéraire national*, 1, rue Méhul. — *Le plan soigneusement colorié, au lieu de 1 fr* . . . . . **50 c.**

DÉDICACE

Paris, 18 Septembre 1870.

La poste vient de me prévenir qu'elle ne se chargeait plus des lettres pour la province, celle que j'écrivais aujourd'hui à ma grand'mère lui fera défaut.

Que va-t-elle penser de mon silence ? Depuis son départ pour Plouaret, bientôt trois semaines, j'avais pris l'habitude de lui écrire chaque jour et ma lettre d'hier se terminait par ces mots : « *Les avant-postes prussiens sont à quelques lieues de Paris.* »

Ma lettre d'aujourd'hui, celle dont la poste refuse de se charger, lui marquait que *Paris n'avait pas peur.*

Non, Paris n'a pas peur, le choc sera rude ; mais la grande ville est prête à le recevoir.

Pauvre province ! dans quelle inquiétude elle va vivre : savoir Paris malade, le supposer en proie

1

à une fièvre ardente et ne pouvoir lui tâter le pouls.

Pauvre province ! refuge de tant d'êtres qui nous sont chers, pour toi qui aurais voulu suivre pas à pas la lutte terrible que nous allons avoir à soutenir, pour toi qui voudras tout savoir plus tard, je vais entreprendre une grande tâche celle d'écrire, au jour le jour, l'histoire du siége de Paris.

ALEXANDRE ***

*Caporal au *** bataillon de la garde mobile de Paris.*

TABLETTES D'UN MOBILE

Lundi, 19 Septembre 1870.

Première journée de siége

Depuis hier, 18 septembre, Paris est isolé, Paris reste seul avec cent mille soldats, cent mille mobiles, deux cent cinquante mille citoyens armés.

Seul avec ses forts, ses redoutes, ses bastions hérissés d'artillerie, sa triple enceinte de remparts, son chemin de fer de ronde, son chemin de ceinture ; avec ses barricades qui sortiront de terre sous les pas des bataillons étrangers.

Seul avec le droit, avec l'avenir.

J'ai commencé aujourd'hui 19 septembre mon métier de *reporter* et vu le feu pour la première fois.

Hier soir, mon bataillon avait reçu du général Trochu l'ordre d'accompagner le commandant Franchetti chargé de faire une reconnaissance du côté de Créteil où l'ennemi était signalé. Dès six heures du matin nous partions, précédés d'un escadron des chasseurs à cheval et nous nous dirigions vers Maisons-Alfort ; au carrefour Pompadour, 1,500 mètres environ de Choisy-le-Roi, notre avant-garde rencontrait les hussards bleus de la garde royale. Après un combat corps à corps, l'ennemi était dispersé et notre bataillon qui n'avait pas tiré un seul coup de fusil se repliait sur Alfort après avoir ramassé les armes prussiennes abandonnées sur le champ de bataille.

J'ai pu constater *de visu* que les hussards bleus avaient perdu sept hommes : de notre côté, nous avons eu plusieurs blessés : un brigadier d'éclaireurs à cheval touché par une décharge de l'infanterie prussienne, qui, cachée derrière les talus du chemin de fer, venait secourir la cavalerie ennemie, le comte de Kerghariou, quatre coups de sabre à la tête, l'adjudant Joly de Marval, trois coups de sabre et une blessure à la main.

A quatre heures, notre petite troupe rentrait à Paris par les boulevards ses blessés en tête et acclamée par la foule.

Je dois à la vérité de dire qu'une partie des acclamations dont notre retour fut salué arrivait à mon adresse grâce à un superbe casque prussien que je rapportais au bout de mon fusil... Mais, je l'avoue en toute humilité, ce trophée n'était pas la récompense d'un acte de bravoure ; je le devais à la générosité d'un vieil artilleur de Maisons-Alfort qui remarquant mon excessive pâleur et se doutant du malaise que j'éprouvais m'avait dit d'un air narquois en me tendant ce vase de nouvelle espèce... « Ça ne sera rien » conscrit, ça fait toujours cet effet-là la première » fois. »

J'ai dit en commençant que cette affaire était mon début : que celui qui *n'en a pas fait autant* me jette la première pierre.

Pendant la reconnaissance que nous venions d'opérer, j'avais entendu gronder le canon dans la direction de Charenton. Mon premier soin en rentrant à

Paris fut de courir aux nouvelles, et j'appris que le général Vinoy s'était avancé avec des forces assez considérables jusqu'à une lieue au-delà de Créteil où il avait rencontré des éclaireurs prussiens suivis d'une forte colonne.

On comprendra que n'ayant pas le don d'ubiquité je serai forcé chaque jour pour réunir les événements qui se produiront à la même heure d'avoir recours soit aux rapports officiels, soit aux bruits divers qui ne manqueront pas de se colporter, soit enfin aux feuilles ordinairement les mieux renseignées.

Cela dit une fois pour toutes j'achève de dépouiller les notes prises aujourd'hui sur mes tablettes.

Un habitant du Bourget, nommé Rouget, posté près de la route qui, du Bourget se dirige vers Pontiblont, attendait, caché dans un taillis, le passage des uhlans signalés aux environs : il était armé d'un fusil de chasse à deux coups. Bientôt, il entend le trot des chevaux et aperçoit au loin un peloton ennemi qui s'avance de son côté.

Sans se troubler, il vise, fait feu et voit tomber un cavalier; visant encore et faisant feu de nouveau il en abat un second, les autres ont tourné bride et cette fois au galop.

* *
*

On signale la conduite héroïque de quelques employés de la compagnie d'Orléans. La voie ayant été coupée par l'ennemi à Choisy, le chef de gare a télégraphié pour demander des secours ; deux fourgons poussés par une machine sont allés le chercher. A quelque distance de la station on a trouvé la voie barrée par des uhlans, dont l'un, couchant en joue le mécanicien cria en excellent français : « *Retournez à Paris ou je fais feu!* » On fit un simulacre de retour et les uhlans ayant disparu pendant quelques instants on décrocha la machine, on poussa les deux fourgons jusque dans la gare et on put déménager le mobilier et faire monter en voiture le chef et sa famille.

Au moment du départ seulement, une soixantaine de cavaliers débusquèrent et tirèrent sur les fourgons, l'enfant du chef de gare a reçu une balle au bras, mais la famille a pu rentrer à Paris.

Mardi, 20 Septembre 1870.

Deuxième journée de siége

Nuit très-calme...

A sept heures du matin j'ai entendu le premier coup de canon: le boulet parti du fort de Charenton est allé tomber au milieu d'une batterie prussienne; le fort d'Ivry, de son côté, a tiré plusieurs coups, l'ennemi a répondu mollement: ses projectiles n'arrivaient pas jusqu'à nos premières lignes de défense.

*
* *

Aujourd'hui c'était le tour des mobiles bretons qui avaient reçu l'ordre d'aller faire une reconnaissance dans la plaine de Clamart, où ma grand'mère possède un petit pied-à-terre, bonne occasion pour moi de savoir si sa propriété avait été pillée. J'avais donc chargé mon cher cousin Kergonnou de s'en assurer en passant : « Tu me diras, lui avais-je dit, « si les Prussiens ont gaulé ses noix, et s'ils ont con- « sommé les liqueurs de ménage que la bonne « maman fait si bien.... » Ils ont gaulé les noix, les malheureux... ils ont bu les excellentes liqueurs de ménage, les gredins... quant à la fameuse cachette que

nous avons pratiquée, Kergonnou n'a pas eu le temps
de s'assurer si elle a été découverte.

Aucun ennemi dans Clamart, il s'est réfugié dans
les bois et solidement retranché dans une ferme : les
Bretons, appuyés par quatre batteries d'artillerie, sor-
tent du village, mais, arrivés à trois cents mètres des
premiers arbres... quarante canons prussiens se dé-
masquent... Soutenus par les francs-tireurs, les mobiles
tiennent bon... Braves Bretons ! un seul mot servira à
les peindre. Un maréchal des logis nommé Arnaud
me disait le soir de l'action : « Nous ne pouvions savoir
« au juste où ils étaient : partout... Je les croyais délo-
« gés d'un endroit, ils étaient couchés dans les fossés...
« à plat ventre dans la plaine, manœuvrant comme de
« vieilles troupes. » Se sentant appuyés par les batteries accourues à leur secours, les Bretons se précipi-
tent en avant ; mais hélas quarante pièces de canon
contre douze ! il fallut reculer, à la première décharge
de l'ennemi tous les chevaux de nos batteries avaient
été tués et la plupart des artilleurs blessés... que
faire ? obéir au clairon qui sonne la retraite, abandonner nos pièces ? jamais !! En un instant les mobiles
s'attèlent et enlèvent les canons au nez et à la barbe
des Prussiens.

Honneur aux gardes nationaux de Gentilly qui, sans
ordre et de leur propre mouvement, s'élançaient pour
partager les dangers de leurs frères.

Pendant que mon cousin se battait bravement dans
la plaine de Clamart je suivais, placé sur le toit d'une
brasserie de l'avenue d'Orléans, les opérations du général Renaud qui se dirigeait vers les bois au-dessus de Chatillon où il a rencontré l'ennemi et l'a
attaqué. Le combat a duré trois heures, de six à neuf
heures. Les Prussiens se trouvant en forces de beaucoup supérieures, nos troupes, pour éviter d'être tour-

nées, ont dû se replier, ce qu'elles ont fait en bon ordre, couvertes par l'artillerie qui a continuellement répondu au feu de l'ennemi.

Parmi les bataillons de mobiles engagés, on cite le 7ᵐᵉ, le fameux 7ᵐᵉ du faubourg Saint-Germain, commandé par le chef de bataillon Vernon de Bonneuil, qui s'est illustré à cette affaire.

Honneur au 7ᵐᵉ, le bataillon des aristos !

Un détail sur le combat de Chatillon.

Lorsque le général Renaud vit le moment opportun pour lancer ses mobiles bretons, il se tourna vers eux et leur dit :

— Allons, mes enfants, à vous !

— « Pardon, mon général, fit l'aumônier qui les accompagnait, une seconde. » Les mobiles mirent un genou en terre, leur fusil armé, et reçurent la bénédiction de leur anmônier. Ils firent tous le signe de la croix, un grand signe de croix, et se relevant précipitamment, ils se jetèrent au feu, baïonnette en avant.

La Bretagne est la province de la foi.

* *
*

Aujourd'hui des mains inconnues ont déposé des bouquets et des couronnes au pied de la statue de la ville de Strasbourg, élevée sur la place de la Concorde.

Cet exemple a été suivi par un grand nombre de personnes et la statue est couverte de fleurs !

————

Mercredi, 21 Septembre 1870.

Troisième journée de siége

Une brigade prussienne a bivouaqué cette nuit à

Villeneuve-Saint-Georges : elle est commandée par le général Vogel von Falkenstein.

Pas de bataille aujourd'hui, pas même de combat ; un seul engagement sans importance que je signale plus loin parce qu'il fait honneur aux hommes de mon bataillon.

L'ennemi, depuis hier, a continué son mouvement en avant; à l'heure où j'écris ces lignes, il entoure complétement Paris, et la campagne est sillonnée d'éclaireurs. On les aperçoit à chaque instant dans les prairies découvertes qui avoisinent Courneuve : ce sont de petites escouades de trois ou quatre uhlans galopant avec rapidité et allant d'une ferme à l'autre.

Sur les cinq heures, une patrouille ayant été envoyée à la découverte dans une maison abandonnée, j'obtins de mon capitaine la faveur de la commander et je glissai une balle dans mon fusil, bien décidé à ne pas revenir *bredouille*.

Embusqués depuis une heure derrière un pan de muraille, nous commençions à croire que nous avions été éventés, lorsque nous aperçûmes un groupe de cavaliers qui se dirigeait en droite ligne vers le mur qui nous abritait. J'ignore si nous avions été découverts, mais en tout cas l'ennemi ne semblait pas s'attendre à la réception que nous lui réservions: un officier, monté sur un fort beau cheval, s'avançait en tête de la troupe, et il allait bientôt se trouver à portée de nos chassepots.

« A vous l'honneur caporal » me dit à voix basse un de mes hommes qui me savait bon tireur « descendez le commandant.»

Assurément je le tenais au bout de mon fusil... J'ai tué dans ma vie tant de lapins que j'étais bien certain

1*

de ne pas manquer mon Prussien. Mais, au moment de presser la détente je détournai légèrement mon arme et... je tirai dans le tas... Ce mouvement fut-il absolument involontaire, je n'oserais pas l'affirmer; l'effet de notre décharge fut foudroyant, sept cavaliers y compris l'officier restèrent sur la place : les autres tournèrent bride et s'enfuirent au triple galop.

* *

Si les Prussiens ont le projet de nous prendre par la famine ils attendront encore longtemps, car, Paris possède en ce moment :

350,000 quintaux de farine ;

150,000 quintaux de riz ;

Un immense approvisionnement de pommes de terre et de légumes frais de tout genre.

100,000 bœufs et 500,000 moutons, avec les grains et fourrages nécessaires à leur alimentation, sont répartis sur un grand nombre de parcs, qui ont été improvisés tant dans l'intérieur de Paris qu'au bois de Boulogne sous le canon des fortifications ;

Joignez à cela soixante millions de rations de viandes de conserves et salaisons, un approvisionnement de trois mois en sel, épices, café, sucre ; de six mois en vins et spiritueux.

Jeudi, 22 Septembre 1870.

Quatrième journée de siége

Rien de nouveau dans la nuit et ce matin. Les Parisiens ont pu dormir tout à leur aise, le canon des forts leur a fait la gracieuseté de ne pas troubler leur sommeil.

Dès six heures, j'étais à Passy, installé à la lucarne d'un grenier, d'où je distinguais parfaitement le travail des assiégeants ; c'est sur les hauteurs de Sèvres, en arrière de la manufacture, dans la propriété qui appartenait M. Schickler qu'on les voit élever leurs terrassements.

Il était dit que ma promenade matinale me conduirait aux deux points culminants de la capitale. Après une station assez prolongée sur les hauteurs de Passy, je me dirigeai vers la butte Montmartre, où l'on vient d'installer huit canons de la marine dont la portée dépasse huit kilomètres. Au moment où j'arrivais au pied de la tour Solférino, des officiers d'état-major suivaient attentivement des mouvements qui avaient lieu du côté de Gennevilliers.

*
* *

Dans la journée, l'ennemi a poussé une reconnaissance jusqu'à 700 mètres du Moulin-Saquet ; mais le feu de cet ouvrage et quelques obus du fort d'Ivry l'ont fait replier en toute hâte vers la Platrière, qui paraît être un poste important.

Du côté de Vincennes, Nogent et des forts de l'est, tout est calme.

Des mouvements de troupes ennemies sont signalés vers le Bourget et Dugny par la route de Lille.

En avant de Saint-Denis, et vers Argenteuil, on signale de nombreux travaux de l'ennemi, mais le combat n'est pas engagé.

En arrière d'Argenteuil, une masse de 40,000 Prussiens seraient, dit-on, cachés dans les bois.

*
* *

Un journal annonçait ce soir, que du côté de la porte Maillot, chemin de la Révolte, la pioche des démolisseurs avait rencontré la chapelle Saint-Ferdinand élevée à la mémoire du duc d'Orléans : il ajoutait que la démolition de ce monument funéraire était déjà presque achevée. Cette nouvelle est inexacte, je m'en suis assuré moi-même et Dieu merci la chapelle Saint-Ferdinand n'est pas et ne sera pas démolie; seule de tous les monuments environnants, à une distance de cent mètres, elle restera debout.

*
* *

Un de nos braves colonels de l'armée du Rhin, a laissé à Paris sa jeune femme et sa petite fille âgée de quatre ans.

Chaque soir, avant de se mettre dans son petit lit blanc, l'enfant s'agenouille aux pieds de sa mère et prie pour le cher absent.

Hier, après le Pater traditionnel, bébé ajouta cette petite prière de son cru :

— Mon Dieu, conservez-moi mon cher papa et... faites qu'il tue beaucoup de Prussiens !

Sa mère sourit tristement, et, prenant l'enfant sur ses genoux :

— Ma mignonne, lui dit-elle, tu pries le bon Dieu de faire mourir beaucoup de Prussiens ; mais prends garde : là-bas, peut-être y a-t-il une petite allemande qui lui demande de son côté, de faire mourir beaucoup de Français.

Bébé réfléchit un instant, puis, d'un air convaincu :

— Oh ! ça ne fait rien, dit-elle.

— Pourquoi donc ?

— Parce que le bon Dieu ne comprend pas l'allemand.

<hr>

Vendredi, 23 Septembre 1870.

Cinquième journée de siége

Il fait ce matin un temps superbe; je ne suis pas de

service et j'en profite pour parcourir l'intérieur de Paris, depuis la Madeleine jusqu'à la caserne du Prince-Eugène où j'ai un camarade à voir : c'est un fureteur de nouvelles premier numéro et je compte beaucoup sur lui pour ma moisson quotidienne.

Paris est bien décidément la ville la plus curieuse que l'on puisse imaginer ; on est aussi calme sur les boulevards que si les Prussiens n'existaient pas : toujours même affluence, et en voyant circuler la population parisienne qui vaque tranquillement à ses affaires, on ne se croirait pas dans une ville assiégée depuis cinq jours.

La province, à l'heure où j'écris, nous croit sans doute bien malheureux et cependant, jusqu'à présent, nous ne nous trouvons pas trop à plaindre.

Les kiosques sont entourés de monde, on achète les journaux et dans les groupes on commente tranquillement les nouvelles du jour. On s'étonne, en général, de l'inertie apparente des Prussiens sur toute la ligne qui s'étend au nord-ouest de Paris, de Gennevilliers à Clamart. On sait cependant que la majeure partie de leurs forces est concentrée à Versailles, Saint-Germain et Montmorency, que le matériel de siège arrive dans cette direction, enfin, que les troupes les plus aguerries s'y trouvent.

Une certaine appréhension se manifeste déjà. On craint que l'armée ennemie se contente d'isoler et d'affamer Paris sans courir les risques d'un assaut meurtrier : on s'irrite à la pensée de voir les bombes prussiennes tomber sur la ville sans l'espoir d'une lutte victorieuse avec ceux qui les lanceront.

J'ai eu bien raison de pousser jusqu'à la caserne du Prince-Eugène, car je viens d'y apprendre une bonne nouvelle : 750 Prussiens ont été surpris dans le bois de Bellevue...

Par qui? Bast! vous ne devinez pas?... Par les mobiles, nos braves moblots de province. Ce ne sont pas de vieux soldats rompus aux roueries de la guerre, aux ruses de l'attaque et de la défense, cela est vrai, mais ils se sont, dans leurs campagnes, habitués à guetter le loup et ils appliquent leur savoir-faire aux Prussiens.

*
* *

M. Langénieux, curé de Saint-Augustin, est le type du curé patriote. On quête dans son église pour l'équipement des volontaires de la France ; c'est aux démarches réitérées de M. l'abbé Langénieux qu'est due la transformation du marché Laborde en fabrique de cartouches.

Le vénérable pasteur avait à sa charge des centaines d'ouvrières sans ouvrage ; il n'a eu cesse ni repos qu'il ne leur en eût trouvé, et les voilà, de par leur curé ouvrières en cartouches.

*
* *

En passant devant une boucherie du boulevard Saint-Martin, j'ai attrappé au vol le dialogue suivant :

— Voilà deux heures que je pose. Vous allez bien me servir au moins ?

— Ça dépend de ce que vous demanderez.

— De la culotte.

— Impossible, nous la conservons pour les Prussiens.

Samedi, 24 Septembre 1870.

Sixième journée de siége

Ce matin, une reconnaissance a été faite par un escadron du 9ᵉ régiment de chasseurs à cheval. Elle a surpris à Neuilly-sur-Marne un poste d'infanterie et, dans le parc de la Maison-Blanche, elle a sabré les Prussiens.

Un peu plus tard, le général Blanchard a fait exécuter une reconnaissance avec un bataillon du 13e régiment de marche.

Elle s'est avancée par la route de Clamart jusqu'au parc de Fleury et s'est approchée à environ 700 mètres du château de Meudon; aucun mouvement ne s'est produit dans le château; on n'a vu ni un homme ni un canon sur la terrasse.

A Saint-Denis, tout est tranquille, le général de Bellemare veille pour rendre impossible à l'ennemi l'établissement d'une batterie sur la butte Pinson; la batterie de Saint-Ouen protége parfaitement la presqu'île de Gennevilliers.

Du côté du Mont-Valérien, Saint-Cloud, Sèvres, Meudon, l'ennemi ne se montre pas.

En avant des forts de Montrouge, de Bicêtre et d'Issy, l'ennemi reste à grande distance et deux obus de ce dernier fort, parfaitement pointés, l'ont forcé à replier ses sentinelles.

A l'est de Paris, en avant des forts de Nogent, Rosny, Romainville, les avant-postes prussiens sont signalés à environ 3,000 mètres.

*
* *

Aujourd'hui, la 5e compagnie du 83e bataillon de la garde nationale a payé son tribut d'admiration à la ville de Strasbourg et à ses héroïques défenseurs.

Arrivé devant la statue de Strasbourg, le capitaine, accompagné d'un enfant de cette vaillante cité, a pris la parole en ces termes :

« Ville de Strasbourg ! ville sublime ! la 5e compa-
» gnie du 83e bataillon dépose à tes pieds une cou-
» ronne d'immortelles en mémoire de ta vaillance.

» Que Paris suive ton noble exemple ! son héroïsme
» prouvera au monde entier ce que peuvent les
» braves enfants de la France.

» A toi, Strasbourg ! A toi, Uhrich ! notre admira-
» tion. Votre souvenir restera gravé dans notre cœur. »

*
* *

Le drapeau blanc des ambulances flotte sur le sommet du Théâtre-Français; la maison de Molière est
transformée en hôpital !

Le grand foyer, autrefois ouvert au public, et le
foyer donnant sur la rue Richelieu sont garnis d'une
double rangée de lits.

Dans une autre salle, où se tenait le comité de lecture, deux lits sont réservés aux dames qui ont accepté le rôle charitable d'infirmières et qui, toutes
les trois nuits, ont mission de veiller et de se tenir à
la disposition des malades.

Le buffet du public sera la pharmacie.

MM. Etienne Arago et Kératry sont venus alternativement visiter ces préparatifs et ont remercié
M. Thierry et MM^{mes} Madeleine Brohan, Edille Riquier, Emilie Dubois, Jouassin, Favart et Lafontaine
du zèle et du dévouement 'qu'ils viennent de déployer.

Dimanche, 25 Septembre 1870.

Septième journée de siége

Nuit tranquille.

Dans la matinée, le village du Bourget placé en
avant des forts de l'Est et d'Aubervilliers, paraissait
occupé par des forces imposantes : la grande route, à
la croisière de Stains, était principalement encombrée.
Le fort d'Aubervilliers lui lança coup sur coup plusieurs

bordées en faisant converger toutes les pièces sur le même point : les obus et les boulets causèrent des pertes sensibles aux Prussiens qui, surpris, effarés, s'enfuirent à toutes jambes vers le fond du pays sur le versant opposé.

Dans l'après-midi, nos éclaireurs ont pu s'avancer très-loin dans la plaine. On les voyait même au-delà de la ligne du chemin de fer de Soissons, à peu de distance des premières maisons de Drancy.

Ce soir, vers cinq heures, j'ai vu passer le général Trochu qui allait inspecter les forts de Saint-Denis et d'Aubervilliers : il était accompagné du général de Bellemare, commandant de Saint-Denis.

Mon reporter de la caserne du Prince-Eugène, que j'ai été relancer hier, m'a apporté ce soir de la copie.

Voici son butin de la journée.

A Saint-Ouen tout est tranquille : presque toutes les maisons sont fermées, les habitants sont à Paris ; les ponts ont sauté et on a brûlé tous les petits bois des environs ; dans le parc de Saint-Cloud, en avant de la lanterne de Démosthènes, les Prussiens exécutent des travaux de terrassement.

A Boulogne, il ne reste plus que quelques personnes, au nombre desquelles se trouve une brave vieille femme, sourde et paralysée des deux jambes, qui, ayant assisté aux événements de 1814, ne cesse, dans l'horrible peur que lui fait cette seconde invasion, de crier, en s'agitant sur sa chaise, au secours ! au voleur !!

A part les troupes françaises, qui y ont établi leur campement, il ne reste que trois personnes à Montrouge, la garde nationale de cette localité s'est repliée sur Paris ; tout est d'un calme effrayant du côté de Charenton, Maisons-Alfort, Ivry, Vitry et Créteil : le fort de Charenton a tiré deux coups de pièces de 24 dans la direction de Charentonneau, mais seulement pour sonder le terrain.

Devant Nogent, de l'autre côté de la Marne, on voit les Prussiens manœuvrer. Toutefois l'ennemi semble avoir renoncé à construire sur les hauteurs de Tremblay une batterie qui aurait été trop exposée au feu de la redoute de la Faisanderie.

*
* *

La statue de la ville de Strasbourg devient de plus en plus le but de pèlerinage des Parisiens.

Tous s'y rendent pour corroborer leur désir de résister aux Prussiens, comme le brave général Uhrich et ses glorieux compatriotes. J'apprends qu'aujourd'hui dimanche, plus d'un million de personnes ont défilé devant l'image de pierre de la grande cité, qui disparaît complétement sous les fleurs, les bouquets et les couronnes. Le socle est littéralement couvert d'inscriptions à la main en l'honneur des Strasbourgeois.

*
* *

A PROPOS DE BOTTES.

On dit que l'Alsace les botte :
Tous ces cordonniers landwehreux
Font comme s'ils étaient chez eux.
On dit que l'Alsace les botte ;
Ils ont déjà fait leur pelote,
Et feront bientôt leurs adieux.
On dit que l'Alsace les botte
Tous ces cordonniers landwehreux.
Les bottiers du père Guillaume
Sont tous dans leurs petits souliers.
Nous râflerons jusqu'aux derniers
Les bottiers du père Guillaume.
Que de revers pour son royaume
De niafs et de savetiers.
Les bottiers du père Guillaume
Sont tous dans leurs petits souliers.

Lundi, 26 Septembre 1870.

Huitième journée de siége

Cette nuit, les Prussiens se sont aventurés autour de la redoute des Hautes-Bruyères ; tapis derrière les haies, blottis dans des bouquets d'arbres, ils espéraient nous surprendre ; mais au soleil levant, sur les cinq heures, les chasseurs à pied et les francs-tireurs campés à Villejuif leur ont fait la conduite : ils se sont éparpillés en tirailleurs autour du mamelon dominé par la redoute, puis, à coups de chassepots, ils ont sondé les buissons. Aussitôt les Prussiens, en entendant siffler les balles, de se lever de ci et de là comme des lièvres éventés dans un sillon ; mais pour regagner au loin des abris plus sûrs, il fallait bien parfois traverser des espaces découverts, et bon nombre d'entre eux restèrent sur la place. Cette petite guerre, qui se répète sans cesse autour de Paris, offre le grand avantage de se faire, de notre côté, à coup sûr sous la protection des forts, prêts à arrêter un ennemi trop nombreux et trop entreprenant, d'inquiéter et de harceler les Prussiens, et enfin d'exercer nos soldats, de les habituer à l'ennemi et de les tenir en haleine pour le plus grands combats.

* *

A midi, le bruit se répand que des dépêches viennent de parvenir au Gouvernement. Il en résulterait que l'armée de la Loire est déjà prête à marcher ; nous n'avons donc qu'à veiller et à attendre sous les armes; les soldats du roi Guillaume se trouveront bientôt pris entre deux feux. Il vient d'être constaté que nous disposons aujourd'hui, pour la défense de Paris, de 542,500 hommes et de 1,500 bouches à feu.

* *

A deux heures, autre rumeur qui se propage avec rapidité : on parle d'une vaste conspiration, nous serions trahis, vendus, livrés... Je cours aux renseignements.

* *

Cinq heures du soir. — Je sais maintenant ce qui a donné lieu au bruit étrange qui a bouleversé la capitale pendant quelques heures.

Dans la journée, un certain nombre de personnes avaient remarqué un vieillard qui étudiait avec une attention soutenue nos moyens de défense ; arrivé dans les environs du bastion portant le n° 5, ce vieillard fut reconnu par quelques militaires pour être le maréchal Vaillant, ancien ministre de l'Empereur. Aussitôt il fut arrêté et conduit au poste du sixième bastion.

La foule proférait des cris, était menaçante et, certes, sans le courage de l'officier commandant le poste, on aurait eu un malheur à déplorer.

Le maréchal possédait un plan de Paris ; la foule, ignorant qu'il était membre du comité national, ne pouvait comprendre qu'il s'intéressât si ardemment à notre système de défense ; elle expliquait ce fait par ces mots :

— C'est un traître !

L'officier de service au bastion 6 envoya chercher un fiacre ; il y fit monter son prisonnier et le fit escorter par un fort piquet de gardes nationaux.

Le fiacre fut entouré et accompagné d'un certain nombre de personnes : le groupe devint foule avenue Daumesnil, la foule devint masse place de la Bastille, et enfin rue de Rivoli le cortége ne pouvait plus circuler.

Par un heureux hasard, M. Garnier-Pagès se trouvait mêlé aux curieux : voyant la foule de plus en

plus hostile, il se fit reconnaître monta en fiacre avec
le maréchal et l'accompagna jusque chez le général
Trochu.

*
* *

Si ce que j'ai appris aujourd'hui se réalise, je pour-
rais envoyer demain de mes nouvelles à Plouaret.

Un ballon-poste, monté par M. Duruof, partirait de
la place Saint-Pierre, à Montmartre, et emporterait
avec son aérostier un chargement de 300 kilog. de
dépêches et de lettres.

Quel bonheur ! !

Je vais toujours préparer ma missive...

Dans le café du quai d'Orsay où je me suis installé
pour faire mon courrier, j'ai parcouru les journaux et
récolté les nouvelles suivantes :

M. Avelino Valenti fait appel aux Espagnols, ses
compatriotes, présents à Paris, dans le but de former
un corps d'infirmiers qui se mettront gratuitement, à
titre d'amis de la France, au service des ambulances
pendant la durée du siége.

*
* *

Dix-neuf postes de sapeurs-pompiers viennent d'être
créés pour garantir contre l'incendie les dépôts de pro-i-
sions organisés pour l'alimentation de la ville de Paris.

Plusieurs détachements de gendarmes de marine
sont à Paris ; sur leur demande, ils vont être réunis à
ce qui reste des quatre magnifiques régiments d'infanterie de marine, pour former une petite division
qui concourra à la défense des remparts.

*
* *

Le général Trochu causait hier de la défense de
Paris et de l'invasion prussienne.

—« Le roi Guillaume, » dit M. P..., « a l'ivresse fa-
» cile. Aussi, grisé par les succès du début, il a voulu
» faire le César et conquérir les Gaules. »

» Ne fait pas César qui veut, » réplique le gouverneur de Paris, « après ses premiers gains, Sa Majesté » Guillaume aurait agi plus sagement en faisant.... » Charlemagne... »

Mardi, 27 Septembre 1870.

Neuvième journée de siége

Rien dans la nuit.

Ce matin ma lettre s'est envolée, puisse-t-elle arriver à bon port et calmer les inquiétudes de ma chère grand'mère.

Sous peu de jours trois nouveaux aérostats seront prêts à partir : l'improvisation de ce matériel considérable est due au concours de MM. Nadar, Dartois, Duruof et Yon.

*
* *

Aujourd'hui au lever du soleil, un régiment d'infanterie prussienne s'est avancé jusqu'à portée des canons du fort d'Aubervilliers dans le but évident d'établir une batterie; le fort ayant tiré une douzaine de coups, l'ennemi a d'abord riposté, mais bientôt il a pris la fuite en désordre.

A la même heure, le corps d'armée du général Vinoy se massait sur une ligne, qui va de la redoute du Moulin-Saquet à celle des Bruyères, en passant par Villejuif.

Les Prussiens se sont très-fortement retranchés dans le village de Chevilly, dont la situation est importante, car il se trouve entre la Seine et la Bièvre, et commande le passage de ces deux cours d'eau.

*
* *

Dans l'après-midi, M. Etienne Arago, revenant de

visiter les fortifications de Paris, s'arrêta en passant au bastion 78, devant des officiers et des gardes nationaux du 115e bataillon qui s'y trouvaient de service.

M. Arago leur a donné l'assurance que Paris pourrait et saurait se défendre ; que l'armée de la Loire s'organisait rapidement, qu'elle agirait de son côté avec énergie ; il ajouta qu'il remerciait la garde nationale de son élan et de son patriotisme.

* *
*

Dans la soirée, à la porte d'Italie, les chasseurs de Neuilly, sous le commandement de M. de Jouvencel, ex-député, se sont déployés en tirailleurs : ils ont échangé des coups de feu jusqu'à la nuit, délogé tous, et sont parvenus aux avant-postes prussiens qui s'étaient abrités derrière l'aqueduc d'Arcueil et les fourrés qui dominent la vallée de la Bièvre.

———

Mercredi, 28 Septembre 1870.

Dixième journée de siége

Des défenses formidables viennent d'être élevées par les mobiles au Rond-Point de Courbevoie, le pont de Neuilly est miné et prêt à sauter à la première alerte, l'avenue de la Grande-Armée est hérissée de barricades.

* *
*

L'infanterie prussienne est massée sous le Moulin-d'Argenteuil, elle ne se dérange pas, répond aux tirailleurs par quelques feux de peloton et paraît attendre l'ordre de marcher.

* *
*

La troisième compagnie des francs-tireurs de la Seine, dont fait partie M. Paul Mahalin, sous le commandement du capitaine Giraudier et des lieutenants Darbonne et Giroux, a délogé les Bavarois de la Malmaison et s'est avancée jusqu'à Rueil, sous le feu de l'ennemi.

*
* *

Depuis ce matin le drapeau de la convention de Genève, flotte sur le pavillon de l'Horloge.

Les Tuileries sont converties en ambulances.

Sur les diverses faces de l'ancienne résidence impériale et du Louvre on lit ces mots : Propriété nationale.

*
* *

J'ai constaté aujourd'hui que Paris devient plus grave et sa physionomie prend d'heure en heure un aspect plus sérieux, plus recueilli. Les paisibles citoyens qui, il y a quinze jours, se promenaient fiers de leur képi, acheté à la Belle-Jardinière, sachant à peine porter le ceinturon, embarrassés du poids de leur fusil, ont fini par se donner un air militaire ; sur toutes les places ils font l'exercice comme de véritables recrues.

Le jardin des Tuileries est transformé en un immense camp, sur les terres-pleins, sur la terrasse des Feuillants et du bord de l'eau, sont élevées des tentes et des abris pour les soldats. On aperçoit à travers les grilles fermées au public et gardées par la garde nationale, une masse imposante de canons et de mitrailleuses.

*
* *

Le quai d'Orsay n'est plus qu'un vaste campement de pontonniers.

*
* *

Le Cours-la-Reine et le quai de Billy sont envahis par les dragons.

*
* *

La grande nef du palais de l'Industrie est à la fois une caserne et un arsenal.

Un régiment de gendarmes à cheval y a établi son campement. Les hommes sont dans les galeries du premier étage, et les chevaux occupent le pourtour du rez-de-chaussée. Le trop plein a été installé sous les arbres des Champs-Elysées.

Quant à l'intérieur de la grande nef, il est rempli de canons de différents calibres et de projectiles de guerre.

*
* *

La sœur de M. Emile Augier, Mme Desroulèdes, vient d'avoir un mot digne de la mère des Gracques.

Elle a deux fils, qui se sont enrôlés dans l'armée active : elle écrivit ces simples mots à un de ses amis, qui voulait la consoler de la détermination de ses fils.

« J'ai fait deux braves, je les ai conduits au camp, je les ai embrassés. Vive la France ! »

*
* *

Les gamins eux-mêmes, par le temps qui court deviennent très-crânes et très-hardis.

L'un d'eux a fait pleurer de joie son père, officier d'artillerie ; le moutard s'était caché dans une demi-lune, et avait installé un petit canon d'enfant sur le parapet, il pointait et tirait avec un sérieux tout à la fois comique et touchant, sa petite pièce bourrée de cailloux.

———

Jeudi, 29 Septembre 1870.

Onzième journée de siége

Rien de nouveau cette nuit.

Les Prussiens s'étaient juré d'entrer dans Paris en six jours, les voilà sous nos murs depuis dix jours, repoussés dans toutes les rencontres, n'ayant pu établir une batterie et n'osant pas tenter l'assaut.

L'inaction apparente dans laquelle ils se tiennent ne peut avoir que deux explications : ils se préparent à quelque attaque avec l'ensemble de leurs forces ; ou bien ils comptent lasser notre courage par leur présence et nous contraindre ainsi à accepter des conditions de paix qui ruineraient notre honneur ; ils veulent nous réduire par la force. Il faut qu'ils sachent bien que Paris les attend, non plus le Paris dégénéré des agioteurs et des courtisanes, mais un Paris formidablement armé, devenu la citadelle de la France.

Si les Prussiens veulent, au contraire, briser, à force de le tendre, ce ressort du patriotisme, dont l'énergie les surprend, et s'ils comptent sur notre lassitude pour nous amener à quelque honteuse capitulation, c'est à notre vigueur qu'il appartient de déjouer leurs calculs.

*
* *

Ce matin, plusieurs reconnaissances ont été très-vigoureusement poussées par les francs-tireurs ; l'une par les chasseurs de Neuilly, en avant de nos positions de Villejuif; l'autre par les francs-tireurs des Lilas, vers Drancy.

*
* *

Dans la matinée, en revenant d'Auteuil, par le bateau-mouche, j'ai eu occasion d'examiner à loisir la flotille cuirassée qui descendait la Seine ; les équipages étaient sur les ponts, béret au vent, l'air mâle et décidé. Ces petites canonnières, dans leur cuirasse blindée, manœuvrent avec la prestesse et l'agilité d'un canot.

L'aspect des rives de la Seine a bien changé de ce côté. Des arbres ont été coupés, les maisons sont fermées, la campagne est déserte.

Dans les murs des plus importantes usines on a pratiqué des meurtrières, on a mis au pied des piquets effilés, on en a fait des sortes de petits forts qu'il faudra littéralement assiéger.

Dans trois endroits différents la Seine est barrée.

Le premier barrage, situé sous le pont Napoléon, est fait de bateaux placés en long.

Le second, composé de canonnières et de pontons en fer pris aux différentes stations des bateaux-omnibus, se trouve à cent mètres à peu près du premier. L'avant de toutes ces embarcations regarde l'embouchure de la Marne, et est armé d'un canon dont les servants sont protégés par une muraille de gabions.

Le troisième barrage est fait de solides madriers, maintenus ensemble par des chaînes et des cordages et couverts de blindages de tôle.

*
* *

Vers le milieu du jour, le général de Bellemare a fait lancer quelques obus sur les travaux qu'exécutait l'ennemi vers Stains, Garges et, plus à l'est, vers Orgemont et Saint-Gratien.

La redoute des Hautes-Bruyères a canonné un long convoi ennemi entre Chevilly et l'Hay.

En avant de Nogent, à environ 3,000 mètres de l'avancée, trois obus ont forcé un parti ennemi à une retraite précipitée.

*
* *

Dans un des groupes qui stationnaient aujourd'hui sur la place de la Concorde, devant la statue de Strasbourg, se trouvait un religieux portant la robe brune. Une femme se mit à crier, en regardant le religieux :

— Vous feriez bien mieux de partir pour l'armée !

Celui à qui s'adressaient ces paroles n'eut pas même l'air d'y prendre garde. La femme s'approcha alors et les lui répéta. Le religieux, avec un parfait sang-froid lui dit :

— Oui, je partirai, mais quand il le faudra ; mais vous, vous feriez bien de partir de suite, car avec une tête comme la vôtre, vous feriez tellement peur aux Prussiens qu'ils se sauveraient.

Les spectateurs, qui commençaient à s'intéresser à la scène, se mirent à battre des mains en criant : bravo ! bravo ! le curé !

Vendredi , 30 Septembre 1870.

Douzième journée de siége

Un habitant de Versailles a pu, cette nuit, franchir les lignes prussiennes et pénétrer dans Paris. Il nous donne les détails suivants :

De grands mouvements de troupes, de véritables corps d'armée arrivent de Choisy-le-Roi et se massent auprès de la ville, mais du côté opposé à la route de Paris.

Est-ce pour nous ménager une terrible surprise ? Est-ce, au contraire, de peur d'être surpris par l'armée de la Loire, que les Prussiens agissent ainsi ?

Ce même habitant de Versailles nous apprend que des petits ballons sans nacelles ont laissé tomber hier, dans les campements ennemis, environ trente mille petits papiers contenant, en allemand et en français, l'appel à la raison ci-joint :

« Au commencement de la guerre, la nation alle-
» mande a pu croire que la nation française encou-
» rageait l'empereur Napoléon dans ses projets d'a-
» gression.

» La nation allemande a pu se convaincre, depuis
» la chute de l'empereur, que la nation française
» veut la paix. Elle désire vivre unie avec l'Allemagne
» sans contrarier son mouvement d'unité. »

Puissent les Allemands comprendre!

La journée paraît devoir être calme, j'ai bien prêté
l'oreille, le canon ne se fait entendre d'aucun côté.

*
* *

Je ne suis pas de service, et je profite de ma liberté
pour mettre mon journal au courant; mes tablettes
sont remplies de notes et mes renseignements datent
de plusieurs jours.

Je les donne ici dans l'ordre où je les ai recueillis.

Le Comité de défense a décidé l'exécution immédiate d'une voie ferrée, à traction de chevaux, sur
la rue militaire qui longe les fortifications. Cette
voie servira au transport des hommes, des blessés,
des approvisionnements de toute nature.

Elle sera exécutée, dans une quinzaine de jours,
par l'entremise des ponts et chaussées.

En prévision d'un bombardement, on va établir
plusieurs postes de guetteurs de nuit, pour les incendies; le principal poste sera placé sur la tour mé-
ridionale de Notre-Dame.

Le corps des sergents de ville est licencié.

Les feux électriques des forts remplacent la lumière, absente encore, de la nouvelle lune; ils éclairent toute la plaine de Montrouge et de Vanves. Les
maisons isolées, les arbres, les moindres accidents s'y
dessinent d'une manière nette et précise. Si l'ennemi
a compté nous faire une surprise de ce côté pendant
la nuit, il s'est étrangement trompé.

Les Prussiens ont chassé, de l'ambulance de Meudon, tous les blessés français.

2*

Le curé, M. l'abbé Valet, les a recueillis dans sa maison.

Hier soir, un uhlan s'avança jusqu'aux Moulineaux. Il frappa du bout de sa lance à la porte d'une maison isolée. Un vieux paysan ouvrit :

— « Que voulez-vous ? » demanda-t-il d'un ton résolu au uhlan.

— « A manger, » répondit celui-ci en faisant reculer son cheval.

—« Attendez un instant, je vais vous en chercher. »

Et le vieux paysan rentra dans sa demeure.

Un instant après, une petite lucarne s'ouvrait au premier étage, de laquelle partait un coup de feu...

Le cheval se cabra aussitôt, rejetant violemment son cavalier à quelques pas de lui.

Le uhlan était mort.

*
* *

Des insensés réclament la réouverture du Panthéon comme temple de la gloire ; que ne vont-ils plutôt s'agenouiller devant les reliques de Sainte-Geneviève patronne de Paris ; ils oublient, les ingrats, que plusieurs fois la capitale de la France a dû son salut à la puissante intervention de la bergère de Nanterre.

*
* *

La question de la boucherie est celle qui tient aujourd'hui le haut du pavé. La distribution de la viande est devenue règlementaire et on fait queue aux grilles des bouchers.

———————

Samedi, 1er Octobre 1870.

Treizième journée de siége

Hier à minuit, mon bataillon avait reçu l'ordre de prendre les armes et à deux heures et demie nous

nous mettions en marche avec le 13e corps, commandé par le général Vinoy. Il nous fit traverser la route d'Italie, passer entre les forts d'Ivry et de Bicêtre et entrer dans le village de Villejuif, barricadé et occupé par la garde mobile. A un signal donné, les forts de Charenton, d'Ivry, de Bicêtre et de Montrouge ouvraient leur feu tous à la fois contre les villages qu'ils commandent. On me dit alors qu'il s'agissait de déloger les Prussiens de Chevilly et de Choisy-le-Roi.

Les troupes commandées par le général Vinoy sont dirigées sur l'Hay, tandis que la division du général d'Exéa opérera sur notre gauche et fera une pointe sur Choisy-le-Roi; mon bataillon, lancé en avant, traverse Chevilly au pas de course, frayant la route à une compagnie du génie chargée d'établir à la hâte quelques ouvrages de défense; l'infanterie prussienne avait jugé prudent de battre en retraite, mais elle se retirait lentement, protégée par un escadron de cavalerie qui, à plusieurs reprises et malgré une vive fusillade, exécuta contre nous des charges à fond de train.

Dans un des retours offensifs de l'ennemi, il s'approcha de nous tellement près que nous fûmes obligés de le recevoir sur la pointe de nos baïonnettes; qu'on juge de ma stupéfaction quand je me trouvai face à face avec le même officier prussien, que, le 21 septembre, dans la plaine d'Aubervilliers, j'avais tenu au bout de mon chassepot et qui était tombé devant moi, frappé d'une autre balle que la mienne; cette apparition m'ôta toute ma présence d'esprit et j'allais être sabré par ce revenant, quand son cheval, atteint en plein poitrail, se renversa en arrière en l'entraînant dans sa chute; la vie de cet officier était une seconde fois entre mes mains, car déjà j'avais retrouvé mon sang-froid ; mais il était écrit que je n'aurais pas sur la conscience la mort de cet homme ; un de mes camarades voyant le malheureux, qui ne pouvait se dégager de dessous sa monture, armer son pistolet, lui passa sa baïonnette au travers du corps. Pendant que nous nous barricadions dans Chevilly, la division du général d'Exéa avait vainement tenté de pénétrer dans Choisy-le-Roi, défendu par une formidable batterie prussienne ; deux fois le 35ᵉ de ligne, conduit par le général de Guilhem, se précipita sur les canons de l'ennemi, deux fois il fut forcé de reculer devant la mitraille qu'ils vomissaient.

L'occupation de Choisy-le-Roi devenant impossible, nos soldats se replièrent en bon ordre sur la redoute du Moulin-Saquet. A ce moment, le 35ᵉ avait perdu 750 hommes et 28 officiers ; c'est pendant ce mouvement en arrière qu'est tombé le brave général de Guilhem dont j'ai vu revenir le cheval avec la selle tachée de sang ; peut-être aura-t-il été relevé par une de nos ambulances, dont le rapport nous parviendra ce soir ou demain.

Dimanche, 2 Octobre 1870.

Quatorzième journée de siége

Rien dans la nuit.

Ce matin, on parle d'une reconnaissance qui serait faite du côté d'Argenteuil.

* *

Je profite du calme relatif dont nous jouissons pour recueillir l'opinion de quelques journaux sur la situation où se trouve la capitale.

Je lis dans la *Liberté :*

« Comment les Prussiens prendraient-ils Paris ? Par une attaque vive : c'est une partie à jouer. Pour qui, comme nous, connaît les défenses de la capitale, c'est une partie que les Prussiens perdront toujours.»

Second moyen : «L'investissement, l'interruption des convois, le bombardement ! Pour que cela réussisse, il faut trois conditions : l'établissement de batteries nombreuses et puissantes, l'inaction de la place, la désertion de la France entière... »

L'*Opinion nationale* arrive aux mêmes conclusions par les mêmes motifs :

« Les Prussiens tenteront-ils une surprise ? Nous ne le pensons pas, car ils ont pu s'assurer que la place est bien gardée. Une attaque de vive force en passant entre les forts? Militairement, ce serait une folie. On ne donne jamais l'assaut à un rempart qu'après y avoir fait brèche ; tenter un assaut, une escalade entre le feu des forts et de la place, sous la fusillade des tirailleurs et des mitrailleuses, ce serait s'exposer à des pertes énormes, avec la certitude d'échouer. Avant d'entreprendre l'attaque régulière d'un ou plusieurs forts, ou d'une partie de l'enceinte, ils essayeront encore très-probablement d'un dernier moyen d'intimidation : le bombardement ; il ne réussira pas mieux que les autres, la grande cité est décidée à tous les sacrifices ; on luttera jusqu'à la dernière maison, jusqu'à la dernière cartouche. »

*
* *

M. le comte de Chambord a adressé la lettre suivante à M. le comte de Flavigny, Président de la *Société française de secours aux blessés militaires.*

« Monsieur le Comte,

« Condamné par l'exil à la douleur de ne pouvoir

» combattre pour ma patrie, j'admire plus que per-
» sonne les prodiges de valeur de notre héroïque
» armée, et je veux du moins venir en aide, autant
» qu'il est en moi, à nos soldats blessés en accom-
» plissant le plus saint des devoirs. Je leur offre pour
» asile le château de Chambord que la France m'a
» donné en des temps plus heureux, et dont j'aime à
» porter le nom en souvenir de mon pays.

   » Recevez l'assurance de tous mes sentiments.

                                   » HENRI. »

Lundi, 3 Octobre 1870.

Quinzième journée de siége

La journée s'est encore passée dans le plus grand
calme; l'ennemi continue à établir des tranchées de
communication, à grande distance de nos lignes;
quelques coups de canon des forts inquiètent ces
travaux.

   Hier, une reconnaissance faite par un détachement
du 19ᵉ de marche, entre Bezons et Argenteuil, a
échangé des coups de fusil avec le poste prussien,
placé sur l'autre rive de la Seine; cinq ou six ennemis ont été tués ou blessés; de notre côté, le sergent
Rouzaud, s'étant avancé jusqu'au pont de Bezons, a eu
la jambe traversée par une balle.

   Le même jour, en avant de Noisy, le commandant
Warnet, avec sept compagnies de gardes mobiles
(Côtes-du-Nord, Finistère et 8ᵉ bataillon de la Seine),
a poussé une reconnaissance au-delà de Bondy. Un
poste prussien, établi dans ce village, s'est replié en
toute hâte sur la forêt, en arrière, pour n'être pas

enlevé par nos soldats qui s'avançaient au pas de course.

Au-delà de Bondy, un feu assez vif de mousqueterie s'est engagé ; nous n'avons eu qu'un blessé. La retraite s'est effectuée en bon ordre, sous la protection du 3ᵉ bataillon du Finistère (commandant du Legge).

En somme, la reconnaissance avait atteint son but en constatant qu'un seul pont était jeté sur la rive droite de la Seine par les Prussiens à la pointe de l'île de Croissy.

*
* *

La première chose à laquelle l'ennemi devait songer dès son arrivée, c'était de se fortifier sur certains points de concentration choisis d'avance, en vue d'une attaque de l'armée de défense de Paris, mais surtout en prévision de la marche de l'armée de secours. C'est à quoi les Prussiens n'ont pas manqué. Ils ont commencé par occuper fortement Choisy-le-Roi pour défendre le passage de la Seine et les deux routes allant du fleuve à Versailles ; ils ont construit un camp retranché sur le plateau de Satory au-dessus de Versailles, pour leur servir de point d'appui et au besoin d'abri ; et ils se fortifient de la même manière vers Montmorency.

De plus, ils ont jeté des ponts en aval du coude que fait la Seine entre Saint-Cloud et Croissy, un entre autres à Triel, pour faire communiquer les deux armées établies à l'ouest de Paris ; et pour mieux garantir leur jonction, ils se sont établis très-solidement, de Saint-Germain à Saint-Cloud, sur les collines de Marly et de Bougival, ainsi que dans les bois qui couvrent cet intervalle. En outre, ils ont couronné toutes les hauteurs depuis Saint-Cloud jusqu'à Meudon et ont construit cinq grandes batteries : la première à Fleury, en face d'Issy, la seconde à Bellevue, la troisième à

Brimborion, au-dessus de Sèvres, la quatrième à la Lanterne de Démosthènes dans le parc et la dernière à Montretout.

*
* *

On a formé un bataillon de guerre des gardes à pied et à cheval des promenades publiques de Paris.

Ils ont reçu des armes de précision et sont provisoirement casernés dans les vastes bâtiments du lycée Charlemagne.

Ils doivent être mis à la disposition des ingénieurs qui surveillent nuit et jour les fortifications.

*
* *

La première barricade de la route d'Issy est confiée à un corps d'anciens sergents de ville sous les ordres du capitaine Rochat.

*
* *

Mme Avelino Valenti vient de faire un appel aux dames charitables, pour constituer une société ayant pour but d'aller quêter à domicile, dans les maisons aisées, les restes des tables et les vieux vêtements, pour les distribuer aux familles nécessiteuses de la banlieue que le fléau de la guerre a contraintes à se réfugier, en nombre considérable, dans l'enceinte de Paris.

*
* *

On vient de badigeonner d'une couche de plâtre la statue en demi-bosse de Napoléon III, du sculpteur Barie, qui surmontait les guichets du Carrousel faisant face au pont des Saints-Pères.

— « Malheur ! » s'est écrié Gavroche, « c'est Bonaparte qu'est cause de tout et v'là qu'on le blanchit ! »

Mardi , 4 Octobre 1870.

Seizième journée de siége

Ce matin à sept heures, le général Vinoy est passé sur l'avenue d'Orléans, se dirigeant vers les fortifications. On nous annonce qu'il est allé visiter les trois forts de Bicêtre, de Montrouge et de Vanves, pour s'assurer des positions de l'ennemi.

A la suite du général, deux régiments de ligne ont pris la même route pour aller camper en dehors des remparts. A huit heures, deux bataillons de la garde mobile montaient le boulevard Saint-Michel au pas de marche, les tambours battant la charge. Ils se dirigeaient également dans la plaine de Montrouge.

* *

Triste nouvelle... Je viens de lire ce matin la communication officielle suivante, affichée sur les murs de Paris :

« Toul et Strasbourg viennent de succomber.

» Cinquante jours durant, ces deux héroïques cités ont essuyé, avec la plus mâle constance, une véritable pluie de boulets et d'obus.

» Epuisées de munitions et de vivres, elles défiaient encore l'ennemi.

» Elles n'ont capitulé qu'après avoir vu leurs murailles abattues, crouler sous le feu des assaillants.

» Paris saura suivre cet exemple ! Il cherche aujourd'hui à s'en rendre digne. »

* *

La statue de Strasbourg est littéralement ensevelie sous les fleurs.

* *

Un vétéran de nos armées, nommé Castella, s'est présenté aujourd'hui à l'état-major de la place, pour s'enrôler avec ses cinq fils. On voulait bien inscrire sur les contrôles les cinq enfants du vieux brave, mais on refusait en ce qui le concernait. En apprenant cela, le médaillé de Sainte-Hélène s'écria d'une voix émue : « Si vous ne voulez pas de moi, mes fils ne partiront pas ; je leur brûlerai la cervelle. »

On s'est empressé d'inscrire le vieux rageur qui ainsi que ses cinq enfants ont été incorporés dans un régiment de zouaves.

*
* *

Parmi les blessés de l'ambulance du Théâtre-Français se trouvait un capitaine vieux grognard.

Il avait pris en amitié Madeleine Brohan, et ne se laissait panser que si elle était là.

Absente, il la réclamait avec une affectueuse énergie :

— S.... n.. de D...! Madeleine n'est donc pas là ? Appelez Madeleine !

Ce brave, choyé par ses belles infirmières, n'a pas voulu partir sans laisser un souvenir de lui à sa Madeleine : une maîtresse pipe culottée représentant Bismarck.

*
* *

M. de Pène, le spirituel rédacteur de *Paris-Journal* vient de trouver un engin de défense qui laisse bien loin derrière lui chassepots, mitrailleuses, canons d'acier.

Cet engin, ce n'est qu'un mot, mais un mot à aiguille, un mot *rayé*, un mot chargé au picrate de potasse.

— Si Paris est vaincu, a-t-il dit, Paris sera RIDICULE !

Et comme Paris ne saurait se résoudre à être ridicule, sous aucun prétexte, Paris est désormais invincible.

*
* *

D'après une prophétie de Nostradamus, le deuxième

empire ne devait durer que dix-huit ans moins trois mois et pas plus, pas un jour de plus.

> Quand le second Empire en Lutèce adviendra
> (Ceci n'est pas, las ! une facétie !)
> Dix-huit ans, moins un quart, pas plus, il ne vivra.

Mercredi, 5 Octobre 1870.

Dix-septième journée de siége

Cette nuit, vers deux heures, nous avons eu une véritable alerte ; le canon du fort de Vanves s'étant fait entendre, les postes de la garde nationale sédentaire qui se trouvaient de garde aux fortifications, à partir de la porte de Vanves jusqu'à celle d'Italie, reçurent l'ordre de charger leurs armes et de prendre position sur les remparts ou dans les ouvrages avancés qui se relient aux fortifications. En moins de cinq minutes, environ six mille d'entre eux attendaient l'ennemi, prêts à le recevoir. Ils sont restés ainsi une heure à leurs postes de combat. Vers les trois heures du matin, ils ont reçu l'ordre de rentrer sous leurs abris.

Dès six heures, le Mont-Valérien tonnait de toutes ses pièces : le brouillard était si épais qu'on avait peine à distinguer les objets.

A un moment, ce n'a plus été qu'un bruit formidable. Les forts lançaient des obus, Vanves croisait ses feux avec le Mont-Valérien, Issy envoyait des bombes dans la même direction que Montrouge. Et cela ne suffisant pas, les canons du rempart, bastions 59 et 63, se sont mis de la partie. Enfin, nous avons entendu le canon dans la direction de Meudon : c'étaient nos canonnières qui opéraient du côté de Brimborion.

C'est contre ces positions dangereuses qu'était dirigé

le feu. Quand le soleil a paru, dissipant le brouillard, on a pu voir l'ouvrage de Sèvres complétement ravagé. Tout était ruiné, tout était perdu : il en était de même de Meudon et de Brimborion.

Le résultat de la journée a donc été excellent : les ouvrages que les Prussiens avaient mis plusieurs jours à construire sont à recommencer.

*
* *

On est en train d'installer à Passy, au haut de la rue des Vignes, une formidable batterie, destinée à faire face aux canons que les Prussiens cherchent à établir à Saint-Cloud sur le plateau le plus élevé du parc.

Dans la journée, à la suite du feu du Mont-Valérien, sur les crêtes boisées, entre Saint-Cloud et Bougival, des troupes ennemies ont essayé de se réfugier dans ce dernier village : elles en ont été délogées avec quelques gros projectiles de marine.

Mme de Beaulieu, avec un dévouement digne de tous nos éloges, s'est engagée comme cantinière du 13e régiment de mobiles, moins pour verser la goutte aux soldats que pour leur porter secours sur le champ de bataille : à côté de son baril, elle porte sa trousse de chirurgie.

*
* *

Le labyrinthe du Jardin des Plantes vient d'être livré au génie militaire, qui va établir sur le belvédère une batterie de siége : cette batterie protégera efficacement Bercy.

*
* *

On vient d'arrêter, aux environs du Champ de Mars, un espion prussien. Il a fait des aveux complets : il se nomme Hartz, appartient à une très-bonne famille et, en raison de la connaissance de notre langue, qu'il parle sans accent, il a été chargé d'étudier spéciale-

ment l'esprit public : il passera probablement devant
un conseil de guerre.

**

Le bruit courait ce soir que les Prussiens ne demandaient pas mieux que de s'en retourner chez eux.

Une seule chose les en empêche :

Ils ne veulent pas payer l'indemnité.

Jeudi, 6 Octobre 1870.

Dix-huitième journée de siége

Cette nuit, à quatre heures, nos postes avancés du
côté du Raincy ont été attaqués par des patrouilles
ennemies qui ont été reçues vigoureusement.

A cinq heures, on a entendu quelques feux de peloton dans la direction de Choisy-le-Roi.

On m'apprend que quelques coureurs de l'ennemi,
faisant une reconnaissance du côté du Moulin-Saquet,
sont tombés dans une embuscade de mobiles, qui les
ont décimés.

**

Le gouvernement reçoit à l'instant de Tours, les
lignes suivantes qu'il transcrit textuellement :

« La province se lève et se met en mouvement.

» Les départements s'organisent.

» Tous les hommes valides accourent au cri : NI UN
POUCE DE TERRAIN, NI UNE PIERRE DE NOS FORTERESSES,
SUS A L'ENNEMI ; GUERRE A OUTRANCE [1]. »

**

Voici quelques détails sur ce qui se passe à Versailles :

Le prince royal est logé à la préfecture. On pré-

[1] *Note de l'éditeur.* Hélas !

parc au Grand-Trianon les appartements du roi Guillaume.

Les Prussiens, à peine installés dans la ville, ont commencé par s'emparer de tous les bureaux de tabac, qu'ils font garder par des sentinelles.

Le palais est transformé en ambulance. Le lycée est devenu l'hôpital de l'armée prussienne, dans laquelle la dyssenterie fait de sérieux ravages.

La ville, d'ailleurs, est fort calme ; les habitants circulent librement, mais doivent être rentrés chez eux le soir à dix heures. Il est interdit, surtout le soir, de marcher par groupes de plus de deux ou trois personnes.

*
* *

Une grande partie des bateaux-mouches a été nolisée par l'État, qui s'en sert pour faire transporter les troupes, les munitions et les vivres.

*
* *

Veut-on savoir pourquoi, à un moment donné, il est impossible que la France ne triomphe pas sur toute la ligne ?

Horace nous le dit ; il définit ainsi la Gaule :

« *La terre où l'on n'éprouve pas la peur de la mort.* »

Sept heures du soir.

Un brouillard intense a empêché toute la journée les observations, et sur aucun point, il ne s'est produit d'événement militaire.

A Saint-Denis seulement, le général de Bellemare a fait occuper ce matin une sorte de camp retranché demi-circulaire où sont établis nos avant-postes dans un rayon d'environ un kilomètre au-delà des forts.

*
* *

Le vicomte de X..., qui porte un des plus beaux noms du faubourg Saint-Germain, vient de s'engager dans un régiment de zouaves, malgré les résistances de plusieurs membres de sa famille.

— Comment ! lui disait un de ses oncles, un descendant des croisés se résignerait à partir comme simple soldat !...

— Descendre des croisés, c'est très-beau, a répondu le jeune volontaire, mais quand la France est envahie, il est beaucoup plus glorieux de descendre des Prussiens !...

_____

Vendredi, 7 Octobre 1870.

Dix-neuvième journée de siége

Nuit tranquille, à peine quelques coups de canon tirés sans doute, sur des corps de troupes en mouvement et trahis par les feux électriques lancés de nos forts dans toutes les directions.

Dans la matinée, les forts d'Ivry, de Bicêtre, de Charenton et de Gravelle n'ont cessé de tirer, tantôt alternativement, tantôt ensemble. Leurs boulets et leurs bombes étaient dirigés tour à tour sur la barricade du carrefour Pompadour et sur les ouvrages avancés de Choisy-le-Roi.

Les forts de l'Est et de la Double-Couronne ont donné pendant une grande partie de la journée, renversant tout ce qu'ils pouvaient trouver d'inquiétant.

Cette canonnade nourrie a empêché les Prussiens de continuer les travaux de tranchées et de remblais qui doivent relier Garges et Stains à Dugny.

La Briche a lancé quelques boulets du côté de Villetaneuse.

Dans la plaine, aucun engagement entre nos tirailleurs et ceux de l'ennemi, maintenus loin de nos lignes par le feu des forteresses.

Nous voici dans la troisième semaine du siége.

Trois semaines bientôt que Paris enserré dans un cercle de fer maintient à distance les quatre cent mille soldats alignés par la Prusse autour de notre enceinte.

Trois semaines que la capitale, entièrement livrée à ses propres ressources, vit séparée du reste de la France, isolée de l'Europe et du monde.

Un seul nuage sombre est venu obscurcir notre horizon...

Toul et Strasbourg ont succombé !

Les deux cités héroïques sont devenues la proie de l'ennemi.

On ne les a point terrassés, ces géants.

Ils sont tombés.

Tombés d'inanition !

*
* *

Mais, en tombant, Toul et Strasbourg ont jeté un regard vers Paris, pour affirmer, une fois de plus, l'unité et l'intégrité de la patrie, et nous léguer avec le devoir de les délivrer, l'honneur de les venger. (*Extrait d'un article de Timothée Trimm.*)

*
* *

Tarif des denrées alimentaires :

La morue 1 fr. 30.

Un peu de bœuf salé à 1 fr. 75 et 2 fr. 50 c. le demi-kilogramme.

Le poisson de Seine très-couru. Le goujon mêlé d'ablettes, 2 fr. le petit plat pour deux personnes faciles à contenter.

Une belle anguille, 15 fr.

Un beau brochet, 14 fr.

Une belle carpe, 12 et 15 fr.

Le beurre salé, assez rare et médiocre, 4 fr. 50.

Les graisses de bœuf fondues, 2 fr.; le saindoux, 2 fr. 25.

Carottes belles, la botte moyenne, 1 fr. 50 c.

Choux passables, de 75 c. à 1 fr. 80.

Choux-fleurs moyens, 1 fr. 50.

Navets, 1 fr. la botte moyenne.

Pois verts gros, 3 fr. le litre.

Haricots blancs, frais, 1 fr. 50 le litre.

Flageolets, très-beaux, 3 fr. 50 le litre. Les mêmes, très-fins, 6 fr. le litre.

Le céleri rave, à raison de 25 c. le pied.

Le céleri salade, la botte de six pieds, 1 fr. 20 et 1 fr. 50 c.

Les haricots verts de 70 c. à 1 fr. 50 la livre ; les pommes de terre, 3 fr. 50 le boisseau ; les œufs 2 fr. 30 la douzaine ; les volailles se vendent difficilement.

Un poulet passable vaut 12 fr.

Une dinde fort ordinaire 30 fr.

Un lapin 15 fr.

Le prix de la viande de boucherie n'a pas varié depuis 8 jours : l'âne dont la chair est bien préférable à celle du cheval, vaut 80 c. le demi-kilogramme.

Samedi, 8 Octobre 1870.

Vingtième journée de siége

L'ennemi a fait cette nuit une tentative sur la route de Gravelle construite à la lisière du bois de Vincennes près de Joinville-le-Pont.

Les forts de l'Est et de la Double-Couronne ont tiré toute la matinée : ils ont réussi à bouleverser les travaux de l'ennemi devant Garges et Dugny.

J'extrais les lignes suivantes de deux rapports militaires publiés dans la soirée, le premier par l'amiral Saisset, le second par le général Ducrot.

Extrait du premier rapport :

3*

« Cette après-midi, nous avons chassé l'ennemi de Bondy et occupé le village le temps nécessaire pour détruire, par moyen de pétards, les localités trop rapprochées de nos tirailleurs.

» L'affaire a été très-bien conduite par M. le chef de bataillon d'infanterie de marine du fort de Noisy, M. Bouzigou, et par M. le colonel Lafon, des Éclaireurs de la Seine. »

Extrait du deuxième rapport :

« Une colonne, composée d'un détachement des tirailleurs des Ternes, d'un détachement des francs-tireurs de Paris, sous les ordres du commandant Thierrard, de six cents gardes mobiles des 7e bataillon de la Seine, 4e bataillon d'Ille-et-Vilaine et 1er bataillon de l'Aisne, le tout sous la direction du général Martenot, a poussé jusqu'à la Malmaison, en passant par Nanterre et Rueil.

» Le commandant Thierrard, avec ses francs-tireurs et quelques sapeurs du génie, ont pétardé le mur et sont entrés dans le parc par la brèche.

» Pendant cette opération, les éclaireurs de la garde nationale de la Seine, commandant de Ribeaux, s'avançaient hardiment dans la plaine de Gennevilliers. poussaient résolûment jusqu'au bord de la Seine, où ils engageaient une vive fusillade avec les tirailleurs ennemis, entre Bezons et Argenteuil. »

* *

Pendant que les défenseurs de Paris étaient sur les remparts on se battait aux avant-postes.

Voici ce qui se passait dans l'intérieur de la capitale.

Vers une heure et demie, se formait sur la place de l'Hôtel-de-Ville un groupe de trois ou quatre cents personnes criant : *Vive la Commune!* A deux heures, le 84e bataillon de la garde nationale (commandant Bixio) venait se déployer en cordon sur deux rangs le long de la façade de l'hôtel de ville. Ce mouvement provoqua une assez grande affluence de curieux, et les cris prirent une certaine intensité. Mais la masse des assistants restait indifférente à ces provocations ; bien plus, tout autour de la place et dans les rues adjacentes, on protestait avec une vive énergie contre les meneurs qui compromettent le succès de la défense nationale par des excitations factieuses.

Sur ces entrefaites, le général Trochu arrivait à cheval. Seul, laissant loin en arrière son état-major, il parcourut la foule et fut accueilli par les cris les plus sympathiques. Un peu plus tard, le général Tamisier était également acclamé.

Cependant, le bruit se répandait dans Paris qu'une tentative était faite pour exercer une pression sur le Gouvernement de la défense nationale. On vit alors accourir bataillons sur bataillons. Les groupes hostiles, comprenant leur impuissance, se retirèrent, et, la garde nationale ayant occupé la place dans toute son étendue, les membres du Gouvernement présents à l'hôtel de ville descendirent pour la passer en revue.

Une heure plus tard, malgré une pluie torrentielle et la nuit tombante, de nouveaux bataillons remplissaient la place de l'Hôtel-de-Ville, et les membres du Gouvernement durent passer une seconde revue au milieu des mêmes démonstrations de sympathie et d'enthousiasme.

Ainsi s'est terminée cette grande journée, qui a tourné à la confusion des agitateurs et qui a démontré que le peuple de Paris est décidé à faire bonne justice de toute tentative de sédition.

*
* *

L'un des fils du duc de Castries, proche parent du maréchal Mac-Mahon, le vicomte de Castries, sous-lieutenant de lanciers, qui avait été blessé dans la journée du 30, est mort ce matin, à huit heures, à l'ambulance de la rue de Milan.

***

Dimanche , 9 Octobre 1870.

Vingt et unième journée de siége

Ce matin, dans une reconnaissance en avant de Bondy, le lieutenant Mascret, des francs-tireurs des Lilas, est tombé sous le feu de l'ennemi.

*
* *

Le Mont-Valérien, à midi, précipitait son tir dans la direction de Montretout et Garches. Des obus lancés sur les travaux de la Lanterne de Démosthènes viennent éclater à ses pieds en y causant beaucoup de désordre.

Trois projectiles entre autres arrivent : l'un au pied, l'autre au-dessus et le troisième sur le monument même de la Lanterne. Ce sont les artilleurs de la marine *et de la mobile* qui dirigent les pièces.

Au-dessus de Saint-Cloud, entre Montretout et Suresnes, une maison s'écroule, en lançant dans les airs un tourbillon de poussière. C'est encore l'ouvrage du Mont-Valérien.

Vers cinq heures environ, le fort d'Issy prend la parole. Du premier coup envoyé, son obus enlève toute la toiture de l'aile gauche du château de Meudon. De la poussière, de la fumée et une détonation; c'est tout, le toit n'existe plus.

Aujourd'hui j'ai pu visiter Gentilly, Cachan, Ville-juif et tout le côté de la plaine qui est borné par la Bièvre jusqu'à Arcueil. Toutes ces localités occupées par l'ennemi, il y a quatre ou cinq jours sont en notre pouvoir, les mobiles et les francs-tireurs, gardent en ce moment les avant-postes où les Prussiens s'étaient solidement établis. Clamart continue à nous appartenir, les mobiles y sont convenablement instal-lés. A la dernière attaque de Clamart, l'ennemi a perdu vingt hommes; du côté des mobiles il y a eu trois blessés; le lieutenant-colonel Rambaud se plaît à recon-naître la belle conduite de ses jeunes soldats.

Par suite d'une brillante reconnaissance faite dans la journée, le Bas-Meudon se trouve débloqué.

*
* *

Le *Figaro* nous raconte aujourd'hui un épisode de la guerre digne des temps les plus héroïques de notre histoire nationale.

Un simple soldat, un fantassin en est le héros.

Le feu était engagé. C'était dans ces derniers com-bats. Une pluie de balles ennemies tombait dans nos rangs et couchait les plus braves. Au milieu de la mêlée, sans tenir compte de la foudroyante destruc-tion, notre héros abaissait lentement son chassepot et tirait, rechargeait tranquillement son arme, choi-sissait son homme, visait encore, lâchait son coup, et toujours calme et résolu, poursuivait son œuvre sans se préoccuper de ce qui se passait autour de lui.

Un officier qui se trouvait à son côté, le même qui nous a raconté cette histoire, lui demanda pourquoi il tirait aussi lentement.

— Je vas vous dire, mon capitaine, fit le fantassin en s'adressant à l'officier, j'ai remarqué que les offi-ciers prussiens, malgré la simplicité de leur tenue, sont facilement reconnaissables à leur attitude pendant l'action. Remarquez, les soldats tirent sans épauler ; à côté, vous voyez un homme les bras croisés, tenant son sabre la lame en l'air : c'est l'officier qui commande la compagnie, c'est à celui-là que j'adresse mon pruneau de préférence et, comme j'ai bon œil, je manque rarement mon coup ; seulement, il ne faut pas se presser. Tenez, continua le troupier, en voici un qui vient prendre la place de celui que je viens de relever de faction : vous allez voir.

Le soldat visa, le coup partit et l'officier prussien tomba.

Puis il tira sur un second, un troisième, et tous tombèrent.

Le soldat visait encore lorsque une balle ennemie ui jeta le képi sur les yeux. Sans s'émouvoir, il relève son képi et fait feu de nouveau et toujours avec le même succès.

Enfin, le lendemain, lorsque le combat eut cessé, l'officier chercha son fantassin et parvint à le rencontrer : il n'avait pas une égratignure.

— Et combien en avez-vous tué ? lui demanda l'officier.

— Voilà le compte exact, mon capitaine.

Au même instant, le soldat tira un petit carnet de sa poche sur lequel tous ses coups qui avaient tué un officier étaient scrupuleusement marqués.

Il y en avait TRENTE-TROIS.

Ce soldat a été décoré.

*
* *

Je sors d'une brasserie où on ne se faisait pas de bile. Entre autres chansons plus ou moins patriotiques que j'ai entendu chanter, j'ai remarqué le couplet suivant dont l'interprète, un très-aimable franc-tireur du nom de Gagelin, a eu la complaisance de me donner copie. Cette chanson, intitulée *le Fusil de la Liberté*, est de M. Emile Oudet.

Air : *Elle aime à rire, Elle aime. à boire.*

> Enfants à votre ardeur virile
> Je dois confier un trésor,
> Que voudrait soutenir encor
> De vos pères la main débile
> Portez-le donc avec fierté !
> Son histoire est tout héroïque,
> Il tonna pour la République,
> Le Fusil de la Liberté.
>
> } bis.

Lundi, 10 Octobre 1870.

Vingt-deuxième journée de siége

Aujourd'hui les Parisiens ont éprouvé un grand désappointement. Le roi Guillaume leur avait fait annoncer pompeusement pour le 10 octobre, la première du bombardement de Paris, musique de Bismarck.

La bombe annoncée a manqué son entrée.

**

Les Prussiens étaient parvenus à établir une batterie sur la hauteur du moulin d'Orgemont. Vers neuf heures, ce matin, deux bombes tombèrent sur Saint-Ouen sans causer aucune perte à nos troupes.

La batterie de Saint-Ouen répondit alors, et nos artilleurs pointèrent si juste que les ouvrages prussiens furent détruits après une vingtaine de coups.

Les compagnies de la ligne des redoutes de la Boissière, Montreuil et Noisy, en service aujourd'hui dans la plaine, pour la protection de nos travailleurs et celle des cultivateurs et maraîchers, avec un batail-

lon de mobiles du Nord en réserve, ont eu cette après-
midi un engagement très-vif avec l'ennemi. Ce dernier
n'a pas tardé à amener, à la sortie des bois, à notre
gauche, deux pièces d'artillerie, qui ont pu tirer sur
nos troupes une dizaine de coups à obus et à mitraille.

Ces pièces ont été promptement et complétement démontées par le feu bien dirigé de quelques pièces des
trois forts.

Midi. — Une action sérieuse s'engage en ce moment du côté de Meudon et du Mont-Valérien.

Trois heures. — Le drapeau prussien vient d'être
arboré au faîte du château de Meudon.

Les coteaux qui s'élèvent au-dessus de Sèvres ont
été littéralement bombardés par une de nos canonnières.

Sous la mitraille, les branches craquaient, la terre
volait et les plus gros arbres, tordus et carbonisés,
tombaient avec fracas sur les ouvrages des Prussiens.

*
* *

Sont présentement en préparation et destinés à partir
de deux jours en deux jours les ballons-poste dont
les noms suivent :

Le *Lafayette* qu'une violente bourrasque a empêché
de partir aujourd'hui.

Le *Jean-Bart.*

Le *Vauban.*

Le volume de ces ballons est de 2,045 mètres cubes.

Ils emporteront successivement des paquets de lettres
et chacun trente pigeons destinés à nous apporter de
Tours des dépêches.

Pour suffire à un service aussi important, MM. Eugène et Jules Godard dirigent une école d'aéronautes,
dont le personnel, composé de marins choisis, a été
mis à leur disposition par M. l'amiral La Roncière Le
Noury.

J'ai recueilli quelques renseignements supplémentaires touchant l'organisation du service des aérostats postaux. Ce service est divisé en deux sections; l'une de la rive droite et l'autre de la rive gauche. Celle de la rive droite est sous la direction de M. Nadar; celle de la rive gauche, sous la direction de M. Eugène Godard.

* * *

M. Paul Bernier donne dans le *Figaro* des détails très-intéressants sur l'accident arrivé au ballon monté par M. Ziper, fournisseur de l'armée, chargé de lettres pour Tours, M. Friedmann, secrétaire de M. Ziper, et un employé de M. Godard; l'aérostat était parti à 2 heures 45 minutes de l'établissement du gazomètre à La Villette.

Poussé par un vent de sud-ouest, le ballon se dirigeait assez lentement vers le nord, lorsque, après une demi-heure de marche environ, il s'est dégonflé brusquement et est tombé presque comme une masse, dans une mare formée par une inondation prise à la rivière Craud.

La situation des voyageurs aériens était extrêmement critique. Ils étaient tombés à cinquante pas des sentinelles prussiennes établies devant la ferme de Chantourterelle, à 400 mètres de Dugny et de Pierrefitte, positions occupées par les Prussiens et à une distance presque égale du fort de la Courneuve, occupé par les francs-tireurs de la presse. De trois côtés à la fois, des feux de peloton bien nourris furent dirigés sur les naufragés, qui ne trouvèrent rien de mieux à faire que de rester dans l'eau jusqu'au cou et de simuler la mort.

Cette situation terrible dura pendant trois heures. A sept heures et demie, la nuit étant à peu près complète, M. Ziper et ses compagnons se hasardèrent à nager dans la vase vers la direction où ils croyaient avoir entendu parler français.

A peine sortis de l'eau, ils ont été faits prisonniers par un détachement commandé par M. Emile Jourdet, capitaine adjudant-major des francs-tireurs de la presse.

Après un interrogatoire, instruction et reconnaissance, les trois naufragés ont été recueillis au fort de la Courneuve, où on leur a donné tous les soins que nécessitait leur position.

Les dépêches ont été sauvées.

Mardi, 11 Octobre 1870.

Vingt-troisième journée de siége

Dans la journée, de nombreux mouvements de troupes ont été signalés chez l'ennemi, en avant de nos lignes du sud, hors de portée de nos feux. Le gouverneur de Paris a été visiter le Moulin-Saquet, Villejuif et les Hautes-Bruyères : toutes ces positions sont en remarquable état de défense.

Il s'est passé à Bondy, un fait assez heureux. L'ennemi enlevait d'habitude, tout ce qu'il trouvait dans la campagne.

Le contre-amiral Saisset, voulant mettre un terme à ces déprédations, envoya un détachement de véritables gamins de Paris organisés en éclaireurs volontaires.

Ces jeunes intrépides se sont emparés de quantités considérables de légumes frais ou secs, qui allaient devenir la proie des Prussiens.

Il y en a, paraît-il, pour 150,000 francs. On s'est empressé d'envoyer des fourgons pour chercher ce butin ; chaque fourgon contenait environ pour mille francs de denrées.

Il en est déjà arrivé à Paris soixante voitures, dont le contenu sera vendu à la Halle.

Dans l'après-midi, le général Blanchard a occupé, sans coup férir, un point important à cause de son voisinage de Cachan, qui est aujourd'hui mis en état de défense par nous.

**

Le gouvernement a reçu ce soir une dépêche de M. Gambetta ainsi conçue :

« Montdidier (Somme), 8 h. du soir.

» Arrivé après accident en forêt à Epineuse, ballon » dégonflé. Nous partons dans une heure pour Amiens, » d'où, voie ferrée jusqu'au Mans et à Tours. De toutes » parts on se lève en masse. Le Gouvernement de la » défense nationale est partout acclamé. »

**

Lorsque le général Noël fut installé au Mont-Va-lérien en qualité de commandant de cette redoutable forteresse, le ministre des travaux publics, M. Dorian, alla visiter les travaux en cours d'exécution.

— Général, dit-il au nouveau commandant, inutile de vous dire qu'on ne rend pas une pareille forteresse, on la fait sauter.

— Ah ! sacrebleu ! dit le général, voilà la première fois depuis longtemps que j'entends parler français. Eh bien ! monsieur le ministre, confiance pour con-fiance ! Venez voir ma cave.

Le ministre descendit en effet.

— Voici mes provisions, dit le général.

Et il montra du doigt des barils de poudre.

— Vous voyez, monsieur le ministre, que j'avais prévu votre recommandation.

Il y a encore dans Paris, pour plus de deux mois de

vivres, à 150 grammes de viande par personne, et dans cette évaluation ne sont pas compris les approvisionnements particuliers, dont il est impossible de se rendre exactement compte.

*

Un vieux *dur à cuire*, un ancien chasseur de la garde, me racontait dernièrement comment l'abbé Parabère opérait la conversion d'un zouave endurci.

— Eh bien ! vieux chacal, tu as donc chaud ?

— C'est vrai, monsieur l'abbé.

— Viens boire un verre de dur... sac à papier.

— Vous êtes bien bon, monsieur l'abbé.

— Tu es Parisien, n'est-ce pas ? ajoutait l'abbé Parabère, en lui versant un verre d'eau-de-vie.

— Ah ! oui... je suis du Gros-Caillou, passage César.

— Tu as une mère ?

— Oui... pauvre femme, et qui m'aime bien ! allez !

— Et que tu as fait enrager un peu, gredin ?

— Ah ! je m'en repens bien, elle est si bonne.

— Bois un second verre de rude à sa santé.

— Tout de même, monsieur l'abbé.

— Tu as alors tous les vices ; tu as été aussi chapardeur (maraudeur)?

— Un tantinet.

— Eh bien je vois, ajoutait l'abbé, que si tu fais l'appel nominal des sept péchés capitaux dans la chambrée de ta conscience, il n'y en a pas beaucoup qui ont découché, et on dit qu'avant d'aller au feu, tu ne veux pas te confesser ?

— Jamais, monsieur l'abbé, vous êtes un bon zig... je ne dis pas, mais pour ce qui est du confessional, je pose ma chique... n'en faut pas.

— Mais, imbécile, s'écriait alors l'abbé Parabère,

en appuyant sa main sur l'épaule du zouave, tu viens
de faire sans le savoir ta confession générale, comme
un marié dont on a publié les bans, et malgré tout je
te donne l'absolution.   (Le *Volontaire*.)

———

Mercredi, 12 Octobre 1870.

Vingt-quatrième journée de siége

Pendant la nuit, on a pu constater, de l'observatoire établi au sommet du Mont-Valérien, que les
sapeurs du génie prussien étaient en train d'abattre
les arbres d'un petit bouquet de bois voisin d'une des
longues avenues du parc de Meudon.

Ce fait paraissant étrange, à deux heures du matin
on essaya d'envoyer sur ce point quelques obus qui
ne portèrent pas : on dut attendre le jour. Qu'on juge
de l'étonnement de nos canonniers... Pendant la nuit
quinze énormes canons, établis sous bois, avaient été
démasqués vers l'endroit suspect, ils étaient braqués
sur le Point-du-Jour; alors, on eut recours aux grandes
pièces de marine installées sur la plate-forme la plus
élevée du fort, et bientôt quelques obus tombèrent en
plein dans l'ouvrage ennemi. Le fort d'Issy se mit
bientôt de la partie et, comme le Mont-Valérien, il dut
se servir de ses pièces à longue portée.

A dix heures la batterie prussienne était entièrement démontée et les terrassements qui la soutenaient
bouleversés et écroulés.

*
* *

Ce matin, le lieutenant-colonel Reille, commandant
le 7e régiment des gardes mobiles (Tarn), a exécuté
une reconnaissance importante, dans le but de s'assurer de la présence des forces ennemies au bois de
Neuilly-sur-Marne et au plateau d'Avron.

Les postes prussiens se sont repliés vivement devant les spahis, soutenus par nos tirailleurs, et se sont dérobés dans un bois qui s'étend entre Neuilly et Villemomble. Le village du Bois-de-Neuilly a été occupé et fouillé dans tous les sens.

A la gauche, trois compagnies, sous les ordres du commandant Foucaud, ont gravi les pentes d'Avron.

Une division du 1er régiment de chasseurs a fouillé la partie dénudée et reconnu le plateau en tous sens sans voir d'ennemis, sauf du côté de Villemomble, en arrière du village.

A l'extrémité du mouvement de terrain l'infanterie prit à revers le bois que l'ennemi, qui s'y était retiré, n'essaya pas de défendre bien qu'il y eût fait des abatis.

Le lieutenant-colonel Reille se loue beaucoup de l'attitude des mobiles et du concours que lui ont prêté les chasseurs et les spahis.

De son côté, le général Ducrot a poussé, dans la journée une reconnaissance au-delà de la Malmaison. Les éclaireurs Dumas et les éclaireurs de la ligne (commandant Lopez), s'étaient engagés résolûment à la gauche et en avant de Rueil. Les mobiles du Morbihan, après avoir essuyé des feux de peloton partant du parc de la Malmaison, se sont trouvés en présence de batteries prussiennes à la bifurcation des routes de Bougival et de la Jonchère.

Ces batteries se sont démasquées à trois cents mètres, et leur feu n'a pas atteint un seul des nôtres, les boîtes à mitraille ayant fait balle au lieu de s'écarter. Les mobiles se sont mis à couvert dans les fossés de la route, et de là ont ouvert le feu sur l'ennemi qui a été contraint de se retirer. Son artillerie, réduite au silence par la nôtre, a été poursuivie dans sa retraite par les obus du Mont-Valérien jusqu'à Bougival.

*
* *

A Stains et à Pierrefitte, de jour et de nuit, à toute heure, nos mobiles font la chasse aux détachements ennemis et pillent leurs provisions. Hier, ils dévalisaient un magnifique fruitier où les Prussiens avaient entassé les dépouilles de nombreux vergers; aujourd'hui, c'est un tonneau ventru qu'ils rapportent triomphalement. Les Prussiens venaient de le mettre en perce, mais n'avaient guère eu le temps d'y goûter; tout au plus y avaient-ils pris le coup de l'étrier au moment où fut signalée l'approche des moblots.

*
* *

La commission des barricades ne perd point son temps. Sous le nom modeste qu'elle donne à ses gigantesques travaux, elle a fait sur bien des points, depuis quinze jours, surgir de terre une seconde enceinte de remparts. La fortification qui coupe la grande rue de la Chapelle est particulièrement remarquable : c'est imposant comme masse, savant comme construction, presque élégant comme forme, et surtout fort commodément arrangé pour que les combattants y aient le pied sûr, l'épaulement solide et toute sécurité contre les balles des assiégeants.

Quand le Gouvernement de la défense nationale a pris la direction des affaires, il y avait, pour la défense de nos remparts, 600 pièces de canon en position avec 20 coups par pièce. Il y a en ce moment sur nos remparts ou dans nos forts 1,800 pièces avec plusieurs centaines de coups par pièce.

*
* *

Un de mes reporters m'assure avoir entendu tout à l'heure, à une station de voitures, le colloque suivant :

— Où allons-nous, bourgeois?

— Du côté des fortifications... et prenez bien garde...

— N'ayez pas peur... Mais, en cas d'accident, à quelle ambulance voulez-vous que je vous conduise?

———

Jeudi, 13 Octobre 1870.

Vingt-cinquième journée de siége

Des mouvements de troupes considérables de l'ennemi ayant été signalés pendant ces derniers jours, le gouverneur avait décidé qu'une reconnaissance offensive serait faite ce matin par la division Blanchard.

J'apprends à l'instant qu'après un combat acharné, nos troupes sont parvenues à déloger les Prussiens de Bagneux.

Ce village a été enlevé par les mobiles de la Côte-d'Or et de l'Aube. Le premier bataillon de l'Aube qui voyait le feu pour la première fois a eu une attitude excellente, son commandant, le comte de Dampierre, est tombé glorieusement devant une barricade au moment où il s'élançait à la tête de sa troupe. Ses dernières paroles ont été : En avant! mes amis!

Voici le rapport du général Vinoy sur cette affaire:

« Monsieur le gouverneur, dans la soirée du 12 courant, vous m'avez prescrit d'opérer une grande reconnaissance sur Bagneux et Châtillon et de tâter fortement l'ennemi vers ces positions.

» J'ai transmis immédiatement vos ordres, et, pour en diriger et en surveiller l'exécution, je me suis transporté le lendemain, dès six heures du matin, au fort de Montrouge.

» Mes instructions n'ont pu parvenir au général Blanchard qu'à une heure assez avancée de la nuit, et les dispositions à prendre nécessitant un certain temps, l'attaque des villages n'a pu commencer que vers neuf heures. Cette circonstance n'a pas été défavorable au résultat de la journée, car l'attention de l'ennemi est surtout éveillée au point du jour ; plus tard il se relâche un peu de sa surveillance.

» A neuf heures précises, toutes les troupes étaient postées aux points qui leur avaient été assignés d'avance. Elles se mettaient en mouvement à un signal convenu : deux coups de canon tirés par le fort Montrouge.

» La 3e division du 13e corps (général Blanchard), était spécialement chargée de l'action : elle devait être soutenue par la brigade Dumoulin, de la division Maudhuy et par la brigade de la Charrière, division Caussade.

» Deux bataillons du 13e de marche, avec 500 gardiens de la paix, devaient s'emparer de Clamart, s'y maintenir, surveiller Meudon et pousser les avant-postes jusque sur le plateau de Châtillon.

» Le général Susbielle, avec le reste de sa brigade (le 14e de marche et un bataillon du 13e), renforcée par 500 gardiens de la paix, devait attaquer Châtillon par la droite ; les mobiles de la Côte-d'Or et un bataillon des mobiles de l'Aube devaient forcer Bagneux, s'y établir solidement, tandis que le 35e de ligne, avec un autre bataillon de la Côte-d'Or, devait aborder Châtillon de front et occuper Fontenay, pour surveiller la route de Sceaux.

» Le 42e de ligne, avec le 3e bataillon de l'Aube, recevait l'ordre de rester en réserve en arrière de Châtillon, vers le centre des opérations, au lieu dit la Baraque.

4

» La brigade La Charrière avait pour mission de se porter sur la route de Bourg-la-Reine, et de maintenir les forces que l'ennemi dirigerait de ce côté, pour essayer de tourner notre gauche.

» La colonne de droite s'empare, sans coup férir, de Clamart, s'y maintient, mais trouve, près du plateau de Châtillon, des positions fortement occupées. Elle s'arrête donc sans pousser plus avant.

» Le général Susbielle attaque vigoureusement Châtillon, soutenu par son artillerie de campagne et par celle des forts d'Issy et de Vanves. Mais il est arrêté, dès l'entrée du village, par des barricades qui se succèdent, et par une vive fusillade partie des maisons crénelées. Il est obligé d'emporter une à une toutes ces maisons et de faire appel à l'énergie de ses troupes, tout en usant d'une extrême prudence, pour continuer cette guerre de siége. Le général reçoit un coup de feu à la jambe, mais sa blessure est heureusement sans gravité ; il reste à cheval et continue à commander sa brigade.

» La colonne de gauche enlève rapidement Bagneux, après une vive résistance : les mobiles de la Côte-d'Or et de l'Aube, sous la conduite du lieutenant-colonel de Grancey, se montrent aussi solides que de vieilles troupes. C'est dans cette attaque que le commandant de Dampierre, chef du bataillon de l'Aube, est tombé à la tête de son bataillon.

» Pendant ce temps, le 35e de ligne et un bataillon de la Côte-d'Or, sous les ordres du colonel de la Mariouse, tentent de se frayer un passage entre Bagneux et Châtillon ; mais ils sont arrêtés par la mousqueterie et l'artillerie ennemies ; ils sont obligés, eux aussi, de faire le siége des maisons et des murs de parc, crénelés et vigoureusement défendus, et ils parviennent jusqu'au cœur du village.

» La brigade Dumoulin, qui avait pris position à la grange Ory, reçut ordre de se porter en avant pour appuyer le mouvement du colonel de la Mariouse; elle occupa le bas de Bagneux, tandis que le 35ᵉ cheminait par le centre, pour forcer la position de Châtillon.

» La brigade de la Charrière s'acquittait convenablement de la tâche qui lui avait été confiée. Elle faisait taire, par son artillerie judicieusement dirigée, le feu d'une batterie ennemie, postée vers l'extrémité de Bagneux, et qui s'efforçait d'inquiéter nos réserves, dans le but de tourner notre gauche.

» Après cinq heures de combat, vous avez ordonné la retraite; elle s'est effectuée dans le plus grand ordre. L'ennemi a essayé de reprendre rapidement ses positions, et il a engagé un feu très-vif de mousqueterie et d'artillerie; mais nos batteries divisionnaires et les pièces des forts de Vanves, de Montrouge et d'Issy l'ont arrêté court dans cette tentative. Les troupes laissées en réserve ont appuyé la retraite avec calme.

» Le but que vous vous étiez proposé a été complétement atteint; nous avons obligé l'ennemi à montrer ses forces, à appeler de nombreuses troupes de soutien, à essuyer le feu meurtrier de nos pièces de position et de notre excellente artillerie de campagne. Il a dû subir de fortes pertes, tandis que les nôtres sont peu sensibles, eu égard aux résultats obtenus. J'estime que nous n'avons pas eu plus de 30 hommes tués et 80 blessés.

» Vous avez pu juger vous-même, monsieur le gouverneur, par l'attitude des troupes qui reprenaient leurs campements, de l'élan et de la vigueur qu'elles avaient dû déployer dans l'attaque. »

*
* *

Pendant que le général de Bellemare opérait au

sud-ouest de Paris, les carabiniers parisiens sous les ordres du capitaine de la Cressonnière faisaient une brillante reconnaissance dans la direction de la villa de Bourbaki.

*
* *

L'état de siége dans lequel nous vivons a singu-lièrement modifié les goûts de nos jeunes pari-siennes....

— Moi qui raffolais de la danse, me disait l'autre jour une de mes cousines passablement follette, je n'y pense plus... je songe uniquement à *celle* que vous préparez aux Prussiens.

Vendredi, 14 Octobre 1870.

Vingt-sixième journée de siége

Pendant la nuit, les francs-tireurs de la mobile (Loire-Inférieure), du Mont-Valérien, ont, dans une embuscade tendue près la Malmaison, dans l'avenue de Boispréau, tué un sergent et quatre soldats de la garde royale. Le commandant, M. de la Roche-Thulon, a fait coup double à quinze pas, au moment où le sergent allait tuer un de ses hommes.

Ce matin, vers onze heures, un clairon prussien a paru à la hauteur du presbytère de Bagneux, puis, deux autres Prussiens, avec un drapeau blanc.

Deux des nôtres se sont détachés des avant-postes et ont fait la moitié du chemin.

Les parlementaires venaient demander un armistice pour enterrer leurs morts. Ils le demandaient jus-qu'au lendemain matin. On ne leur a accordé que jusqu'à cinq heures du soir.

Dans le combat d'hier, le bataillon des gardiens de la paix a eu un officier tué, le sous-lieutenant Lherminier ; un gardien, le nommé Robert, tué, et cinq gardiens blessés.

Le Gouvernement de la défense nationale a décidé que les veuves du sous-lieutenant Lherminier et du gardien Robert seraient traitées comme les veuves des officiers et soldats de l'armée.

*
* *

Une reconnaissance avait été décidée du côté de Chatou.

A une heure, un corps nombreux, traversant l'avenue de Neuilly, se rendit à Courbevoie.

Nos troupes comptaient environ 10,000 hommes, un régiment de zouaves, beaucoup de mobiles parmi lesquels j'ai reconnu le bataillon de Bretons, dont fait partie mon cousin Kergonnou, et enfin une formidable artillerie : quelques mitrailleuses se trouvaient au milieu des pièces.

Ce grand déploiement de forces n'a pas amené de résultats importants, car l'ennemi s'est absolument refusé à accepter la lutte.

A peine a-t-il daigné répondre à notre artillerie. Comme à contre-cœur, il a tiré trente coups à mitraille. Pas un de nos hommes n'a été touché d'ailleurs, ce qui nuit considérablement à la réputation d'adroits pointeurs que s'étaient faite les Prussiens.

Les pertes de l'ennemi ont dû être assez sensibles, nos mitrailleuses n'ont, il est vrai, tiré que deux coups, mais le Mont-Valérien a envoyé un grand nombre d'obus dans un bois dans lequel suivant l'expression de mon cher cousin *grouillaient les Prussiens.*

*
* *

Les marins du fort de Montrouge ont exécuté un coup de main des plus hardis. Les francs-tireurs les ayant informés qu'un convoi de vivres, destiné à l'armée ennemie, était arrêté, avec escorte, en avant

4*

du village de Thiais, vingt matelots se sont avancés
en rampant jusqu'à l'entrée de la localité, et s'élan-
çant aussitôt sur les Prussiens, dont les armes étaient
en faisceaux à vingt pas de distance, ils les ont attaqués à coups de hache, de poignard et de baïonnette.

Une centaine de Prussiens ont été massacrés ; les
autres se sont enfuis dans le village. Nos marins se
sont emparés immédiatement de trois fourgons qu'ils
ont traînés avec eux, et ont incendié les autres. Pas
un coup de fusil n'a été tiré.

*
* *

A la même heure, le 2ᵉ bataillon de la garde mobile des Côtes-du-Nord a eu un engagement d'une
certaine importance contre les Prussiens qui occupent
Gagny et Villemomble.

La 2ᵉ compagnie sous les ordres du capitaine Surcouf, se déployait en tirailleurs. On vit un instant plus
tard les Bas-Bretons guidés par un enseigne de vaisseau du fort de Rosny et par leur capitaine, couron-
ner les coteaux d'Avron ; une fois sur les hauteurs
les mobiles rampant à travers les vignes, surprirent
les grand'gardes ennemies en avant de Villemomble ;
ils engagèrent alors une vive fusillade et les Prussiens se replièrent dans le village où ils furent poursuivis par les tirailleurs appuyés presque aussitôt par
le bataillon tout entier.

Les Prussiens ne se trouvant pas en force évacuèrent
Villemomble et se retranchèrent derrière la ligne du chemin de fer de Strasbourg où existait une solide barricade.

Le commandant de Saint-Gouan donna l'ordre
d'attaquer cette position et la compagnie du capitaine
Surcouf s'élança à la baïonnette.

Il est à remarquer que toujours et partout où nos
soldats ont à combattre corps à corps, l'avantage est
de leur côté.

Cette fois encore, les Prussiens ne purent supporter le choc des mobiles qui se précipitaient sur eux en criant : *Vive la France*, et ils s'enfuirent dans le plus grand désordre pour chercher un abri derrière les carrières qui dominent Gagny.

Il était alors cinq heures : le commandant de Saint-Gonan, debout sur la barricade enlevée d'assaut, fit alors sonner la retraite, et malgré les instances des officiers de son bataillon qui le suppliaient de ne pas exposer sa vie inutilement, il resta lui et le colonel Chollet du 20e régiment de mobiles, à ce qu'ils appelaient un poste d'honneur, et cela malgré les balles qui sifflaient à leurs oreilles, jusqu'à ce que le dernier mobile Bas-Breton eût rejoint sa compagnie.

Pendant la conduite un peu téméraire que les Bas-Bretons faisaient aux Prussiens, l'adjudant-major Lebrun et son camarade Terreaux se trouvent en face de six hommes dont un porte-drapeau et les somment de se rendre ; les tenir en respect avec son fusil *déchargé* est pour l'adjudant l'affaire d'une seconde.

Les Prussiens se jettent à genoux. M. Lebrun se précipite alors sur le fusil du porte-drapeau et Terreaux saisit la hampe que le Prussien tenait de l'autre main, puis ils se font remettre les armes « encore chargées » et les cartouchières.

*
* *

On attribue le propos suivant au roi de Prusse :
— J'entrerai à Paris dussé-je rester dix ans sous ses murs.

Samedi, 15 Octobre 1870.

Vingt-septième journée de siége

Cette nuit, une reconnaissance a occupé Créteil pendant plusieurs heures, pour faciliter le charge-

ment et le transport de quantités considérables de
blés, avoines et pailles, restées dans des fermes situées
en avant de Maisons-Alfort, sur la droite de la route
de Lyon.

Ces approvisionnements ont été ramenés dans Paris. L'ennemi n'a pas bougé. Il occupe toujours la
barricade qu'il a construite sur la route de Bâle à
1,200 mètres en avant de Créteil.

* *

Dans la matinée le village d'Asnières a été occupé
par trois bataillons des mobiles de Seine-et-Marne;
j'ai vu défiler ces braves défenseurs de Paris, qui
semblent impatients de recevoir le baptème du feu.

A la tète d'un des pelotons du 2ᵐᵉ bataillon je reconnais un tout jeune homme, M. Renaud de Moustier
qui s'est engagé dans la garde mobile sans attendre
l'appel de la loi ; il sait que *noblesse oblige*.

Ce bataillon accompagné de travailleurs a pour
mission d'installer des barricades et de protéger le
passage de la Seine en crénelant les maisons dans la
direction de la plaine de Gennevilliers.

* *

La journée a été bonne ; tandis qu'une myriade
de gens, de toutes conditions, recueillaient les
fruits de la terre, dans toute l'étendue de la plaine
de Rosny et aux environs de Bobigny, sous la protection des mobiles du Finistère et du Nord, et sous celle
de l'infanterie de marine et de l'infanterie de ligne,
l'artillerie de Romainville chassait l'ennemi de
la ferme de Granlay ; de son côté l'artillerie de
Rosny a contenu l'ennemi dans le village du Raincy,
et celle de Noisy l'a foudroyé au camp retranché
du pont de la Poudrette et dans la Maison-Grise.

* *

A trois heures et demie, l'ennemi a arboré le pavillon blanc; les éclaireurs de la Seine commandés par le colonel Lafon ont cessé le feu, et les forts également. A la faveur de l'armistice, l'ennemi a relevé et emporté de ses ouvrages ses morts et ses blessés.

Dans cette rude journée nos pertes ont été sensibles : on m'a cité entre autres le capitaine Burtin, des éclaireurs, tué à cent mètres des retranchements de l'ennemi.

* *

Des renseignements certains font connaître que, dans la journée du 13 octobre, l'ennemi a eu plus de 1,200 tués ou blessés.

* *

Ce soir, quelques mobiles bretons étaient arrêtés sur le boulevard, devant une odieuse caricature du pape, et de grosses larmes coulaient de leurs yeux.

La douleur de ces braves gens étaient fort touchante : on se rappelait involontairement que, les jours de bataille, avant d'aller combattre, ils vont prier.

Un gentilhomme qui passait par là, M. de Gallard, s'approcha du marchand, acheta toute la collection et la mit en morceaux.

———

Dimanche, 16 Octobre 1870.

Vingt-huitième journée de siége

Rien de nouveau dans la nuit.

Deux ballons Godard, le *Jules-Favre* et le *Jean-Bart*, sont partis ce matin de la gare d'Orléans, emportant ensemble près de cinq cents kilogrammes de lettres et toutes les cartes-poste primitivement destinées aux ballons non montés.

Le *Jules-Favre* était monté par un aéronaute et par MM. Malapert et Ribot, chargés tous deux d'une mission du Gouvernement.

Le *Jean-Bart* était conduit par un quartier-maître plein d'allure, M. Labadie, et par MM. Barthélemy et Dary, également chargés de missions.

A propos des départs successifs de tant de ballons, porteurs de dépêches et de lettres, je me permettrai de faire observer à MM. les Aérostiers qu'ils partent toujours et ne reviennent jamais ; pourquoi donc ne pas essayer de traverser Paris, quitte s'il leur est impossible d'y atterrir, à laisser tomber sur nous, au moyen d'un parachute, les réponses à nos missives attendues avec tant d'impatience et toujours inutilement ?

*
* *

A la pointe du jour, des obus ont été lancés de la redoute de la Faisanderie sur le poste d'observation des Prussiens au nord de Champigny et sur un autre poste, au four à chaux : deux de ces projectiles ont pénétré dans la maison qu'occupait l'ennemi.

Des coups de canon ont été tirés de la Gravelle et de Charenton sur Bonneuil, Montmesly et le carrefour Pompadour ; aucun mouvement de troupes n'a été aperçu.

Dans la matinée, d'après les ordres du général Ducrot, le général Berthaut a porté en avant de Colombes une partie de sa brigade avec huit pièces d'artillerie, dans le but de reconnaître et de canonner les travaux de l'ennemi au pont d'Argenteuil. — A 2,000 mètres, nos pièces de douze ont lancé sur le pont même quelques obus dans les retranchements de l'ennemi.

Au moment où notre feu cessait, une batterie de campagne prussienne est venue au galop se placer dans les vignes d'Argenteuil et, de là, a ouvert son feu dans la direction de Colombes. Personne n'a été atteint, et quatre obus lancés par la batterie de Courbevoie ont décidé la retraite immédiate de l'ennemi.

*
* *

A midi, ont eu lieu à la Madeleine les obsèques du comte de Dampierre tué lors de l'attaque du village de Bagneux.

Etaient présents les généraux Trochu, Schmitz, Blanchard ; MM. Ernest Picard, E. Arago, Bibesko-Lunel, Brunet, comte d'Hénin, duc de Fitz-James, vicomte de Breteuil, Blount, G. Fould, E. André, prince de Sagan, comte et comtesse de Nadaillac, Humann, marquis de Sépeau, comte de Villeneuve, duc de Castries, Franchetti, prince de Wagram, baron de Plancy, comte de Biencourt, Edouard Hervé, Arthur Picard, comte de Nivière, A. Meyer, de Turenne, etc.

Le corps est resté déposé dans le caveau de l'église, pour être inhumé dans un tombeau de famille.

MM. de Laurenty, Greffulhe père et fils et de Rougé conduisaient le deuil.

*
* *

Le gouverneur est allé aujourd'hui visiter les ambulances et les hôpitaux. Il était accompagné dans cette visite par M. Wolf, l'intendant général de l'armée.

*
* *

Une loterie nationale s'organise sous le patronage de la Société de secours aux blessés.

Elle fait appel au public.

Un comité composé de nos principales célébrités artistiques a été institué au nouvel Opéra pour recevoir les dons, et il fait appel au concours de tous les artistes. Ce comité a pour membres MM. Garnier, ar-

chitecte de l'Opéra ; Paul Baudry, Meissonnier, Toul-
mouche, Bida.

Les artistes présents à Paris ont répondu avec empressement à l'appel du comité en envoyant à la Société de secours des tableaux, des aquarelles, des
statues, des marbres, des bronzes d'art dont l'exposition aura lieu prochainement dans le foyer du nouvel Opéra.

Citons parmi les donataires et les adhérents de
cette œuvre éminemment patriotique, outre les membres du Comité que nous venons de nommer, MM. Ste-
veny, Puvis de Chavannes, E. Brandon, Henri Regnault, Raymond Madrazzo, Faverjeon, la comtesse de
Nadaillac, Carpeaux, etc.

*
* *

Après chaque escarmouche, chaque combat, un certain nombre de braves pioupious rapportent du champ
de bataille, qui un casque prussien, qui un sabre,
qui un objet quelconque provenant de l'ennemi.

Il y a déjà une petite Bourse établie à cet effet, et
dont voici à peu près les tarifs :

Casque prussien en bon état. . 6 fr.
Casque prussien détérioré . . 3
Sabre de cavalerie. 12
Sabre d'infanterie. 7
Giberne 2
Médaille de Sadowa 6

*
* *

— Comme ils se gardent bien ces Prussiens, disait
hier un conscrit à un vieux dur à cuir.

— Parbleu, répondit le grognard, il est si facile
pour eux de poser des sentinelles !

Lundi, 17 Octobre 1870.

Vingt-neuvième journée de siége

Cette nuit il pleuvait à verse et on n'y voyait goutte à deux pas devant soi.

En sortant du fort de la Couronne où je suis de service depuis deux jours, un caporal de ma compagnie, nommé Léon Piquet, chargé de relever les sentinelles avancées, trompé par les ténèbres dans lesquelles il était perdu, ne s'aperçut qu'au moment de donner le mot d'ordre qu'il se trouvait en face d'un factionnaire prussien. Il le prit à la gorge, et lui arracha son fusil ; le pauvre diable suivit mon camarade sans résistance en disant tout bas dans sa barbe... elle est mauvaise la farce, il aurait mieux aimé *la Choucroute*.

*
* *

Dans la journée, le fort de Nogent a tiré très-heureusement sur un poste prussien établi dans la pépinière de la ville de Paris ; deux obus ont pénétré dans la maison qui servait de poste, et, une heure après, une voiture d'ambulance est venue chercher des morts ou des blessés.

Ce matin des obus de Nogent ont porté sur un assez gros peloton ennemi à l'extrémité du plateau d'Avron.

La Faisanderie a tiré sur le poste prussien à la Fourche de Champigny ; le maison a été traversée de part en part, et l'ennemi s'est sauvé précipitamment.

Les Prussiens ont complétement évacué Créteil : notre reconnaissance de Charenton a poussé jusqu'au moulin de la Marne, sans trouver d'obstacles.

Le Mont-Valérien, la batterie Mortemart et quelques pièces du 6ᵉ secteur (Point-du-Jour) ont inquiété les travaux de l'ennemi à Montretout.

5

Vanves et Issy ont agi de la même manière sur Châtillon.

*
* *

Des jardiniers et des hommes de journée sont occupés dans les petits jardins du Louvre, à remplir de terre des sacs de grosse toile. Ils disposent ces sacs dans l'ouverture des fenêtres qui éclairent la galerie du Louvre où sont exposés les antiques. Les mêmes précautions sont prises à l'École des beaux-arts ; elles ont pour objet de préserver les trésors renfermés dans ces palais, en cas de bombardement.

Le roi de Prusse, dont l'orgueil est arrivé à un degré qui dépasse tous les exemples laissés par l'histoire, a fait venir à son quartier général le personnel de sa cour, les domestiques de sa grande livrée, ses voitures parmi lesquelles se trouvent ses plus beaux équipages de gala.

Le roi ne se doute pas de ce qui l'attend à Paris.

*
* *

Aujourd'hui que l'avenue de l'Impératrice est sillonnée de barricades, le promeneur y devient rare ; mais en revanche le maraudeur s'y livre à toutes les déprédations, il ne se gêne pas pour mutiler de jolis arbustes et en faire des fagots : personne ne se trouve là pour empêcher ce viol des bosquets. Il est vrai qu'on a envoyé au feu les sergents de ville : quant aux gardiens de la paix qu'on n'a pas jugé à propos d'armer — que veut-t-on qu'ils fassent sans.... *moustaches.*

Mardi, 18 Octobre 1870.

Trentième journée de siége

Au milieu de la nuit, dans les environs de Villejuif, les francs-tireurs des mobiles de Nantes sont tombés à l'improviste sur un escadron ennemi au moment où ces soldats se reposaient à côté de leurs chevaux.

Réveillés en sursaut, les Prussiens saisirent leurs carabines et firent feu. Nos francs-tireurs, qui avaient profité des accidents du terrain, ripostèrent, en tuèrent plusieurs et rentrèrent à Paris avec vingt prisonniers et quinze chevaux.

M. Stanislas Pergeline, qui commande les francs-tireurs des mobiles, a dirigé cet heureux coup de main.

*
* *

Ce matin, une reconnaissance très-hardie a été exécutée en avant des forts de Rosny et de Nogent, par les mobiles de la Drôme (commandant Balète), de la Côte-d'Or (commandant Dupuy), et du Tarn (commandants Faure, de Foucaud et de Faramond), sous la direction du lieutenant-colonel Reille.

Notre gauche s'est avancée dans le parc du Raincy jusqu'à la porte de Paris, et de là s'est rabattue sur Villemomble qui a été fouillé en tous sens. L'ennemi a été ensuite débusqué du parc de Launay où il a eu un homme tué. Pendant ce temps quelques compagnies ont gravi les pentes d'Avron, occupé tout le plateau et tiraillé à son extrémité et sur le poste avancé de la Maison-Blanche.

Notre centre, aussitôt Avron occupé, est entré dans le village du bois de Neuilly qui était évacué. Nos tirailleurs l'ont ensuite dépassé et se sont portés sur Neuilly-sur-Marne où l'ennemi était retranché en forces considérables.

Cette reconnaissance a permis de constater que les avant-postes prussiens occupent aujourd'hui Launay, la Maison-Blanche et Neuilly-sur-Marne, c'est-à-dire à 4 kilomètres de Nogent.

Cette nuit, à deux reprises, l'ennemi a tenté des

attaques sur un poste de mobiles à Cachan ; elles ont
été aisément repoussées et ont donné lieu à une vive
canonnade de nos forts, dont les obus ont été fouiller
les positions ennemies de Châtillon, jusqu'à Bourg-
la-Reine et l'Hay.

Le commandant du fort d'Issy a envoyé à l'état-
major général le nommé Sellier (Léonce), garde mobile à la 7ᵉ compagnie du 5ᵉ bataillon du 2ᵉ régiment
(Seine), qui a enlevé hier un factionnaire bavarois
après avoir essuyé son feu. Cet homme avait déjà tué
deux ennemis et rapporté leurs armes dimanche dernier.

Pendant la reconnaissance que je viens de raconter,
on a eu à déplorer la mort du jeune Ernest Despierres
des Eclaireurs de la Seine.

Aujourd'hui, ont eu lieu à l'église de Belleville les
obsèques de M. Burtin, capitaine de la 3ᵉ compagnie
du 3ᵉ bataillon des francs-tireurs Lafon, tué samedi
matin à l'attaque du Raincy.

M. Burtin est tombé, au début même de l'engagement, frappé d'une balle en pleine poitrine.

Comme ses hommes accouraient vers lui pour le
secourir :

— C'est inutile, leur dit-il ; allez, et faites comme
moi.

*
* *

La garde républicaine, composée de bons officiers
et de soldats aguerris depuis plusieurs années au service, va, dit-on, être prochainement incorporée dans
l'armée active et employée à la défense de Paris, où
elle formera, avec les gendarmes à pied des départements, une division d'infanterie.

Cette division, par sa solidité, sera appelée à rendre
des services importants. Tous les hommes qui font
partie de la gendarmerie sont d'anciens militaires

ayant de bonnes notes et d'excellents certificats.

Afin d'assurer la promptitude des secours en cas d'incendie et dans la prévision d'un bombardement éventuel, on vient de relier toutes les casernes de pompiers de Paris à la caserne municipale. Les différents postes de pompiers vont eux-mêmes être reliés télégraphiquement aux casernes. Trente-huit d'entre eux le sont déjà.

*
* *

Un prisonnier prussien, conduit aujourd'hui par quatre soldats de la ligne à la place de Paris, voyant un grand embarras de voitures à la hauteur du Palais-Royal, prend tout à coup la parole et dit en excellent français à nos troupiers :

— Oh! mon Dieu! nous aurons aussi court de prendre la rue Saint-Honoré.

A propos de prisonnier prussien, j'ai appris aujourd'hui qu'on avait fusillé le nommé Hartz arrêté au Champ de Mars dans la journée du 5 octobre.

*
* *

Un caporal de la garde nationale sédentaire, M. A. Josse était de ronde sur les remparts, après avoir passé devant de nombreux factionnaires qui faisaient tous entendre la phrase règlementaire : *Sentinelle, prenez garde à vous*, il arrive à l'improviste auprès d'une guérite d'où il entend sortir une voix légèrement émue, modifiant la consigne et répétant aux échos : *Sentinelle, prenez garde à moi*.

Mercredi, 19 Octobre 1870.

Trente et unième journée de siége

Cette nuit, nouvelle canonnade, très-violente, dans la direction de Bicêtre, de Montrouge et des Hautes-

Bruyères. Du centre de Paris, des quais, on aperçoit très-distinctement l'éclair de chaque coup de canon.

A deux heures du matin, les Prussiens, après avoir installé une lampe électrique au sommet de la colline de Châtillon, en ont brusquement dirigé les rayons sur le fort de Vanves; mais l'ennemi n'a pu prolonger longtemps ses observations, car le fort de Montrouge a aussitôt envoyé deux obus, qui, bien dirigés comme toujours, ont obligé les Prussiens à éteindre leur lumière.

*
* *

La journée a été peu fertile en incidents. Quelques coups de canon tirés des forts, quelques reconnaissances assez semblables à celles que nous voyons tous les jours ont été avec l'incendie du pont d'Argenteuil les seuls faits de guerre. Depuis plusieurs jours, l'attention du génie avait été attirée sur ce point; certains indices semblaient faire prévoir une attaque de ce côté, en permettant à l'armée prussienne de tenter un mouvement dans la plaine qui s'étend d'Argenteuil à Courbevoie; il s'agissait de détruire le pont à tout prix.

Le moulin d'Orgemont est en parfait état; les deux maisons qui le flanquent à droite et à gauche ne sont aucunement endommagées; elles servent sans doute de résidence et de poste d'observation aux officiers de l'état-major prussien, dont, à l'aide d'une longue-vue, on peut parfaitement distinguer les allées et venues; de Saint-Ouen on apercevait fort bien une vingtaine de ces messieurs, regardant dans la direction de l'incendie du pont d'Argenteuil.

Saint-Ouen a l'air assez animé, comme partout où il y a des bataillons de la mobile de Paris : les visites des parents, des amis et des simples curieux viennent donner un peu de vie et de gaieté au tableau.

La plupart des maisons sont encore habitées; beaucoup de boutiques sont ouvertes.

Mais le tableau change au bord du fleuve : la presqu'île de Gennevilliers, ravagée, nue, déserte, s'offre aux regards.

Dans les parcs et dans les jardins qui bordent la route du bord de l'eau sont établis les fameux canons qui ont fait tant de mal déjà aux ouvrages de l'ennemi; ce sont de grosses pièces de marine, toutes chargées et pointées, prètes à lancer leur terrible contenu.

Les canonniers marins veillent sur leur pièce; rien de plus sociable que ces vieux loups de mer qu'on se plaît à représenter comme des demi-sauvages; ils offrent volontiers leur lunette d'approche aux curieux empressés; ils font excellent ménage avec leurs camarades de la mobile, qui se joignent volontiers à eux pendant les expéditions nocturnes dans la presqu'île de Gennevilliers.

*
* *

Il est triste de voir dans quel état se trouvent maintenant la plupart des parcs et des squares de Paris.

Cinq sont fermés pour cause d'emmagasinement de pétrole : ce sont le parc des buttes Chaumont, le parc de Monceaux, le square des Batignolles, le square de Montholon et celui de Montrouge.

Six ont conservé leur verdure et leurs fleurs; ce sont les squares du boulevard des Invalides, du musée de Cluny, du Temple, de Sainte-Clotilde, des Innocents et de la rue Monge. Ce dernier, notamment, que protége la statue de Voltaire, est frais et verdoyant, comme si nous étions au mois de mai.

Un a été absolument dévasté par le public, c'est le square de la Trinité. Pas une fleur, pas un brin d'herbe. Il est aussi nu et pelé que le Champ de Mars.

Un seul a servi aux exercices de gardes nationales,
c'est celui des Arts-et-Métiers.

*
* *

M. Franchetti, capitaine des éclaireurs à cheval et
fondateur du corps, vient d'être nommé chevalier de
la Légion d'honneur.

*
* *

L'ambulance du Théâtre-Français ne chôme pas.

Elle a déjà reçu seize blessés, dont cinq sont guéris,
grâce aux soins intelligents et dévoués de leurs charmantes garde-malades : Madeleine Brohan, Emilie
Dubois, Edile Riquier, etc.

Mais deux amputations de jambes ont dû être
faites. Les braves et malheureux jeunes gens qui ont
eu à subir cette mutilation sont les nommés Buzot et
Moratille, tous deux soldats au 90e de ligne. Leur état
est grave, mais on ne désespère pas encore de leur
sauver la vie.

*
* *

Mme Trochu a visité l'ambulance du palais de
l'Industrie ; après s'être assurée que les blessés étaient
entourés des soins les plus empressés, elle a félicité
toutes les dames qui ont accepté avec tant de dévouement et d'abnégation la mission de sœurs de charité.

*
* *

Un propriétaire de Saint-Mandé donnait hier à dîner
à ses amis.

Rien que du cheval sur la table.

Personne ne s'en est plaint ; on a seulement fait
observer à l'amphitryon qu'en pareil cas on ne réunit
plus ses convives au son de la cloche, — on fait sonner « le boute-selle. »

Jeudi , 20 Octobre 1870.

Trente-deuxième journée de siége

Vers trois heures du matin, canonnade des forts du sud de Paris ; ce matin, comme d'ordinaire, postes prussiens dans les redoutes de Montretout et de la Poudrerie.

Un peu plus tard, une forte colonne d'infanterie se dirige sur Choisy-le-Roi par la route de Bonneuil ; et un convoi de 72 voitures vient de Gonesse et passe par Villiers-le-Bel ; le convoi est précédé par un escadron de cavalerie.

Dans la journée, quelques hommes de la compagnie Saint-Moulin, ont eu, aux environs de Bondy, un engagement avec l'ennemi, mais de peu de durée et sans que l'attaque des Prussiens ait pris d'autres proportions. Le capitaine Saint-Moulin a eu trois de ses hommes tués cependant et cinq blessés. Lui-même se vit un instant cerné dans une maison en avant de Bondy, mais il parvint à s'échapper heureusement à travers les balles prussiennes.

*
* *

Certains quartiers de Paris ont en ce moment une physionomie originale.

Un monde militaire vit sous les arches du pont d'Auteuil.

Rien de curieux, comme ce camp de moblots.

A l'abri de toute atteinte des projectiles ennemis, à l'abri du vent d'ouest qui soufflait hier jusqu'en tempête en soulevant d'au moins trente ou quarante centimètres les flots de la Seine, les mobiles font gravement leur cuisine, lavent leur linge, recousent leurs effets, astiquent leurs fusils.

5*

Ce soir, les Prussiens ont attaqué nos travaux de défense entre la maison Millaud et le moulin de Cachan. Il était environ neuf heures et demie : tout était silencieux dans la campagne ; tout à coup, une vive fusillade est dirigée sur nos extrèmes avant-postes.

Le moulin de Cachan est défendu par les mobiles du Puy-de-Dôme arrivés du matin même.

C'est leur première nuit d'avant-poste : n'importe, à la fusillade prussienne répond une vive fusillade des nôtres.

Rien n'est sinistre comme un combat de nuit : toutes les horreurs d'une bataille en plein jour sont décuplées par les épouvantables appréhensions de la lutte nocturne : c'est une rude épreuve pour nos mobiles du Puy-de-Dôme qui voient le feu pour la première fois. Mais, grâce à leur bravoure et surtout à leur sang-froid, ils en sortiront vainqueurs.

En effet la voix du canon se fait entendre, c'est le fort de Montrouge, c'est Bicêtre qui ayant pointé leurs pièces pendant le jour, écrasent de leurs coups successifs les positions de l'ennemi, afin qu'elles ne puissent soutenir l'attaque.

A dix heures et demie, la fusillade prussienne était devenue intermittente et bientôt elle cesse tout à coup : l'ennemi s'était retiré du côté du parc de M. Raspail.

A onze heures, calme complet, et cependant ce n'était pas fini : vers deux heures, nouvelle fusillade. Les Prussiens faisaient de nouveaux efforts pour reprendre les travaux de la maison Millaud.

Reçus par une vigoureuse riposte des mobiles bretons, ils sont bientôt mis en déroute et ils se retirent dans leurs retranchements, après avoir, comme à l'ordinaire, enlevé leurs blessés et leurs morts.

Les troupes qui ont repoussé cette nuit l'attaque de l'ennemi sont les mobiles de l'Ain, du Finistère et du Puy-de-Dôme, le 35e de ligne placé en réserve et le 2e régiment d'infanterie de marine.

Vendredi, 21 Octobre 1870.

Trente-troisième journée de siége

Nous sommes aujourd'hui parfaitement habitués à la canonnade des forts ; je constate donc, ce matin, uniquement pour mémoire la musique monotone dont ils nous ont gratifiés cette nuit.

Mon bataillon est rentré à Paris depuis deux jours ; aujourd'hui j'avais la permission de dix heures, et j'en ai profité pour tenter une excursion à Clamart où l'on assurait qu'il n'y avait plus de Prussiens.

J'avais deux motifs pour entreprendre cette promenade : m'assurer, d'un côté, si la cachette de ma grand'mère avait échappé aux perquisitions prussiennes, m'informer, de l'autre, de ce qu'était devenu le digne curé de Clamart pour lequel j'ai la plus vive affec·tion. Après avoir, par précaution, quitté mon uniforme de mobile et endossé la redingote de mon père, je sortis par la porte de Vanves, et je me dirigeai vers la ligne du chemin de fer que je suivis dans toute sa longueur jusqu'à la station de Clamart. Je préférais la voie ferrée, sur laquelle je n'avais pas à craindre une surprise ; mais, arrivé sans encombre à l'entrée du village, je compris à la procession de promeneurs que j'aperçus dans la Grand'Rue que je m'étais exagéré le danger du voyage. Il y avait là plus de cent personnes qui sans doute étaient venues à travers la campagne : toutes les maisons étaient désertes, les Prussiens étant partis seulement de la veille, et j'ai pu voir dans la boutique abandounée d'un marchand de vins des morceaux de craie sur une table et sur un tableau noir deux inscriptions en allemand que je me suis fait traduire en rentrant à Paris, l'une :

— *Si les Allemands n'étaient pas si sots, ils ne se feraient pas tuer pour un roi.*

Et l'autre :

— *Mort aux Français!*

La maison de ma grand'mère est intacte et, comme me l'a rapporté mon cousin Kergonnou, l'ennemi s'est contenté de croquer nos noix et de vider les flacons de liqueurs. Quant au digne curé de Clamart, comme un brave capitaine de vaisseau au moment du naufrage, il a quitté son poste quand il ne restait plus que lui dans la paroisse; j'ai su ce soir à l'archevêché qu'il était venu se mettre à la disposition de Mgr Darbois, et qu'il était attaché en qualité d'aumônier à l'une des ambulances de la société internationale de secours aux blessés.

* * *

J'apprends ce soir que la canonnade entendue cette nuit était le prélude d'une affaire importante, dont voici le rapport :

RAPPORT MILITAIRE

21 octobre 1870, 4 h., soir.

» Monsieur le gouverneur. La sortie ordonnée par vous en avant de nos lignes s'est exécutée aujourd'hui conformément au programme que j'avais eu l'honneur de vous soumettre.

» Les troupes d'attaque étaient formées en trois groupes :

» 1er *groupe*. Général Berthaut. 3,400 hommes d'infanterie, 20 bouches à feu, 1 escadron de cavalerie :

destiné à opérer entre le chemin de fer de Saint-Germain et la partie supérieure du village de Rucil.

» 2e *groupe*. Général Noël. 1,350 hommes d'infanterie, 10 bouches à feu : destiné à opérer sur la côte sud du parc de la Malmaison et dans le ravin qui descend de l'étang de Saint-Cucufa à Bougival.

» 3e *groupe*. Colonel Cholleton. 1,600 hommes d'infanterie, 18 bouches à feu, 1 escadron de cavalerie : destiné à prendre position en avant de l'ancien moulin au-dessus de Rueil, à relier et à soutenir la colonne de droite et la colonne de gauche.

» En outre, deux fortes réserves étaient disposées, l'une à gauche, sous les ordres du général Martenot, composée de 2,600 hommes d'infanterie et de 18 bouches à feu ; — l'autre au centre, commandée par le général Paturel, composée de 2,000 hommes d'infanterie, de 28 bouches à feu et de 2 escadrons de cavalerie.

» A une heure, tout le monde était en position et l'artillerie ouvrait son feu sur toute la ligne, formant un vaste demi-cercle, de la station de Rucil à la ferme de la Fouilleuse ; elle concentrait son feu pendant trois quarts d'heure sur Buzenval, la Malmaison, la Jonchère et Bougival. Pendant ce temps, nos tirailleurs et nos têtes de colonne s'approchaient des objectifs à atteindre, c'est-à-dire la Malmaison pour les colonnes Berthaut et Noël, Buzenval pour la colonne Chelleton.

» A un signal convenu, l'artillerie a cessé instantanément son feu, et nos troupes se sont élancées avec un admirable entrain sur les objectifs assignés ; elles sont arrivées promptement au ravin qui descend de l'étang de Saint-Cucufa au chemin de fer américain, en contournant la Malmaison. La gauche du général Noël a dépassé ce ravin et a gravi les pentes qui mon-

tent à la Jonchère ; mais elle s'est trouvée bientôt
arrêtée sous un feu violent de mousqueterie partant
des bois et des maisons où l'ennemi était resté embusqué, malgré le feu de notre artillerie.

» En même temps, quatre compagnies de zouaves,
sous les ordres du commandant Jacquot, se trouvaient
acculées dans l'angle que forme le parc de la Malmaison, au-dessous de la Jonchère, et auraient pu
être très-compromises sans l'énergique intervention
du bataillon de Seine-et-Marne, qui est arrivé fort à
propos pour les dégager. Ce bataillon s'est porté résolûment sur les pentes qui dominent Saint-Cucufa,
sa droite appuyée au parc de la Malmaison ; il a ouvert un feu très-vif sur l'ennemi, qu'il a forcé de
reculer, et a permis ainsi aux quatre compagnies de
zouaves d'entrer dans le parc.

» Dès le commencement de l'action, quatre mitrailleuses, sous les ordres du capitaine de Grandchamp,
et la batterie de 4 du capitaine Nismes, le tout sous
la direction du commandant Miribel, s'étaient portées
avec une remarquable audace, très en avant, pour
soutenir l'action de l'infanterie. Ses positions étaient
d'ailleurs très-bien choisies et les résultats obtenus
ont été très-satisfaisants.

» En même temps, les francs-tireurs de la 2e division,
commandés par le capitaine Faure-Biguet (colonne
Cholleton), se précipitaient sur Buzenval, y entraient,
et se dirigeaient sous bois, vers le bord du ravin de
Saint-Cucufa.

» Vers cinq heures, la nuit arrivant et le feu ayant
cessé partout, j'ai prescrit aux troupes de rentrer
dans leurs cantonnements respectifs.

» Nous avions eu devant nous, pendant le combat,
la 9e division du 5e corps prussien, une fraction du
4e corps et un régiment de la garde. Ces troupes ne

nous ont opposé qu'une force d'artillerie inférieure à
la nôtre.

» En résumé, le but a été atteint, c'est-à-dire que
nous avons enlevé les premières positions de l'ennemi,
que nous l'avons forcé à faire entrer en ligne des
forces considérables qui, exposées pendant presque
toute l'action au feu formidable de notre artillerie,
ont dû éprouver de grandes pertes ; le fait est d'ailleurs constaté par les récits de quelques prisonniers
que nous avons pu ramener.

» Mais, ce que je me plais surtout à reconnaître avec
un sentiment de grande satisfaction, c'est l'excellente
attitude de nos troupes : zouaves, garde mobile, infanterie de ligne, tirailleurs Dumas, francs-tireurs
des Ternes, francs-tireurs de la ville de Paris, tout le
monde a fait son devoir. — Les batteries du commandant Miribel ont poussé l'audace jusqu'à la témérité,
ce qui a amené un incident fâcheux : la batterie de 4
du capitaine Nismes a été surprise tout à coup près de
la porte du Longboyau par une vive fusillade, qui,
presque à bout portant, a tué le capitaine commandant la compagnie de soutien, 10 canonniers et 15
chevaux ; il en est résulté un instant de désordre,
pendant lequel deux pièces de quatre sont tombées
entre les mains de l'ennemi.

» Je dois ajouter que, pendant l'opération principale,
la colonne du général Martenot faisait une utile diversion à notre gauche ; un bataillon s'installait à la
ferme de la Fouilleuse et ses tirailleurs poussaient
jusqu'aux crêtes, occupant même, pendant un instant,
la redoute de Montretout et les hauteurs de Garges.

» A droite, le régiment des dragons, appuyé d'une
batterie à cheval, se portait dans la direction de la
Seine, entre Argenteuil et Bezons, et canonnait quelques postes ennemis ; la droite de cette colonne de

cavalerie se reliait avec les troupes du général de Bellemare, qui était venu prendre position derrière Colombes.

» En terminant, je dois mentionner particulièrement les éclaireurs Franchetti, qui avaient été placés dans ces différentes colonnes et qui, comme toujours, se sont montrés aussi dévoués, qu'intelligents et intrépides.

« Général A. DUCROT. »

Samedi, 22 Octobre 1870.

Trente-quatrième journée de siége

Nuit sinistre... dont nos canons semblent avoir voulu respecter les mystères ; de chaque côté, chacun relevait ses blessés et enterrait ses morts.

Voici l'état général de nos pertes pour la journée d'hier. Elles consistent en : Officiers, 2 tués, 15 blessés, 11 disparus. — Troupe : 32 tués, 230 blessés et 153 disparus. — Total : 443.

Les pertes éprouvées par les Prussiens sont considérables.

Près de douze cents morts ont été relevés dans le seul parc de la Jonchère.

*
* *

On m'a assuré que la semaine dernière, le docteur Nélaton n'a pas voulu se rendre à Versailles pour raccommoder un Prussien quelconque. — Or, en cela il n'a fait qu'imiter la conduite d'un ancien médecin de Grèce, appelé auprès du roi de Perse qui combattait son pays :

— Mon art est à mes concitoyens, répondit Hippocrate au monarque asiatique ; il n'est pas au service des ennemis de ma patrie.

Dans la journée, le même docteur recevait une députation de la 7e compagnie du 77e bataillon de la garde nationale sédentaire ; elle venait, au nom de tous leurs camarades, le prier de visiter le lieutenant Haumesser, grièvement blessé d'une balle au genou.

Il s'est empressé de se rendre au désir de ses compatriotes.

*
* *

Le Gouvernement reçoit à l'instant une dépêche de Tours :

« La résistance de Paris remplit la France et le » monde entier d'admiration. Que Paris tienne bon, et » le pays sera sauvé. »

*
* *

Toutes nos grandes compagnies de chemins de fer, excepté celle de l'Est, viennent d'être averties par le ministre des travaux publics de prendre, dès à présent, les dispositions nécessaires pour rétablir le service sur les lignes ou parties de lignes qui pourraient être rendues à la circulation, par suite d'événements militaires qu'il est permis de prévoir ou tout au moins d'espérer.

Les abris-casernes en planches installés sur l'avenue de l'Observatoire sont terminés et vont recevoir deux bataillons de mobiles.

*
* *

Je tiens d'un prisonnier qui a pu s'échapper des lignes prussiennes, des renseignements fort précieux sur Versailles et ses environs.

Le prisonnier en question a suivi l'itinéraire suivant :

Rueil,

La Malmaison,

Le bois de la Jonchère,

Retour sur la route de Rueil par Bois-Préau,

Le quai et la grand'rue de Bougival,

La Celle-Saint-Cloud,

Versailles.

C'était peu après l'action d'avant-hier.

A Bougival, sur le bord de l'eau, deux maisons brûlaient. Les Prussiens essayaient en vain d'éteindre l'incendie allumé par les obus du Mont-Valérien.

L'entrée de la grand'rue de Bougival est barricadée.

Tout le long du chemin, des postes prussiens de 200 hommes environ sont échelonnés.

Dans une maison de la Celle-Saint-Cloud est installé un bureau télégraphique. L'inscription est en allemand sur la porte d'entrée :

Telegraphisches-Bureau.

Plus loin :

Post-Amt.

Bureau de poste.

Peu de changements à Versailles ! On dirait que rien d'anormal ne s'y passe. Le château est fermé. Il n'y a pas là de casernes comme on l'avait dit. Les restaurants sont tous ouverts. Les habitants vont et viennent. Les vivres sont abondants et à bon marché. Seul le sucre commence à manquer.

Le roi Guillaume loge à la préfecture ; Bismarck et le prince Charles sont à l'hôtel.

Les troupes ne sont pas bien nombreuses à Versailles. En revanche, il paraît que de grandes forces se tiennent à Vaucresson et à Ville-d'Avray.

Depuis qu'on rationne les Parisiens, les *queues* sont devenues de plus en plus tumultueuses à la porte des bouchers ; il est, de plus, nécessaire de s'y rendre avant le lever du soleil ou même dès le milieu de la nuit, pour obtenir la *ration* à laquelle la carte délivrée au chef de famille semble donner droit.

A certaines boucheries, des mégères, l'œil en feu, l'injure à la bouche, se font une bonne place dans la foule à la force du poignet, et imposent silence par leurs invectives, au besoin par leurs coups de griffes, aux réclamantes plus timides et plus faibles. Ailleurs enfin ce sont des hommes qui abusent de leur force pour voler à de pauvres femmes la place qu'elles ont obtenue par une longue faction nocturne.

*
* *

Le roi de Prusse, vendredi dernier, pendant l'engagement, a quitté précipitamment Versailles, et s'est rendu à Saint-Germain. On craignait, à Versailles, que nos troupes ne pénétrassent jusque-là.

*
* *

On commence à se préoccuper des chances d'un bombardement.

Prenant les forts du Mont-Valérien, de la Double-Couronne, de Saint-Denis, de Vincennes et d'Ivry, le point de centre se trouvera à la place du Nouvel-Opéra.

Du centre de cette place, sur l'axe du boulevard des Capucines, il y a, jusqu'aux forts du Mont-Valérien, d'Ivry, 8 kil. 500 ; au fort de Vincennes, 8 kil. 100 ; au fort de la Briche, 8 kil. 400 ; aux forts de l'Est, d'Aubervilliers et de Romainville, de Montrouge, de Bicêtre et de Vanves, 7 kil. et 7 kil. 300 ; au fort de Noisy, 8 kil. 800 ; au fort de Rosny, 10 kil. 200 ; au fort de Nogent, 11 kil.; au fort de Charenton, 9 kil. 600 ; au fort d'Issy, 7 kil. 400.

*
* *

En supposant des batteries élevées par l'ennemi

sur les coteaux environnant Paris, les projectiles des
pièces prussiennes devraient parcourir les distances
suivantes :

De la lanterne de Démosthène à l'Ecole militaire et
au Trocadéro, 7 kilomètres ; du plateau de Clamart
à l'Ecole militaire, 6 kil. 300, et à la place de l'Opéra
9 kil. 200 ; de Chevilly au fort de Bicêtre, 3 kil. 400,
et au mur d'enceinte, 5 kil. 200 ; du plateau du
Raincy au fort de Rosny, 4 kil., et au mur d'enceinte,
7 kil. 500 ; de la butte Pinson à la Double-Couronne
et à la Briche 3 kil. 200; et au mur de Paris, 8 kil.
500 ; du moulin d'Orgemont à la redoute de Gennevilliers, 3 kil., et au mur de Paris, 7 kil. 800.

*
* *

Paris, qui a ses héros, compte aussi ses héroïnes.
Une dame du meilleur monde, Mme la vicomtesse de
Saint-P..., fille de la comtesse de Cervé, s'est rendue
ces jours derniers aux avant-postes, où elle avait
appris que le bataillon des mobiles de son département se trouvait de service.

Acclamée par ses compatriotes, elle leur déclara
qu'elle ne voulait s'en aller qu'après avoir tué son
Prussien.

Force fut d'accéder à son désir, et de lui remettre
un chassepot choisi parmi l'un des meilleurs, avec lequel elle visa une sentinelle qu'on apercevait dans le
lointain. La sentinelle tomba.

*
* *

Un homme de bien va et vient librement dans les
environs de Meudon prodiguant ses soins aux malades : c'est le bon et brave docteur Droux.

*
* *

Ce cher M. Joseph Prudhomme se plaint de l'alimentation.

— Je dois vous dire, monsieur, que Mme Prudhomme jouit d'un excellent appétit. Mes filles mangent raisonnablement, mais mes deux fils dévorent comme quatre.

De plus, je nourris ma bonne. En tout sept personnes. Eh bien! la bonne va aujourd'hui à la boucherie. Savez-vous, monsieur, ce qu'on lui donne pour tout ce monde-là? Un morceau de viande grand comme la main! Il n'y en avait même pas assez pour moi!

Dimanche, 23 Octobre 1870.

Trente-cinquième journée de siége

Le canon du fort de Charenton a tiré sur une troupe d'infanterie forte de 200 hommes environ, qui se rendait à Choisy par la route du carrefour de Pompadour, et a jeté le trouble dans ses rangs.

*
* *

Un convoi prussien composé d'une trentaine de voitures est signalé vers deux heures. Il se dirige de Chevilly vers Sceaux. On le distingue à l'œil nu.

Au moment où il franchit une clairière aux pieds du hameau de Fresnes, un obus est lancé par une pièce de marine, à la distance de 6,500 mètres. Ce coup ayant porté un peu haut, un second est envoyé, et cette fois on peut voir le convoi se débander.

*
* *

Des tourbillons de fumée noire s'aperçoivent en arrière des bâtiments de l'hospice de Bicêtre.

Ce sont des fumiers auxquels on a mis le feu, et non, comme des alarmistes l'ont dit, un incendie de pétrole.

*
* *

Le général Blanchard et son état-major visitent les postes avancés.

Au moment où les portes de Paris se ferment, Montrouge ouvre sur l'Hay un feu assez suivi.

**

Ce soir, à quatre heures, à Vincennes, ont eu lieu les obsèques du lieutenant de dragons Philoche, tué à l'ennemi vendredi 21.

Les généraux Ribourt, Malta et de Bernis, suivis de leurs états-majors et de tous les officiers de Vincennes, se rendirent à l'asile de Charenton où se trouvait la dépouille du brave lieutenant, que des membres de la société de secours, se glissant la nuit à plat ventre, étaient parvenus à enlever à l'ennemi.

Nos canonniers du Mont-Valérien se défendent énergiquement d'avoir mis le feu au château de Saint-Cloud. Suivant eux, il est complétement impossible d'incendier un bâtiment aussi considérable, par accident. *Il faut le vouloir.* Or, comme ils n'avaient reçu aucun ordre à cet égard, ils soutiennent que l'incendie n'a pas été allumé par leur fait.

**

Un officier bavarois, pris après avoir été blessé, a dit en entrant dans un fort : « J'ai enfin la chance de revoir ma mère ! »

C'est le sentiment qui domine tous ces malheureux, que des intérêts de gloriole dynastique mènent à la tuerie et à la mort... Leur mère, leur femme, leurs enfants... Est-ce que Paris, qu'ils savent bien imprenable, vaut d'ailleurs leurs enfants, leur femme et leur mère ?

**

Les Prussiens ont mis en réquisition les imprimeurs de Versailles et de Saint-Germain, pour publier un journal français qui, répandu à profusion en province, donne quotidiennement, sur l'état de la capitale les informations les plus mensongères.

Ce journal a pour titre : le *Nouvelliste de Versailles*.
Il s'imprime chez M. Beau, 20, rue de l'Orangerie, et
se trouve en dépôt chez Mme Ledur. Mais une note
insérée au-dessus de la mention de l'imprimeur est
ainsi conçue :

« M. Beau ayant refusé d'imprimer le *Nouvelliste*, et
Mme Ledur d'en prendre le dépôt, ont été *requis* par
M. le Préfet du département de Seine-et-Oise d'en
continuer l'impression et la vente. »

.
*
* *

Le Père Taillan de la Compagnie de Jésus, aumônier du 7e bataillon de la mobile de Paris, a été
blessé à la tête par une balle, au combat de Buzenval.
Heureusement la blessure n'a pas de gravité.

*
* *

M. Camille Corot, notre célèbre paysagiste, vient
de verser une somme assez ronde entre les mains du
maire de son arrondissement : ce don était accompagné des lignes suivantes :

« Je consacre cet argent à la confection des
canons nécessaires pour chasser les Prussiens des bois
de Ville-d'Avray. » On sait que les plus charmantes
toiles de cet artiste reproduisent les délicieux om-
brages de cette localité, où il possède une maison
de campagne probablement dévastée aujourd'hui.

M. Paul Bréban, restaurateur bien connu, vient de
payer 320 francs 10 kilog. de beurre frais, soit 32 fr.
le kilogramme.

Comme Bismarck a dit qu'il comptait sur *la populace* pour prendre Paris, M. de Lapommeraye, ouvrant
une souscription à *cinq centimes*, va faire fondre un
canon qui sera baptisé : *la Populace*, et qui, bien
pointé, jettera quelque désarroi dans les rangs
ennemis.

En cherchant à pénétrer l'avenir, les uns regardent du côté de Lyon, d'autres pensent à la Loire où à Metz.

Un amiral — qui est, en même temps qu'un brave soldat, un homme de beaucoup d'esprit — disait hier, à la table d'officiers qu'il préside à son secteur :

— C'est par Metz qu'il faudra tenter de débusquer les Prussiens, parce que le meilleur moyen de faire retourner un chien est de lui marcher sur la queue.

*
* *

Encore un à propos de la viande de cheval :

Baptiste, ouvrant les portes de la salle à manger :

— Madame est... attelée.

*
* *

Après le dîner :

— Comme vous êtes pâle, mon cher X... !

— En effet... (se frottant l'estomac) je me croyais meilleur « cavalier. »

Lundi, 24 Octobre 1870.

Trente-sixième journée de siége

Nuit tranquille — pour moi du moins qui n'ai fait qu'un somme : si le canon a fait des siennes je l'apprendrai dans la journée, et je le consignerai dans mon journal.

*
* *

Dans la matinée, la Faisanderie a tiré quelques obus rayés sur Champigny, où il s'est produit un mouvement de troupes ennemies plus considérable qu'à l'ordinaire.

*
* *

A midi, a eu lieu le service funèbre et l'enterrement du capitaine Festugière, du 90e de ligne, mort des suites des blessures qu'il avait reçues lors de l'affaire de Châtillon.

*
* *

On achève en ce moment une barricade-redoute qui domine à la fois l'avenue de Clichy et l'avenue de Saint-Ouen, au lieu dit la *Fourche*. Ce travail de défense, construit en pavés, en terre, et blindé avec des sacs, s'élève presque à pic du côté qui regarde les fortifications et présente une double face. Une plate-forme le couronne avec parapet en sacs à terre. Deux pièces d'artillerie placées sur ce point enfileraient dans toute leur longueur les deux avenues jusqu'aux barricades qui précèdent les portes.

*
* *

Hier, sous la pluie battante, dans le milieu de la journée, une multitude de femmes faisaient la queue à la porte des boucheries; il y en avait parmi elles qui étaient là depuis trois ou quatre heures. Plusieurs ont dû rentrer malades au logis.

*
* *

Quand on a annoncé que Paris était approvisionné pour deux mois, on a voulu dire que, pendant deux mois, aucune privation ne serait imposée aux habitants

L'état de choses paraissant, par des causes indépendantes de la volonté des membres du Gouvernement, devoir se prolonger plus longtemps, il n'en faut pas induire que nous mourrons de faim.

En se privant un peu, sans cependant que la santé des Parisiens en souffre, MM. les Prussiens pourraient rester trois mois autour de Paris, et encore, après ce laps de temps, la famine ne pourrait nous atteindre.

*
* *

A côté de certains empressements tièdes et de dévouements à gants jaunes, nous sommes heureux de citer la conduite de Mme de Kerkadec.

6

A côté de son mari, chef de bataillon aux éclaireurs volontaires, elle campe ; et de nuit et de jour, on la trouve prête à aller relever les blessés sous les balles ennemies.

La femme de M. de Kerkadec a adopté la botte et l'habit de vivandière.

*
* *

Quelle charmante excursion pour les Parisiens que le chemin de Paris à Vincennes.

Ce beau boulevard du Prince-Eugène [1], tout émaillé de gardes nationaux faisant l'exercice, vous conduit à la place du Trône, où les gardes mobiles apprennent la manœuvre des tirailleurs, abrités par une barricade monumentale, construite à l'entrée de la nouvelle place de la République, au pied des deux colonnes du haut desquelles les rois saint Louis et Philippe-Auguste semblent contempler d'un œil mélancolique le nouvel esprit de Paris.

La grande avenue, sillonnée de milliers de voitures, vous conduit à une autre barricade aussi imposante que la première, située à cent mètres de la Tourelle, où se trouvait autrefois le fameux bal si fréquenté par les héros de Paul de Kock.

La marche des voitures est à chaque instant entravée par les bataillons de la garde nationale qui tambours et clairons en tête se rendent à la cible.

Là au Polygone j'ai reconnu Brasseur, Berthelier, Victorin Blaizot, tous ces joyeux comiques qui ont encore le fusil gai.

Tout à coup, une voix sort d'un capuchon de chasseur à pied : cette voix appartenait à Gabel, le gendarme légendaire de Geneviève de Brabant.

Gabel, qui a fait la campagne d'Italie, et qui n'a

---

[1] *Note de l'éditeur :* Aujourd'hui boulevard Voltaire.

pas trente-cinq ans, a été rappelé au corps le jour
même où il signait son engagement au théâtre du
Palais-Royal.

— Permettez-moi, me dit-il, de vous présenter au
corps des sous-officiers du 18ᵉ chasseurs à pied.

Un quart d'heure après, nous déjeunions, dans le fort !

Le repas, présidé par le sergent-major Félix, un
sous-lieutenant de demain, fut des plus joyeux et des
plus copieux. Toute cette pépinière de jeunes officiers
ne demande qu'à voir l'ennemi.

Ah ! dans ce fort de Vincennes, quelle activité ! quel
entrain !

Quels formidables approvisionnements de munitions
de guerre et de bouche !

Et quelle diversité de costumes ! Il y a des contin-
gents de vingt régiments de cavalerie, qui forment
encore une jolie division.

Sur les glacis, l'exercice du sabre et de la lance, le
manége, offrent l'aspect d'un carrousel original,
dominé par les créneaux de la vieille forteresse.

Quand la chance s'en mêle, elle vous comble !

La journée, qui s'était passée à examiner les batteries de Nogent, de Saint-Maur, les bords de la Marne,
et à apprécier les coups des tirailleurs qui tirent de
l'île de Beauté sur les plaines de Joinville, s'est terminée par un concert.

Le général Ribourt, qui commande le fort de Vincennes, reçoit la visite d'un général de ses amis, qui
venait partager son dîner. On peut encore dîner, et
passablement, mais c'est la soirée qu'il faut tuer. Les
officiers sont invités et se promettent déjà de s'en-
nuyer hiérarchiquement, quand un capitaine du 18ᵉ
a une idée ! Il dit à son lieutenant, qui le répète au
sous-lieutenant, qui le repasse au sergent-major Félix,
de tâcher de découvrir Gabel.

Une heure après, Gabel, en habit noir et gants paille, débitait avec sa verve comique : *La patrouille rentrante*, le *Bénéfice de Berlingot* et le *Surnuméraire*.

Mardi, 25 Octobre 1870.

Trente-septième journée de siége

Cette nuit, à minuit, la sentinelle placée à la bifurcation des routes de Pierrefitte et de Villetaneuse a été attaquée. Sur son appel, le sergent Atgier de la 1re compagnie du 17e bataillon de la mobile, chef de poste, a fait prendre les armes. Une quinzaine de coups de feu ont mis en fuite les Prussiens.

Deux heures après, une batterie prussienne, placée au château de Stains et à la fabrique, envoyait deux obus sur la Double-Couronne, sans produire d'ailleurs aucun effet.

Aux avant-postes, vers quatre heures 1/2, au moment où il faisait à peine jour, deux uhlans ont défilé, de toute la vitesse de leurs chevaux, devant la ligne de tir du fort de la Courneuve. On a dédaigné de tirer sur eux pour ne pas donner à cette heure, une trop grande importance à l'apparition de ces cavaliers.

Le village de Pierrefitte est toujours occupé par les avant-postes ennemis. Ces derniers ont continué à s'y barricader et semblent avoir construit des ouvrages assez importants.

Villetaneuse est toujours défendue par nos troupes. Dans la rue du Cimetière s'élève une forte barricade surmontée d'un drapeau tricolore orné d'une couronne d'immortelles sur laquelle se détachent ces mots : MORT AUX PRUSSIENS !

Le sergent Hoff, a tué hier son vingt-troisième Prussien dans des circonstances qui indiquent un rare sang-froid.

Hoff appartient au 13e corps d'armée ; il fait partie de la division du général d'Exéa et est campé en avant de Vincennes. Après avoir observé longuement une vedette ennemie, il a passé la Seine à la nage, s'est précipité sur elle le sabre à la main et lui a fendu la tête. Après avoir pris ses armes, il a repassé le fleuve. Un poste prussien a fait feu sur lui, mais il est sorti sain et sauf de cette nouvelle aventure.

* *
*

Je donne aujourd'hui les renseignements suivants qui me sont communiqués sur le combat du 21.

Dans le combat de Rueil, journée du 21, la compagnie des tirailleurs de la Seine était placée sous les ordres du général Noël et a opéré de une heure à cinq heures à gauche du parc de la Malmaison. La compagnie a vaillamment combattu et fait à l'ennemi un mal considérable. Elle a elle-même subi des pertes sensibles dont voici l'état :

Chalot, employé de commerce, tué.

Delacour, id., tué.

Cuvellier, artiste statuaire, tué.

Perrot, négociant, disparu après avoir été blessé ;

Collin, tailleur, id.

Blessés : Edmond Turquet, sergent-major, avocat, balle au côté droit, balle à la cuisse gauche, contusion par balle à la hanche gauche.

Blaise, caporal, ingénieur, balle au pied gauche.

Vasnier, architecte, blessure grave à la poitrine.

Loufat, cocher, balle à la cheville.

Demay, employé de commerce, balle au pied droit ;

Chemin, bijoutier, balle à l'épaule ;

6*

Rougier, rentier balle à l'épaule droite, balle à l'avant-bras, balle à l'épigastre.

Girardot, contusion, par balle à l'épaule gauche.

Randon, négociant, contusion à la tête.

La compagnie avait soixante-quatre hommes engagés. La liste qui précède prouve avec quelle ardeur ils se sont battus. Paris doit être fier de voir ses corps francs se comporter au feu avec cette intrépidité é.

Quelques-uns de nos artistes se sont particulièrement signalés au combat de la Malmaison : ce sont MM. Tissot, Vibert et Leroux, peintres d'un talent remarquable. M. Leroux a été grièvement blessé, mais non mortellement.

*
* *

La compagnie des agents de change vient de faire remettre entre les mains de M. le Gouverneur de Paris, la somme de 30,000 francs, représentant le prix d'une batterie de canons.

Les sapeurs-pompiers du 39ᵉ bataillon (Boulogne-sur-Seine) ont souscrit pour la somme de 300 francs pour l'achat de canons.

L'effectif de la compagnie est de 70 hommes.

*
* *

Depuis le siége, il a été décidé que les lundis, mardis et vendredis aurait lieu, de huit heures à onze heures, sur le boulevard d'Enfer, la vente des chevaux destinés à la boucherie.

Un cheval de moyenne grosseur pèse quatre cents à quatre cent cinquante kilogrammes vivant et se paye de quarante à cinquante centimes le kilogramme.

Depuis la disparition des bœufs, un bon cheval ce n'est plus celui qui a bon pied bon œil, ou de belles et de bonnes allures, mais celui qui a le plus de graisse sur les os.

On y vend aussi les ânes et les mulets qui sont très-recherchés ; l'*ânon*, que les marchands appellent *du veau* (à cause de la ressemblance de sa chair avec celle de ce dernier animal), vaut soixante-quinze centimes le kilogramme vivant.

**

On a remarqué que, dans les réunions publiques où l'on continue à défendre Paris en déclarant que le général Trochu trahit la République, les orateurs les plus exaltés, les plus partisans des mesures extrêmes, sont des tailleurs.

Il paraît qu'il en est toujours ainsi et cela étonne à bon droit.

Quel intérêt les citoyens tailleurs peuvent-ils avoir à ce que le pays devienne sans-culotte?

Mercredi, 26 Octobre 1870.

Trente-huitième journée de siége

Tempête suivie d'un brouillard épais pendant la nuit, d'où il a résulté un calme complet : ce matin, la pluie tombe à torrents.

A part quelques coups de canon tirés de loin en loin des forts d'Issy et de Vanves sur les ouvrages de l'ennemi, sans que celui-ci y réponde, il n'y a rien eu de nouveau dans la journée.

Les canonniers de la redoute des Hautes-Bruyères, si voisins des Prussiens et d'ordinaire si occupés, n'ont eu dans la journée qu'à protéger quelques-uns des leurs envoyés à la récolte des pommes de terre.

A Noisy, quartier général du contre-amiral Saisset, continuation des travaux, que n'interrompt pas même la pluie.

A Rosny, où le génie, sous les ordres du commandant Bénézeck, les marins, sous le commandant
Mallet, ont exécuté des travaux de défense gigantesques. Quelques coups de canon ont été tirés, vers le
soir, sur des Prussiens qui s'étaient montrés à une
certaine distance.

Calme complet du côté du fort de Montrouge jusqu'à quatre heures et demie du soir, où pendant
l'éclaircie qui s'est produite en ce moment, les lunettes
de nos officiers de marine leur ont fait apercevoir que
les Prussiens avaient mis à profit l'obscurité de la
nuit dernière. A cinq heures, quelques coups de canon,
admirablement pointés, leur disaient suffisamment
qu'ils avaient cette fois encore travaillé pour le roi
de Prusse.

*
* *

M. de Flavigny s'est rendu à Versailles au camp
prussien. Il était porteur de la moitié de la somme de
cinq cent mille francs donnée par l'Angleterre aux
blessés des deux armées, ainsi que d'une quantité
considérable de linge et de charpie, de même provenance. Le prince royal lui a manifesté la plus vive
admiration pour la résistance héroïque de Paris, et
lui a formellement déclaré que la Prusse entendait ne
pas se déshonorer par le bombardement de cette
« incomparable ville. »

Il a seulement ajouté que la Prusse était forcée par
l'inexorable nécessité de sa situation politique et militaire de s'emparer de Paris et de ne signer la paix
qu'aux Tuileries.

*
* *

A mesure que les Prussiens évacuent de gré ou de
force les villages des environs de Paris, ces localités
sont mises en coupe réglée par des maraudeurs qui

s'introduisent dans les maisons et prennent ce que les propriétaires ont pu y laisser.

**
* *

Il y a dans les francs-tireurs de la Seine un jeune homme du nom de Heyman, frère d'un commis en librairie bien connu sur le boulevard. Sa compagnie l'a surnommé *Troppmann*, en raison de la quantité de Prussiens qu'il a déjà tués.

**
* *

On a assigné différents postes aux sapeurs-pompiers de Chaville, Sèvres et Meudon, qui ont pu se réfugier dans Paris.

Ceux de Chaville montent la garde au Luxembourg et à l'École des mines ; ceux de Sèvres au ministère de la guerre, au dépôt des petites voitures, boulevard Montparnasse, et à l'établissement Belloir, où est établie une ambulance ; enfin, les pompiers de Meudon sont cantonnés à Grenelle.

**
* *

Les artilleurs de la Seine qui font actuellement le service des remparts, vont être envoyés dans les forts.

Ils forment dix compagnies, chacune de trois cents hommes aujourd'hui parfaitement exercés.

Beaucoup d'entre eux ont servi dans l'artillerie.

**
* *

L'usine Broquin et Lainé a livré hier au ministère de la guerre cinquante mortiers en cuivre.

On sait que depuis deux mois les théâtres sont fermés.

La Comédie-Française rouvrait dans la journée bien timidement encore ; elle ne faisait guère qu'entrebâiller sa porte ; mais le mouvement est donné ; il se poursuivra. Le succès d'aujourd'hui encouragera le théâtre à recommencer cette épreuve ; dans le jour d'abord, puis bravement le soir.

X..., connu par sa gourmandise, après un dîner historique, se sent pris de coliques atroces. Vite est mandé un médecin en toute hâte.

— Vous avez mangé du chat, dit celui-ci.

— Oui, docteur, et du rat aussi.

— Plus de doute, dit le prince de la science, le chat court après le rat; mangez vite du chien, de manière à ce que le rat étant absorbé par le chat, le chat soit à son tour dévoré par le chien !

Jeudi, 27 Octobre 1870.

Trente-neuvième journée de siége

Rien d'extraordinaire ne s'est manifesté pendant la nuit.

La porte de Charenton était fort encombrée à sept heures du matin par toute une population d'Américains, d'Anglais et de Russes qui jugeaient que le séjour de Paris n'était plus tenable; il paraît que M. de Bismarck consent à les laisser partir.

*
* *

Sur les dix heures, depuis l'ordre du contre-amiral Saisset, douze coups ont été successivement tirés du fort de Noisy sur les ouvrages que les Prussiens essayent d'établir en avant de la forêt de Bondy : les projectiles, tous bien envoyés, ont interrompu les travaux de l'ennemi.

Malgré la tempête qui a régné toute la journée, les troupes campées en avant du fort de Romainville travaillaient, sous une pluie battante, aux ouvrages de défense entrepris en cet endroit depuis plusieurs jours; ils me paraissent presque entièrement terminés.

D'après des renseignements certains sur les travaux

de l'ennemi, le Mont-Valérien, la batterie Mortemart, les bastions 63 et 64 de l'enceinte ont, dans l'après-midi, couvert de feu Brimborion et l'orangerie de Saint-Cloud. Sur ce dernier point, des soldats, en grand nombre, ont pris la fuite en tous sens.

Les forts d'Issy et de Vanves ont, de leur côté, tiré sur des travailleurs ennemis vers la tour des Anglais et le moulin de Châtillon, et les ont forcés à abandonner la place.

Du côté de Clamart, la journée a été consacrée à l'enlèvement des récoltes qui restaient encore dans la plaine; c'est le dernier délai accordé par le général Trochu. Quatre cents habitants de la localité ont travaillé jusqu'à la nuit, sous la protection des mobiles et de la garde nationale. Ils ont ramené à Paris quatre-vingts voitures pesamment chargées.

A cinq heures, l'ordre a été donné de ne plus laisser entrer ni sortir.

*
* *

Les canons Krupp sont arrivés; les étrangers s'en vont; le bombardement va commencer.

Tant mieux!

Paris est las d'attendre; la population, qui ne demande qu'à combattre, se lèvera tout entière aux éclats des bombes prussiennes.

Que l'ennemi lance sur Paris ses obus, qu'il brûle nos palais et nos monuments, qu'il se déshonore encore davantage aux yeux du monde civilisé.

Avec ses murailles hérissées de canons, avec sa vaillante population armée et résolue, Paris se rit du danger; Paris est sûr de vaincre!

*
* *

Des échafaudages sont commencés autour des pié-destaux des chevaux de Marly, aux Champs-Elysées. On va, au moyen de forts madriers, entourer d'une sorte de blindage en sacs de terre amoncelés ces deux chefs-d'œuvre de sculpture, seuls vestiges qui restent encore du château du grand roi à Marly.

*
* *

Tous les employés de la Compagnie d'Orléans ont été armés hier de fusils à tir rapide, chassepots et tabatières.

Ce sont eux qui seront chargés de la défense des premiers trains qui partiront de Paris. Ces trains, seront armés de mitrailleuses, placées à la tête, au milieu et à la queue du convoi, dans les wagons blindés fabriqués par l'usine Cail.

M. Solacroup, directeur de la Compagnie, a réclamé l'honneur de conduire le premier train qui quitterait Paris.

Le magasin de nouveautés le *Bon Marché* fait don d'une pièce d'artillerie qui prendra le nom de : LE BON MARCHÉ, *donné au Gouvernement de la défense nationale, par M. A. Boucicault et ses employés.*

Pendant la visite qu'il a cru pouvoir faire sans danger à son château de Fleury, M. Hunebelle, l'entrepreneur de nos redoutes du Sud, a failli être pris par les Bavarois.

Un détail curieux de la visite faite par le général Trochu à l'ambulance du palais de l'Industrie :

— Pour combien de temps pensez-vous en avoir encore avant de recommencer ? demande le général à un sergent à la figure martiale.

— Pour un mois encore, mon général.

— C'est trop long, lui répondit le général en souriant ; dans un mois, nous n'aurons plus besoin de vous.

*
* *

La deuxième compagnie du 7e bataillon de la garde nationale vient de faire placer devant le monument de Strasbourg un groupe destiné à honorer la courageuse résistance de la capitale de l'Alsace.

Ce monument dû au ciseau d'un sculpteur de talent, M. Gustave Deloye, est des plus remarquables.

**

Aujourd'hui à la halle, 1,000 kilog. de beurre salé ont été vendus 38,000 fr., soit 38 fr. le kilogramme.

Vendredi, 28 Octobre 1870.

Quarantième journée de siége

Ce matin, un pigeon appartenant à l'équipage du ballon *le Victor-Hugo* : monté par M. Nadal, est revenu : il avait sous l'aile, ingénieusement fixé à une des grosses plumes, une dépêche photographiée de la dimension d'un timbre-poste, roulée dans un cure-dents.

**

Aujourd'hui il y avait foule sur la place du Panthéon. Le maire du 5e arrondissement avait fait un appel à tous ses concitoyens pour les enrôlements volontaires de la garde nationale.

Une sorte de tente énorme était dressée devant le monument faisant face à la rue Soufflot. Cette tente restera ouverte tous les jours de midi à quatre heures : c'est là qu'on s'inscrit.

Au sommet de la tente, flotte un drapeau noir sur lequel sont inscrits ces trois noms : *Strasbourg, Toul, Châteaudun.*

Au-dessous, une large banderolle qui porte ces mots :

« Citoyens, la patrie est en danger. Enrôlements volontaires de la garde nationale. »

7

Le maire du 8ᵉ arrondissement, M. Carnot, vient d'organiser sur six points de son territoire des bureaux ouverts sur des places publiques, pour recevoir les offrandes nationales pour la confection des canons.

*
* *

On a affiché ce soir dans Paris le rapport militaire suivant :

« Saint-Denis, 28 octobre 1870.

» Monsieur le gouverneur,

» J'ai l'honneur de vous adresser le rapport sur l'occupation du Bourget, exécutée aujourd'hui par une partie des troupes sous mon commandement.

» Voulant utiliser le corps des francs-tireurs de la presse, dont le service était devenu inutile à la Courneuve, par suite des progrès de l'inondation du Crould, j'ordonnai, hier soir, au commandant des francs-tireurs de faire sur les avant-postes ennemis établis au Bourget, une attaque de nuit ; je lui en indiquai les principales dispositions et je fis prévenir les grand'-gardes établies en avant du fort d'Aubervilliers et de la Couronne de prendre les armes, à trois heures du matin, pour soutenir et appuyer le mouvement.

» A l'heure prescrite, il fut exécuté avec autant de vigueur que de précision par les francs-tireurs, sous les ordres du commandant Rolland. Sans tirer un coup de fusil, ils abordèrent les postes prussiens qui fuirent en désordre, abandonnant la plupart de leurs sacs et de leurs casques. Ils continuèrent à s'avancer dans le village, repoussant l'ennemi de maison en maison, jusqu'à l'église, où ce dernier était établi plus solidement.

» C'est alors que je les fis soutenir par une partie du 34ᵉ de marche et le 14ᵉ bataillon de la mobile de la Seine ; j'y envoyai en même temps le colonel Lavoignet, commandant la première brigade, pour prendre le commandement, avec ordre de s'emparer du village et de s'y établir solidement. Je faisais appuyer l'infanterie par une section de 2 pièces de quatre et une mitrailleuse, et j'établissais 2 pièces de douze en avant de la Courneuve, pour prendre l'ennemi en flanc.

» A 11 heures, je me transportai de ma personne au Bourget, et j'y arrivai au moment où nous en étions complétement maîtres; je m'étais fait suivre d'une forte réserve, composée du 16e bataillon de la mobile de la Seine et d'un demi-bataillon du 28e de marche.

» Vers midi, l'ennemi démasqua deux batteries de position au pont Iblon, et fit avancer deux batteries de campagne sur la route de Dugny au Bourget, qui ne cessèrent, sauf à de rares intervalles, jusqu'à près de cinq heures, de tirer sur le village, dont ils incendièrent quelques maisons.

» Je fis retirer mon artillerie, qui ne pouvait lutter avec celle de l'ennemi, trop supérieure en nombre. Nos troupes restèrent dans leurs positions, quoique recevant pour la première fois ce feu formidable, et je n'ai qu'à me louer de leur sang-froid et de leur énergie.

» Pendant ce temps, les sapeurs du génie faisaient les communications, crénelaient les maisons et rétablissaient les barricades.

» Vers six heures, j'ai fait relever, par des troupes fraîches, celles engagées depuis le matin, afin de les faire réparer et manger la soupe. On travaillera toute la nuit pour rendre la position aussi défensive que possible.

» La prise du Bourget, audacieusement attaqué, vigoureusement soutenue, malgré la nombreuse artillerie de l'ennemi, est une opération peu importante

en elle-même; mais elle donne la preuve que, même
sans artillerie, nos jeunes troupes peuvent et doivent
rester sous le feu plus terrifiant que véritablement
meurtrier de l'ennemi.

» Elle élargit le cercle de notre occupation au-delà
des forts, donne la confiance à nos soldats et augmente les ressources en légumes pour la population
parisienne.

» Nos pertes, que je ne connais pas encore exactement, sont minimes (tout au plus une vingtaine de
blessés et quatre ou cinq tués). Nous avons fait quelques prisonniers.

» Quand j'aurai reçu les rapports des chefs de corps
et que je les aurai vérifiés avec soin, j'aurai l'honneur
de vous envoyer les noms des officiers et soldats qui
se sont particulièrement distingués.

» Veuillez agréer, etc.

» *Le général commandant supérieur.* »

» DE BELLEMARE. »

Samedi, 29 Octobre 1870.

Quarante et unième journée de siége

Comme on devait s'y attendre, les Prussiens ont
essayé cette nuit de reprendre le Bourget, et ont mis
en position une formidable artillerie qui a couvert le
village de boulets et d'obus.

Le Bourget était défendu par le 14ᵉ bataillon de
mobiles, près de 8,000 hommes de ligne, des éclaireurs
Lafon et des francs-tireurs de la presse, qui ont répondu par une violente fusillade. Quelques volées de
mitrailleuses ont obligé l'ennemi à se retirer après un
combat des plus vifs.

Les blessés prisonniers ont déclaré que nous avions eu devant nous, dans la journée d'hier, 2 régiments de la garde et 4 batteries d'artillerie.

*
* *

Au moment où j'écris ces lignes mon bataillon reçoit l'ordre de se préparer à aller renforcer ce soir les troupes qui campent au Bourget.

*
* *

Le jeune Godefroy Cavaignac, qui fait partie comme engagé volontaire de la 7e compagnie du 6e bataillon des mobiles de la Seine, a, ces jours derniers, dans une reconnaissance, été blessé légèrement au genou.

*
* *

Deux descendants des frères Montgolfier payent en ce moment leur dette à la patrie : l'un d'eux, M. Auguste de Montgolfier, vient d'entrer à la 17e compagnie du 3e régiment du génie ; l'autre, M. Luquet de Montgolfier, fait partie de la mobile.

*
* *

On établit, sous le patronage de M. Eugène Guillaume, une ambulance à l'Ecole des beaux-arts.

*
* *

Depuis une dizaine de jours, les régiments de cavalerie placés sous les ordres du général d'Exea sont exercés au service des pièces d'artillerie. Cette excellente mesure a pour but de suppléer à l'insuffisance de l'artillerie à cheval dans l'armée de Paris.

*
* *

La rue du Cardinal-Fesch portera, désormais, le nom de l'héroïque cité de Châteaudun, bombardée et saccagée par les Prussiens.

*
* *

Le ministre de l'agriculture et du commerce a reçu des vingt et un délégués de l'abattoir de La Villette, MM. Radiguey, Thouin, Leprompt, Tuffet, Du-

bois, Lathélize, Mathrot, Dard aîné, Dard jeune, God-
frin, Boudier, Guiod, Bouland, Bouquin jeune, Pas-
savant, Bailly, Blindamour, Bouquin aîné, Paffe,
Dumay, Hanon, la somme de dix mille cinq cents
francs, prix d'achat de deux pièces de canon. Ces
Messieurs déclarent qu'ils s'estimeraient heureux, s'ils
pouvaient par ce faible effort contribuer à l'expulsion
de l'étranger et au bonheur de tous.

Toutes les listes de souscription ouvertes par les
journaux de Paris pour la fabrication des canons se
couvrent chaque jour de signatures.

On me communique les détails suivants sur les nouveaux habitants de Versailles.

Le roi demeure à la préfecture; le jeudi et le samedi,
Guillaume part ordinairement pour la chasse; il se
sert d'un breack vert attelé de quatre chevaux. Un
peloton de dragons galope à 200 mètres en avant,
en éclaireurs. Le soir, le gibier tué est distribué aux
troupes de garde, sauf la partie réservée à la table
royale.

M. de Bismarck loge impasse Monbauron; et se
montre très peu.

Dès cinq heures du matin, une lumière, que l'on
aperçoit de loin, indique que le ministre est au travail;
c'est à cette heure également que l'on voit des ombres
se glisser le long des murs et sonner discrètement
d'une façon toute particulière à l'hôtel : ce sont les
espions qui arrivent de Paris avec les rapports et les
journaux.

Encore à propos de l'hippophagie.

Le lendemain d'un dîner où avaient été servis un
bœuf à la mode et un filet de cheval rôti, l'amphitryon
rencontre son invité.

— Eh bien, mon cher, et la digestion ?

— C'est le bœuf qui est arrivé premier !

Dimanche , 30 Octobre 1870.

Quarante-deuxième journée de siége

Dans la nuit, suivant l'ordre qui lui avait été donné, mon bataillon s'était rendu au Bourget: l'enthousiasme des mobiles qui avaient délogés les Prussiens était indescriptible. Nous n'avons pas besoin de vous, nous disaient-ils, et vous arrivez après la besogne faite...

La violente canonnade que l'ennemi dirigeait sur les murs crénelés des maisons semblait cependant prouver qu'il y avait encore quelque chose à faire. En effet, ce matin, de bonne heure, des masses d'infanterie appuyées par une nombreuse artillerie commencèrent un mouvement en avant. A partir de ce moment, les vainqueurs de la veille comprirent que *plus on est de fous plus on rit.*

A deux heures cependant, les figures devenaient sérieuses : la canonnade des Prussiens continuait avec acharnement et nous pouvions constater qu'outre la division qui se présentait de front, d'autres colonnes venant de Dugny et de Blanc-Mesnil s'avançaient pour tourner notre position; à ce moment critique, les canons de la Double-Couronne et de l'Est envoyèrent sur l'ennemi des boulets qui, à plusieurs reprises, rompirent ses lignes. De notre côté, nous avions commencé une fusillade bien nourrie, et dont l'effet devait être désastreux pour les Prussiens, qui, soutenus par leur artillerie, et nous voyant à l'abri derrière les créneaux avançaient résolûment l'arme au bras ; mais que pouvions-nous faire sans canons en face d'un ennemi vingt fois plus nombreux dont l'artillerie battait en brèche les pauvres murailles qui, jusqu'à ce moment, nous avaient protégés : nous pouvions mourir, non vaincus, mais accablés. Alors eut lieu une lutte terrible : le commandant Bachelery a su admirablement conduire la légion des francs-tireurs de la presse, ceux-là se sont défendus avec rage et sont morts en poussant le cri de « vive la France. »

Sur 380, cent vingt à peine sont revenus.

Le 14ᵉ mobiles s'est également couvert de gloire : ces braves enfants, au milieu desquels les balles prussiennes faisaient des trouées profondes, ne reculaient pas d'une semelle, ils restaient là calmes, impassibles, chargeant tranquillement leurs chassepots et tirant crânement sur les masses prussiennes dont l'infanterie avait ouvert le feu. Je le répète encore, il était impossible de résister au nombre et à cette terrible artillerie : la nôtre ne répondait pas. Au dernier moment, le 3ᵉ de marche et le 21ᵉ turcos arrivaient au pas de course, mais il était trop tard, la retraite avait été ordonnée et nos chefs n'avaient plus qu'un but : la mener à bien.

Malheureusement, il a été impossible de porter secours aux soldats de la mobile et aux francs-tireurs qui se trouvaient dans les maisons du Bourget. Ceux-là ont dû être faits prisonniers. Parmi eux, se trouvent le capitaine de la 4ᵉ compagnie des francs-tireurs de la presse, M. Demonteil, et quelques légionnaires des *Amis de la France.*

Pendant le combat, au moment où les clairons sonnaient pour la troisième fois la retraite, j'avais reçu une balle dans l'avant-bras gauche ; mais, malgré l'atroce douleur que je ressentais, je continuais à tirer sur les Prussiens et je ne m'apercevais pas que je perdais du sang en abondance. Tout à coup, un voile me passa devant les yeux, mon fusil me semblait avoir acquis un poids extraordinaire, et avant d'avoir pu me rendre compte de la faiblesse que j'éprouvais, j'avais perdu connaissance.

Quand je revins à moi, j'étais couché dans un bon lit, à l'ambulance du Val-de-Grâce. Ma blessure était insignifiante et, sans l'hémorrhagie qui s'était déclarée, j'aurais pu facilement revenir avec mon bataillon. Plût au ciel qu'il en eût été ainsi : une des plus cruelles émotions que j'aie ressenties dans ma vie m'aurait été épargnée ; dans le lit voisin de celui sur lequel j'étais couché, il y avait un cadavre mal dissimulé par le drap qui le recouvrait ; c'était, m'avait dit la bonne sœur qui priait dans la ruelle, un Prussien blessé mortellement et ramassé près de moi dans le village du Bourget. Jusque-là, ce n'était qu'une conséquence, fort triste il est vrai, de la guerre que nous soutenons ; mais savez-vous quel était cet homme ?... Je frémis encore en écrivant ces lignes... Un médecin de l'hospice étant venu pour constater le décès, écarta le drap qui cachait la figure du mort, et je me trouvai une troisième fois en face du même officier prussien qui avait déjà été tué deux fois en ma présence ! Je poussai un cri d'effroi et j'allais me précipiter à bas de mon lit, quand deux infirmiers s'emparèrent de moi, me retinrent de force et déclarèrent que j'avais le délire et un violent accès de fièvre : ils se trompaient, car une heure plus tard, je parcourais les journaux, où je recueillais les faits divers suivants :

*
* *

Il paraît certain que les canons arrivés à Choisy et à Thiais, sont seulement destinés à fortifier les rives de la Seine pour empêcher des tentatives de ravitaillement de ce côté. Rien n'est donc encore certain pour le bombardement.

7*

Paris possède encore plus de 130,000 quintaux de blé qu'on s'occupe à transformer en farine.

D'après les calculs faits dans tous les arrondissements, le rationnement de la viande est définitivement fixé à cinquante grammes par habitant.

L'entrepôt de Bercy est, dès aujourd'hui, non-seulement à l'abri du bombardement, mais encore toutes les précautions sont prises contre les incendies accidentels.

* * *

A quatre heures, M. Solacroup, directeur de la Compagnie d'Orléans, a visité, accompagné de M. Morandière, inspecteur de la Compagnie, les travaux commencés depuis deux jours pour mettre la voie en état de viabilité.

* * *

On racontait jadis en riant ce mot de M. Prudhomme promettant à ses enfants de les mener « voir prendre des glaces à Tortoni. »

En ce moment, le spectacle de gens qui dînent, et dînent bien est une curiosité réelle ; aussi, dans certains restaurants tels que Bignon et le Café Anglais, on est forcé de fermer les volets afin d'empêcher la foule de s'amasser devant la devanture.

Lundi, 31 Octobre 1870

Quarante-troisième journée de siége

Dès le matin, tout Paris savait que nous avions été forcés d'abandonner le Bourget, et on accusait tout haut l'autorité d'avoir négligé d'y envoyer des forces suffisantes pour le défendre ; un peu plus tard, des affiches apprenaient à la population la reddition de

Metz. Cette fois, on reprochait au Gouvernement d'avoir caché pendant plusieurs jours ce désastre qui était venu à sa connaissance ; on ne s'occupait plus des ennemis campés à nos portes, et on comprenait que la bataille pourrait bien cette fois se livrer dans la rue, car la population de Belleville était en effervescence ; elle déclarait que le Gouvernement de la défense nationale n'avait plus sa confiance et que le moment était venu de le remplacer par autre chose.

En effet, une pluie fine et persistante qui tombait depuis longtemps ne paraissait pas devoir arrêter les manifestations, et la place de l'Hôtel-de-Ville se garnissait de monde à vue d'œil.

Avenue Victoria, on entend battre aux champs ; c'est le 118e bataillon qui arrive. Plusieurs gardes nationaux de ce bataillon tiennent les coins d'un énorme drapeau tricolore sur lequel on lit en gros caractères ces mots :

Vive la République !

Pas d'armistice !

Résistance à mort !

Par cette même avenue Victoria débouchent successivement les 249e, 83e, 178e, 20e bataillons, tous sans armes. A l'une des fenêtres du pavillon gauche de la mairie de Paris, on distingue MM. Etienne Arago, Henri Rochefort, Floquet, Brisson regardant le flot de monde qui se presse sur la place.

Les portes de la mairie de Paris se ferment. **Deux** heures trois quarts viennent de sonner.

De temps à autre, du milieu des groupes stationnant devant la grande porte du pavillon de gauche, on voyait une personne grimper à un candélabre et déployer une affiche sur laquelle étaient tracés ces mots : Vive la Commune ! ou : Pas d'armistice ! ou : La levée en masse !

Rochefort, accompagné de trois officiers, arrivait en berline par l'avenue Victoria et chacun se portait vers sa voiture aux mêmes cris de :

« La Commune ! la Commune ! »

Cependant, le président de la commission des barricades parvint à franchir les portes de l'Hôtel de Ville, et bientôt après on le vit succéder au maire de Paris au pied du petit escalier que la foule tentait d'envahir une seconde fois.

La déclaration faite à ce moment par le citoyen Rochefort ne fut pas entendue.

Sa voix était couverte par les cris de quelques orateurs qui haranguaient le peuple du haut... des épaules de leurs camarades d'émeute.

Le général Trochu se présenta à la foule. Il s'arrête sous le vestibule, et fait signe qu'il veut parler. Mais le brouhaha est indescriptible. Les cris : Silence ! silence ! sont couverts par ceux plus véhéments de : *La Commune ! la Commune !* Pâle, visiblement ému, mais maître de lui, le général attend qu'on veuille l'écouter. A grand'peine enfin il parvient à se faire entendre.

« Citoyens, dit-il, voulez-vous entendre la parole d'un soldat ?

» C'est en vain que vous suspectez mon patriotisme, qui me conduira à la mort pour la défense de la République.

» J'ai trouvé Paris sans défense ; il pouvait être envahi en quarante-huit heures sans difficultés.

» J'ai consacré tous mes efforts à le rendre imprenable ; il l'est aujourd'hui. Aucun ennemi, aussi puissant qu'il soit, ne peut y entrer.

» Ne voyez-vous pas que, pour nous défendre, nous avons besoin de tous nos moyens ? Si nos armées ont été vaincues, c'est qu'elles n'avaient pas ce qu'il faut pour vaincre ; elles manquaient d'artillerie.

» Nous faisons les plus grands efforts pour triompher. Nous avons réuni des forces capables de résister à l'ennemi...»

Ces lambeaux de phrases sont à peine entendus. On crie, on hurle, on vocifère, et toujours revient ce refrain : *La Commune! la Commune!*

Vingt fois le général dut répondre individuellement à ceux qui l'interpellaient, vingt fois il fut contraint de s'arrêter aussi pour satisfaire aux désirs de la multitude affolée qui hurlait :

« Saluez le peuple ! criez Vive la République !»

Vingt fois enfin il dut contenir son indignation contre ceux qui le menaçaient du poing en disant:

« Vous n'êtes qu'un royaliste, à bas les royalistes !»

Enfin, il fut obligé de renoncer à se faire entendre ; le clairon sonnait le pas accéléré sur la place, et l'on voyait voltiger devant la façade de l'Hôtel les bataillons de garde nationale accourus au rappel que l'on venait de battre dans tous les quartiers.

Il remonta donc dans la salle du conseil, où une députation des bataillons assemblés ne tarda pas à le faire demander.

Il était alors deux heures et demie environ.

La députation fut reçue par le général Trochu, MM. Jules Favre et Jules Ferry, dans le grand salon qui précède la salle éclairée par le balcon mémorable.

Le premier des délégués qui prit la parole fut le citoyen Maurice Joly pour demander des explications relativement à la nouvelle de la reddition de Metz que le peuple prétend lui avoir été cachée pendant trois jours.

Le général Trochu déclare que ce n'est que le 27 au soir que la capitulation a été signée.

A ce moment, une détonation se fait entendre : c'est un garde national, placé à peu de distance de la grille de l'Hôtel de Ville, qui vient de tirer un coup de revolver en l'air.

A cette détonation succèdent trois ou quatre décharges, mais celles-là plus fortes et paraissant être des coups de fusil. En moins d'une seconde la panique devient telle que 10 à 12,000 personnes, composées de gardes nationaux, de curieux, de femmes, d'enfants, s'enfuient dans toutes les directions en faisant entendre de violentes imprécations.

De tous côtés on entend répéter ces mots : Nous sommes trahis ! on vient de tirer sur le peuple? il faut descendre en armes ! A ces ridicules inventions, des individus ne craignent pas d'ajouter que des barricades sont commencées dans les alentours de l'Hôtel de Ville.

Les boutiquiers, ne sachant que penser, s'apprêtent à fermer les devantures de leurs boutiques.

A trois heures et demie, plus de la moitié de la place de l'Hôtel-de-Ville se trouve garnie.

Les boutiques se ferment rue de Rivoli, avenue Victoria, place du Châtelet et quai de la Mégisserie, jusqu'à la hauteur de la rue du Pont-Neuf. Ce flot de fuyards jette la perturbation dans ce quartier par l'interprétation erronée qu'ils donnent aux coups de fusil entendus place de l'Hôtel-de-Ville.

Boulevard Saint-Michel, rue Dauphine, sur le Pont-Neuf, quai des Orfèvres, place Dauphine, quai des Grands-Augustins, on ne parle de rien moins que d'un bombardement dont aurait été l'objet la mairie de Paris.

Les partisans de la Commune grossissent à ce point, qu'ils ne tardent pas à se faire ouvrir l'une des portes de la mairie de Paris. De nombreux délégués gravissent les escaliers conduisant aux grands appartements qui donnent sur la place, et apparaissent aux fenêtres. Leur présence est accueillie par des bravos et des cris de « Vive la Commune! A bas le Gouvernement! Vive Blanqui! Vive Pyat! »

A une autre fenêtre se trouvent le maire de Paris et les adjoints à cette mairie. M. Etienne Arago s'efforce d'expliquer que des résolutions importantes viennent d'être prises par le Gouvernement; mais les clameurs et le bruit ne permettent pas d'entendre l'orateur.

Vers quatre heures, M. Etienne Arago paraît à une fenêtre de l'aile gauche de l'Hôtel de Ville, et il donne lecture d'un décret convoquant à bref délai les électeurs pour la nomination des membres de la Commune. Au même moment, M. Gustave Flourens arrivait à cheval, suivi de son bataillon, qui défile la crosse en l'air sous les fenêtres de l'Hôtel de Ville. M. Flourens s'arrête à la porte de l'aile gauche qui est fermée. Bientôt elle s'ouvre, et elle donne passage à un officier supérieur de la garde nationale, qui monte sur la croupe du cheval de M. Flourens, et de là annonce à la foule que la levée en masse est décrétée. (Acclamations dans la foule.) Pendant ce temps, les fenêtres du milieu de la façade sont occupées par des gardes nationaux qu'on dit appartenir aux bataillons de Belleville et par des ouvriers.

Un garde national, juché sur le rebord en saillie du premier étage, déroule une écharpe rouge qu'il agite aux yeux de la foule. D'autres lancent sur la place des morceaux de papier roulé, renfermant soit de simples indications telles que : *la Commune est acceptée*, soit des listes de membres d'une Commune révolutionnaire. Une de ces listes porte les noms suivants : Dorian, président; Félix Pyat, Ledru-Rollin, Schœlcher,

Joigneaux, Louis Blanc, Victor Hugo, Martin Bernard, Mottu, Greppo, Delescluze, Bonvallet. D'autres listes portent aussi les noms de MM. Blanqui et Gustave Flourens. Pendant ce temps, les bataillons de la garde nationale continuent à défiler sur la place, la crosse en l'air. Des groupes animés remplissent la place. On y remarque, comme d'habitude, un grand nombre de simples curieux, sans oublier les curieuses. Le temps est détestable. Beaucoup de parapluies sont ouverts.

Le bruit se répand vers neuf heures que le général Trochu est libre. Cette nouvelle est accueillie par des acclamations sur les boulevards. Sur la place Vendôme, à l'état-major, on crie : « Vive Trochu! à bas la Commune! à bas Blanqui! » pendant une heure sans interruption. L'enthousiasme augmente encore quand on entend battre le rappel et quand on voit la garde nationale accourir de toutes parts pour marcher sur l'Hôtel de Ville. On apprend aussi avec satisfaction qu'auprès du général Trochu se trouvent MM. Pelletan et Picard.

Dix heures. — On assure que MM. Le Flô, Tamisier et Jules Favre, ainsi qu'un certain nombre de gardes nationaux ou mobiles, sont restés à l'Hôtel de Ville, où ils sont retenus prisonniers. M. Roger (du Nord) est chargé du commandement en chef de la garde nationale.

Onze heures. — Des bataillons de garde nationale, tambours en tête, se rendent à l'Hôtel de Ville, qu'ils se mettent en devoir de cerner. Le 106e bataillon est arrivé le premier, ayant à sa tête M. Jules Ferry.

Trois heures du matin. — Les gardes nationaux rentrent de tous côtés. Le général Trochu revient au Louvre, accompagné de MM. Jules Favre, Garnier-Pagès et du général Ducrot. Ils sont accueillis par les acclamations les plus enthousiastes.

Le Gouvernement de la défense nationale est réinstallé.

Mardi, 1er Novembre 1870.

Quarante-quatrième journée de siége

Dans la nuit, le fort de Vanves a tiré sur le plateau de Châtillon.

Un jet de lumière électrique, parti du fort, a inondé les bois de Clamart sur une longueur de plusieurs kilomètres. De la porte d'Orléans, on distinguait les arbres, les buissons, les plus petites élévations de terrain.

*
* *

Je suis sorti ce matin de l'hôpital du Val-de-Grâce encore un peu faible, mais en état de reprendre mon service.

Voici les décrets que je trouve affichés sur les murs de Paris.

« Le Gouvernement de la défense nationale.

» Considérant qu'il importe à la dignité du Gouvernement et au libre exercice de sa mission de défense de savoir s'il a conservé la confiance de la population parisienne :

DÉCRÈTE :

» Article premier. Le scrutin sera ouvert le jeudi 3 novembre, de huit heures du matin à six heures du soir sur la question suivante :

» La population de Paris, maintient-elle, oui ou non, les pouvoirs du gouvernement de la défense nationale ? »

« Le Gouvernement de la défense nationale, fermement résolu à supprimer tout désordre dans la rue pendant la durée du siége et à ne pas permettre que le Gouvernement et la garde nationale soient détournés, ne fût-ce qu'un instant, de la lutte contre l'ennemi.

DÉCRÈTE :

» Article premier. Tout bataillon de la garde nationale qui sortira en armes, en dehors des exercices ordinaires et sans convocation régulière, sera immédiatement dissous et désarmé.

» Art. 2. Tout chef de bataillon qui aura convoqué son bataillon en dehors des exercices ordinaires, ou sans ordre régulier, pourra être traduit devant un conseil de guerre. »

« Le Gouvernement de la défense nationale,

DÉCRÈTE :

» Article premier. Sont révoqués, les chefs de bataillon de la garde nationale dont les noms suivent :

G. Flourens, chef du 1er bataillon de volontaires;

Razoua, chef du 61e bataillon ;

Goupil, chef du 115e bataillon ;

Ranvier, chef du 141e bataillon ;

De Frémicourt, chef du 157e bataillon ;

Jaclard, chef du 158e bataillon ;

Cyrille, chef du 167e bataillon ;

Levraud, chef du 204e bataillon ;

Millière, chef du 208e bataillon.

» Art. 2. Le jour de l'élection qui aura lieu pour remplacer les chefs de bataillon révoqués sera ultérieurement indiqué. »

*
* *

Le ministère de l'intérieur est occupé par un régiment de marche, l'arme au pied, le sac au dos.

Dans la matinée, la générale a été battue sur les boulevards.

L'Hôtel de Ville est très-calme. Sur la place, quelques groupes discutent les événements, mais sans passion.

L'union de tous devant l'ennemi paraît un fait accompli.

*
* *

Depuis hier, les Prussiens s'installent au Bourget et travaillent activement à s'y fortifier.

*
* *

Vers trois heures de l'après-midi, onze voitures d'ambulance se sont dirigées vers le champ de bataille, où le commandant prussien n'a pas voulu laisser pénétrer de suite; mais, à cinq heures, il fit répondre que les blessés français étaient transportés à Gonesse ; il était prêt à nous rendre nos morts, à la condition que le général de Bellemare s'engagerait à ne pas faire tirer pendant tout le temps que durerait la remise des corps : le général n'a pas consenti.

Le commandant prussien a dit à nos parlementaires :

— Vos officiers se sont conduits en héros.

*
* *

On a rendu aujourd'hui les derniers devoirs à un noble et vaillant jeune homme qui fut un brave soldat, Dominique Grégory, mort hier à l'ambulance du Palais-Royal, des suites d'une blessure reçue le 30 septembre au combat de Chevilly.

*
* *

Le personnel de la Compagnie générale des voitures a ouvert une souscription dont le résultat a permis d'offrir à la République un canon qui doit prendre le n° 15 et porter l'inscription : *Compagnie des voitures de Paris.*

*
* *

On annonce que le général de Bellemare est remplacé par le général Berthaut.

M. V. Hugo proteste contre l'abus que l'on a fait de son nom sur les listes qui ont circulé ou ont été imprimées dans quelques journaux du soir.

*
* *

M. Flourens sommait le général Trochu de donner sa démission. Le général a répondu qu'il ne la donnerait point, qu'il était peu sensible aux reproches d'incapacité dont on l'accablait, qu'il n'avait plus besoin que de *quatorze jours pour débloquer Paris.*

*
* *

A compter d'aujourd'hui. 1er novembre, les consommateurs de gaz d'éclairage ayant plusieurs brûleurs dans une même pièce, devront en réduire l'allumage dans la proportion d'un bec sur deux.

*
* *

M. Alexis Godillot, vient de mettre gratuitement à la disposition de la mairie du 9e arrondissement six pièces de canon en acier, ainsi qu'une certaine quantité de boulets, boites à mitraille, caissons, forges, etc.

*
* *

La Cour d'appel de Paris a voté une somme de 5,000 francs à titre d'offrande nationale pour la fabrication et l'achat de canons destinés à la défense de Paris.

*
* *

L'ex-garde de Paris, actuellement garde républicaine, organise une souscription pour offrir un canon à la République.

Les deux dernières journées, ont été si tristes qu'on trouve bon de se dérider un peu. C'est à cette fin que je termine la journée de 1er novembre par un article désopilant de M. Théodore de Grave :

M. M... est propriétaire, à Paris, d'un bel immeuble situé dans les environs de la place de l'Europe. Cette maison est de construction récente, disposée en beaux appartements : le premier surtout, composé de pièces très-vastes, notamment de salons décorés avec un certain luxe.

Dernièrement, M. M... fut obligé, de par la loi sur les réquisitions, d'abandonner son immeuble à la ville de Paris, et bientôt l'élégante habitation donna asile à toute une famille de campagnards réfugiée dans nos murs pour cause de Prussiens.

Il y a quelques jours, il reçut la visite du concierge de la maison en question, qui lui dit que depuis l'occupation de l'habitation par les locataires improvisés, une odeur infecte se répandait dans tous les étages, à ce point que le voisinage en paraissait sérieusement incommodé. Le concierge ajouta que, malgré, les différentes tentatives qu'il avait faites pour parvenir à s'introduire dans le premier étage incriminé, d'où semblaient particulièrement s'exhaler ces parfums insolites, il lui avait été jusqu'à présent impossible d'y pénétrer.

— C'est bien, se contenta de répondre M. M...; demain, j'irai voir ce que cela veut dire.

En effet, le lendemain matin, notre propriétaire vint aux renseignements.

A peine était-il entré sous la porte cochère de sa maison, que tout à coup il entendit le chant d'un coq qui s'égosillait sur le balcon du premier étage, et presque au même instant, il put se convaincre que plusieurs poules, compagnes fidèles du coq, répondaient à celui-ci par d'harmonieux gloussements.

— Qu'est-ce que cela veut dire ? demanda M. M..., assez surpris d'entendre des animaux de basse-cour se livrer au-dessus de sa tête à leurs ébats.

— Ah! c'est juste, fit le concierge, j'avais oublié

de le dire hier à monsieur... Ce sont les poules de
ces gens de la campagne qui sont au premier.

— Comment! des poules dans mon premier étage?

— Ah! monsieur, il y a de tout là-haut, se contenta de répondre l'homme de service en soupirant.

— Montons de suite, fit à son tour le propriétaire·

Et l'on monta. Mais, arrivés à la porte d'entrée de
l'appartement, il fallut parlementer, discuter, se
fâcher, car le fermier en chambre, le campagnard,
n'entendait pas être dérangé par personne, et ne
reconnaissait pas au propriétaire le droit d'intervenir
dans sa vie privée.

Enfin, à force de calme, de patience et surtout de
résignation, M. M... parvint à se faire ouvrir son
appartement.

Une fois là, ce fut tout une révélation. Dans l'anti-
chambre, une forte odeur d'écurie lui sauta tout
d'abord à la gorge; puis, à peine avait-il tenté quelques pas en avant, qu'il comprit que ses pieds s'en-
fonçaient dans une sorte de boue, un vague composé
de détritus de volière et d'étable, le tout légèrement
recouvert d'une couche de paille qui promettait un
excellent fumier pour la saison prochaine.

On passa outre. La pièce qui venait après était disposée en parc à lapins et contenait une opulente pro-
vision de denrées de toute sorte où l'oignon et le
choux dominaient. Dans la pièce voisine, belle chambre à coucher, en toute autre occasion, on y voyait au
beau milieu, un large bassin rempli d'eau, fait d'un
vieux fond de barrique, qui servait de mare à quelques canards qui poussèrent des cris de joie à la vue
du visiteur.

Enfin, l'appartement entier était disposé en cour
de ferme et offrait l'ensemble pittoresque, mais gluant,
d'une maison rustique en pleine exploitation, où rien

n'avait été négligé pour la commodité des bêtes et des gens.

Quant au balcon, ainsi que nous l'avons dit, les poules et le coq s'en étaient emparés et paraissaient, ma foi ! y mener joyeuse vie.

M. M... était stupéfait ; le fermier en chambre le suivait pas à pas et de l'air d'un agronome satisfait de faire admirer à un amateur l'intelligente exploitation de son domaine.

— Et dans mon salon ? murmura avec une expression de tristesse le propriétaire atterré.

— C'est là qu'est le *monsieur*, fit le paysan en se rengorgeant.

On ouvrit la porte du salon. Cette fois c'était le bouquet. Dans un coin, sur une litière faite d'immondices de toute provenance, un superbe porc se prélassait, assoupi et repus.

Au bruit que fit la porte en s'ouvrant, l'animal poussa un grognement qui fit sourire son maître.

— Mais, malheureux, exclama tout à coup M. M..., hors des gonds, pourquoi sacrifier ce bel appartement quand vous aviez une vaste cour, en bas, où vous auriez pu vous installer...

—Ah ! je vas vous dire, monsieur, j'y avais bien songé, mais il faut penser à tout : alors j'ai réfléchi que le temps des semailles allait venir et j'y compte faire mes orges : Cette fois le propriétaire n'y tint plus, l'audace du fermier, sa naïveté l'emportaient sur la colère de M. M... qui se sauva en éclatant de rire, se promettant d'aviser plus tard.

Je le répète, tout ceci est de la plus exacte vérité, mais c'est bien incroyable.   (*Figaro.*)

Mercredi, 2 Novembre 1870.

Quarante-cinquième journée de siége

Toute la journée, le calme a régné dans Paris; quelques groupes seulement étaient réunis sur la place de l'Hôtel-de-Ville, et s'occupaient des questions d'armistice et d'élections municipales. Les partisans de la commune étaient peu nombreux, et paraissaient un peu confus.

* *

A la barrière de Fontainebleau, les enrôlements volontaires se font d'une manière moins grandiose qu'au Panthéon, mais assurément très-émouvante :

Une vulgaire échelle double, garnie de drapeaux, porte un écriteau sur lequel se lit un appel aux hommes de bonne volonté.

Un registre ouvert sur une simple table reçoit les noms des gardes nationaux.

Des tambours accueillent et reconduisent les patriotes d'un roulement prolongé.

Le public bat des mains.

* *

La ville de Saint-Denis vient de s'inscrire pour une somme de 1,000 francs destinée à la fabrication des canons.

* *

On vient d'établir sur les boulevards deux pavillons avec un bureau destinés à recevoir les offrandes du public pour la fonte des canons.

* *

Dans la soirée des rumeurs alarmantes ont circulé : on disait que M. Flourens, à la tête de son bataillon, s'était installé à la mairie de Belleville pour en faire le siége d'une commune révolutionnaire, et je me suis assuré par moi-même que ces bruits étaient faux ; les partisans du désordre sont bien définitivement vaincus, et il n'y a rien à craindre de Belleville ou d'ailleurs.

On vient de m'assurer que M. Rochefort venait d'envoyer sa démission de membre du Gouvernement de la défense nationale.

* * *

Par décret en date du 2 novembre 1870, M. Ernest Cresson, avocat à la Cour d'appel de Paris, est nommé préfet de police en remplacement de M. Edmond Adam, démissionnaire.

* * *

J'ai lu ce soir sur la devanture d'un restaurant, rue du Bac, cet avis :

« *Fermé pour cause de manque de viande.* RÉOUVERTURE LE PLUS TÔT POSSIBLE. »

Jeudi, 3 Novembre 1870.

Quarante-sixième journée de siége

L'agitation intérieure de ces jours derniers a quelque peu détourné l'attention de la situation extérieure. Elle s'est peu modifiée depuis avant-hier. Le cercle qui nous étreint ne s'est ni rétréci ni élargi.

Les Prussiens se tiennent toujours au Bourget, et on ne peut donner d'autre preuve de l'importance qu'ils attachent à cette position, que la persistance qu'ils mettent à s'y maintenir.

Cette nuit, le fort d'Aubervilliers n'a cessé de diriger une canonnade non interrompue sur la barricade qu'ils ont construite en amont du village.

Une démonstration aussi énergique ne saurait s'expliquer, en face d'un ouvrage aussi peu important.

8

On croit que l'ennemi y établit une batterie.

Du côté de Pierrefitte, du Raincy et de Bondy, la situation ne se modifie pas davantage, tout reste dans l'expectative.

Le fort de l'Est et celui de Romainville ont, ce matin, tiré quelques coups de grosses pièces de marine.

En apparence du moins, l'ennemi reste inactif.

*
* *

Depuis huit heures du matin, Paris est au scrutin. Partout la garde nationale veille aux urnes. La ville est calme. Chacun accomplit en silence son devoir de citoyen.

Dans nos quartiers du centre, vif empressement au scrutin ; assurément très peu d'abstentions ; pas le moindre conflit.

Paris est plein d'animation ; mais il se meut visiblement dans un grand sentiment de confiance. Il est clair que la ridicule échauffourée du 31 octobre lui a montré toute sa force. Il n'y a pas d'arrondissement où les passants ne s'arrêtent de cent pas en cent pas pour se dire :

— Les *oui* seront dans une majorité formidable.

— Ce soir, il ne sera plus question de la Commune.

— Paris ne sera pas un faubourg de Belleville.

— Paris n'obéira jamais aux dix ou douze fous qui étaient, l'autre soir, à la tête des envahisseurs de l'Hôtel de Ville [1].

Jusqu'à la dernière heure les électeurs se rendent en foule dans les sections. Les opérations du scrutin sont très-calmes.

---

[1] *Note de l'éditeur :* Les événements dont Paris vient d'être le théâtre, sont venus tristement démentir ces prédictions qui cependant étaient l'expression exacte de l'opinion de la grande majorité des habitants.

Plusieurs bataillons de la garde nationale sont massés sur quelques points de la capitale, prêts à réprimer les désordres qui pourraient éclater.

On rencontre un grand nombre de gardes nationaux dans les rues. Les uns portent des bouquets au canon de leurs fusils, et des *Oui* sont piqués dans les bouquets; d'autres portent le *Oui* à leur képi.

A la porte des mairies et des diverses sections où les citoyens sont appelés à déposer leurs votes dans l'urne, on est unanime à flétrir les insensés et les tristes drôles qui, en présence de la guerre étrangère, n'ont pas craint de provoquer la guerre civile et d'attenter à la liberté du Gouvernement de la défense nationale.

*
* *

Le général Clément Thomas est nommé commandant supérieur des gardes nationales de la Seine, en remplacement du général Tamisier, dont la démission est acceptée.

*
* *

Dans la journée ont eu lieu les funérailles d'un homme de bien par excellence, le docteur Goutier Saint-Martin, connu par le zèle infatigable qu'il déployait constamment au service d'une ambulance qu'il avait organisée au début du siége.

Il y a quelques jours, en pratiquant l'extraction d'une balle, il se fit à la main une forte coupure, qui s'envenima au point d'amener rapidement la mort.

*
* *

M. Drake, lieutenant d'état-major, a succombé aujourd'hui à quatre heures, à l'ambulance de la rue Saint-Dominique, 188.

*
* *

M. Ménier, a fait offrande à la commission des maires et administrateurs provisoires des départements de Seine-et-Oise et de Seine-et-Marne d'une somme de 3,000 fr. pour secours aux réfugiés de Seine-et-Marne, se réservant de secourir directement la commune de Noisiel et celles qui l'environnent.

*
* *

A midi, en l'église de la Madeleine, la société des concerts du Conservatoire sous la direction de M. Georges Hainl, a fait exécuter le *Requiem* en ut mineur de Cherubini pour les victimes de la guerre.

Une allocution a été prononcée par M. Deguerry, curé de la Madeleine.

Le produit des quêtes et des places réservées est destiné à l'œuvre des ambulances de la presse.

Vendredi, 4 Novembre 1870.

Quarante-septième journée de siége

Pendant la nuit, canonnade sur toute la ligne.

Ma blessure est plus grave qu'on ne l'avait supposé; j'ai donc provisoirement cessé mon service et, le bras en écharpe, je continue la chasse aux nouvelles.

Les batteries que les Prussiens ont construites de la capsulerie de Meudon à Châtillon sont à fleur de terre, casematées en dessus et en dessous.

Les casemates de dessous sont pour le logement des hommes; elles ont la profondeur d'un étage.

Celles de dessus ont de 1 mètre 50 à 2 mètres au-dessus des canons, de manière à rendre les bombes inoffensives, autant que possible.

Les embrasures ont de 60 à 75 centimètres.

En outre, des masses de fer ont déjà été convoyées pour le service de toutes les batteries qui enserrent Paris.

On évalue la quantité de fer arrivée, il y a plus de dix jours, à vingt-cinq millions de kilogr.

* *

Voici le résultat définitif des votes de la journée d'hier, sauf quelques communes qui n'ont pas encore transmis les leurs :

Oui........ 557,996
Non....... 62,638

* *

Le Gouvernement de la défense nationale a adressé à la population la proclamation suivante :

« Citoyens,

» Nous avons fait appel à vos suffrages.

» Vous nous répondez par une éclatante majorité.

» Vous nous ordonnez de rester au poste de péril que nous avait assigné la révolution du 4 septembre.

» Nous y restons avec la force qui vient de vous, avec le sentiment des grands devoirs que votre confiance nous impose.

» Le premier est celui de la défense. Elle a été, elle continuera d'être l'objet de notre préoccupation exclusive.

» Tous, nous serons unis dans le grand effort qu'elle exige : à notre brave armée, à notre vaillante mobile, se joindront les bataillons de la garde nationale, frémissant d'une généreuse impatience.

» Que le vote d'aujourd'hui consacre notre union. Désormais, c'est l'autorité de votre suffrage que nous avons à faire respecter, et nous sommes résolus à y mettre toute notre énergie.

» Donnant au monde le spectacle nouveau d'une ville assiégée dans laquelle règne la liberté la plus illimitée, nous ne souffrirons pas qu'une minorité porte atteinte aux droits de la majorité, brave les lois, et devienne, par la sédition, l'auxiliaire de la Prusse.

» La garde nationale ne peut incessamment être ar-

8*

rachée aux remparts pour contenir ces mouvements criminels. Nous mettrons notre honneur à les prévenir par la sévère exécution des lois.

» Habitants et défenseurs de Paris, votre sort est entre vos mains. Votre attitude depuis le commencement du siége a montré ce que valent des citoyens dignes de la liberté. Achevez votre œuvre; pour nous, nous ne demandons d'autre récompense que d'être les premiers au danger, et de mériter par notre dévouement d'y avoir été maintenus par votre volonté.

» Vive la République ! Vive la France !

» Général Trochu, Jules Favre, Emmanuel Arago, Jules Ferry, Garnier-Pagès, Eugène Pelletan, Ernest Picard, Jules Simon. »

A la suite de la proclamation du Gouvernement provisoire, on lisait le décret suivant :

» Le Gouvernement de la défense nationale,

» Considérant que les maires des vingt arrondissements de la ville de Paris, régulièrement convoqués à l'Hôtel de Ville, ont émis à l'unanimité le vœu qu'il fût procédé, en deux votes distincts, à l'élection des maires et à celle des adjoints,

DÉCRÈTE :

» Article premier. Le scrutin du 5 novembre sera exclusivement consacré à l'élection des maires.

Art, 2. Il sera procédé le 7 novembre à l'élection des adjoints.

La démission de M. H. Rochefort, non retirée avant le vote d'hier, est nécessairement définitive, puisque les électeurs n'ont pas confirmé ses pouvoirs.

Le Gouvernement de la défense nationale a dû ordonner, dès le 1er novembre au soir, la poursuite des faits dont l'ensemble constitue l'attentat du 31 octobre.

Parmi les personnes arrêtées aujourd'hui, citons :
MM. Félix Pyat, Maurice Joly, Vésinier, Ranvier,
Cyrille, Tridon, Goupil, Pillot, Vermorel, Tibaldi,
Jaclard, Razoua, Ducoudray, Peyrouton, Lefrançais,
Mottu, Millière. — MM. Flourens, Blanqui et Levraud
ont pu se soustraire aux poursuites. M. Raoul Rigault,
commissaire de police, a été arrêté, puis relâché.

Vers trois heures, une bande de femmes — elles
étaient une vingtaine — descend le faubourg du
Temple, se dirigeant vers l'Hôtel de Ville.

L'une d'elles porte un drapeau rouge sur lequel se
trouve cette inscription :

Nous voulons la Commune !

Les passants s'arrêtent curieux. Est-ce une farce ?
Pas du tout ; ces femmes ont l'air convaincu.

Sur le boulevard, les gamins leur font escorte en
hurlant sur l'air des *Lampions :*

Saint-Lazare ! Saint-Lazare !

On rit, on crie. La farce menace de prendre les proportions d'un scandale.

Rue du Temple, des gardes nationaux désarmés
veulent s'opposer à cette promenade ridicule.

Les femmes, armées de bâtons, tombent sur les
gardes à coups redoublés.

Une lutte a lieu. Le drapeau rouge est mis en lambeaux. La situation devient perplexe. On a toujours
une certaine répugnance à lutter contre des femmes.

Alors un garde national a la bonne idée d'employer
la ruse.

Saisissant la hampe du drapeau, il se met à la tête
de ce qui reste de la bande et s'écrie :

— Suivez-moi.

— Où ?

— A l'Hôtel de Ville !

On le suit en effet. Et le garde conduit les anges de

la Commune.... au poste de la rue du Chaume, où elles sont probablement encore.

Samedi, 5 Novembre 1870.

Quarante-huitième journée de siége

Aujourd'hui, la compagnie des tirailleurs-éclaireurs a poussé plusieurs reconnaissances vers Saint-Cloud ; une section, sous les ordres du lieutenant Kratz, a pu pénétrer dans la ville, du côté du chemin de fer ; là, elle a essuyé le feu d'un poste ennemi, qui a blessé un tirailleur. Ce poste se compose d'un détachement du 59ᵉ régiment d'infanterie prussienne (contingent de Posen) ; il fait partie de la 2ᵉ brigade de la 9ᵉ division du 5ᵉ corps d'armée, dont le quartier général est à Vaucresson, et qui est cantonné depuis Bougival jusqu'à Garches ; un bataillon formant l'avant-garde est établi à la porte Jaune, et envoie des patrouilles dans Saint-Cloud.

Les ruines du château incendié sont désertes ; de temps à autre, des éclaireurs prussiens se glissent par le parc jusqu'au bord de la Seine ; mais là ils sont surveillés activement par nos francs-tireurs postés de ce côté, et qui ne laissent guère circuler sur le quai.

Presque toutes les maisons de campagne au nord de Saint-Cloud sont désertées.

Suresnes a conservé encore beaucoup d'habitants ; en plusieurs endroits, on a solidement obstrué les rues, et sur le quai une série de barricades, depuis le pont de Suresnes jusqu'à celui de Neuilly, protégent l'accès le long de la Seine ; elles sont gardées par des bataillons bretons de la garde mobile.

Notre ligne de défense a fait un pas en avant le

long de la Seine entre Gennevilliers et Nanterre.
Sur la route de Courbevoie à Bezons, nos lignes ne
s'avançaient guère au-delà du chemin de fer du Havre-;
on s'est décidé à pousser plus loin. Colombes est occupé aujourd'hui par la garde mobile ; la presqu'île
de Gennevilliers va être mise en état de défense, et
des ouvrages pour l'artillerie sont établis en face d'Orgemont et d'Argenteuil.

En descendant de la route de Choisy à Vitry, jusqu'à la berge de la Seine, au-delà du Pont-à-l'Anglais,
j'ai vu, dans plus d'un champ, travailler la charrue.
Çà et là, on pouvait, jusqu'à ce jour, mais bien loin
les unes des autres, rencontrer des terres où une main
intrépide a fait passer le soc et la herse; mais, cette
fois, dans un petit canton, j'ai pu compter sept à huit
attelages dont la moitié étaient suivis du semeur. Cultivateurs de l'Ile-de-France, avez-vous jamais semé si
tard le blé d'automne, et fut-ce jamais sous la volée
des boulets?

*
* *

Les mouvements militaires ont recommencé à Paris.
Les bataillons de mobiles de Seine-et-Oise et de la
Marne ont été dirigés sur deux de nos postes avancés.

*
* *

L'évanouissement à la suite duquel j'ai été emporté
sans connaissance du champ de bataille du 30, m'a
empêché de recueillir certains faits que je ne dois pas
passer sous silence; j'ai su depuis que M. Baroche,
commandant du 14ᵉ bataillon, avait été tué à la reprise
du Bourget.

Il se trouvait derrière une barricade avec quinze
mobiles. Les obus pleuvaient. Sept hommes tombaient autour de lui, frappés mortellement.

— Enfants, dit-il, à ceux qui restaient, allez-vous-
en, nous ne sommes pas en nombre!

Ils hésitaient.

— Je vous l'ordonne! reprit-il.

Et il demeura seul.

Il se dirigea alors vers le cimetière du Bourget, et là, après avoir rallié cent cinquante soldats de toutes armes, il surprit l'ennemi par une nouvelle décharge. Peu d'instants après, il chancela, frappé d'une balle au cœur.

On s'empressa autour de lui. Il était mort.

* *

Un peu plus loin mourait un tout jeune homme, M. Henrion. Il avait vingt ans ; son père, dont il était l'officier d'ordonnance, l'avait envoyé porter un ordre; il ne revint pas.

* *

Depuis que le général Berthaut a pris possession du commandement de Saint-Denis, cette ville ressemble à un véritable camp.

On y rallie toutes les troupes dispersées après la malencontreuse affaire du Bourget : leur nombre est plus considérable qu'on ne le pense.

* *

L'idée des ballons conduits par des aigles courant après des beefsteack que l'aéronaute leur présenterait au bout d'une perche, a tourné la tête à tous les inventeurs. Aujourd'hui un individu est venu présenter au Gouvernement de la défense nationale, les plans d'un bateau sous-marin qui remonterait la Seine attelé de goujons !...

Dimanche, 6 Novembre 1870.

Quarante-neuvième journée de siége

Nuit assez calme.

On lit ce matin dans l'*Officiel* :

« Les quatre grandes puissances neutres : l'Angleterre, la Russie, l'Autriche et l'Italie, avaient pris
l'initiative d'une proposition d'armistice à l'effet de
faire élire une Assemblée nationale.

» Le Gouvernement de la défense nationale avait posé
ses conditions, qui étaient : le ravitaillement de Paris
et le vote pour l'Assemblée nationale par toutes les
populations françaises.

» La Prusse a expressément repoussé la condition
du ravitaillement; elle n'a d'ailleurs admis qu'avec
des réserves le vote de l'Alsace et de la Lorraine.

» Le Gouvernement de la défense nationale a décidé
à l'unanimité que l'armistice ainsi compris devait être
repoussé. »

* *

Que nous avons de tristes dimanches depuis quelques mois ! C'est un dimanche que les Parisiens ont
appris la défaite de Forbach et de Reischoffen; c'est
un dimanche qu'il a fallu avouer le désastre de Sedan;
c'est un dimanche que nous avons connu la capitulation de Strasbourg; c'est un dimanche qu'on a repris
le Bourget et que le bruit de la chute de Metz, officiel
le lendemain, s'est répandu dans Paris; c'est un dimanche enfin que la rupture des négociations vient
brusquement détruire les espérances trop facilement
et trop vite échafaudées sur l'armistice.

* *

Il paraît que tout le monde ne pleure pas le dimanche, car aujourd'hui, il y avait foule aux avant-postes

français, et quelle foule? élégante et rieuse comme aux beaux jours d'autrefois; dès le matin, Boulogne et ses barricades étaient envahies par des dames du meilleur monde qui fouillaient avec des lorgnettes les maisons situées sur l'autre rive, à Saint-Cloud.

De là, des caravanes entières se dirigeaient, par la rue de Sèvres, jusqu'au pont de Billancourt.

De Billancourt au fort d'Issy, toutes les voies de communication, depuis les grandes routes nationales jusqu'aux chemins de traverse les plus inconnus, regorgeaient de promeneurs.

Il était vraiment curieux de voir cette foule descendre aux stations et s'éparpiller dans les plaines situées entre les forts.

Les uns allaient voir les moblots — des parents!— les autres, attirés par la curiosité, essayaient de percer les rideaux d'arbres placés devant eux pour contempler nos ennemis — et cela a duré jusqu'au soir, jusqu'au moment où cette foule folâtre et curieuse a été forcée de rentrer dans Paris, dans ce Paris étrange, fantasmagorique que les Prussiens ne prendront jamais.

Les avares ont beau jeu par ce temps de disette :

Un harpagon de ma connaissance a découvert un moyen ingénieux de faire des politesses à ses connaissances.

— Venez me demander à dîner, leur dit-il, je vous ferai manger des choses tellement étonnantes, qu'il vous sera impossible d'en deviner la nature !

Comme c'est engageant.

Lundi, 7 Novembre 1870.

Cinquantième journée de siége

Le fort de Nogent et une batterie installée dans le parc de Mme Lafoulette, au haut de Nogent, ont tonné cette nuit de deux à cinq heures.

A six heures du matin, un poste prussien, fort d'une soixantaine d'hommes environ a été découvert, dans une des fermes situées en avant de Créteil, sur la route de Meaux. Un détachement de gardes mobiles a été envoyé pour déloger l'ennemi de cette position, qui était un observatoire fort gênant pour nos avant-postes.

Un assez vif combat de tirailleurs, dans lequel un garde mobile a été tué et un autre blessé, est resté sans résultat. Le fort de Charenton a alors envoyé une bombe, qui a crevé le toit de la maison. L'ennemi l'a abandonnée et s'est retranché derrière la grande barricade qui coupe le chemin de fer de Lyon.

De cet endroit, il a entretenu un feu très-vif contre nos tirailleurs, qui s'est prolongé une bonne partie de la matinée.

*
* *

A onze heures, la place Vendôme était occupée par plusieurs bataillons de la garde nationale ; à deux heures, le tambour a battu, on a rompu les faisceaux, et les bataillons se sont dirigés vers une destination inconnue.

*
* *

A midi, un envoyé du Gouvernement français s'est rendu à Versailles, pour signifier le refus, voté cette nuit par les membres du Gouvernement de la défense nationale, des conditions que voulait imposer la Prusse pour la conclusion d'un armistice.

9

M. Thiers a télégraphié, dès hier soir, à l'empereur Alexandre, le refus de la France.

*
* *

Pendant les négociations relatives à l'armistice, nos forts et nos batteries ont tiré sans relâche pour inquiéter les travaux de l'ennemi, et nos préparatifs militaires ont continué tant au point de vue de la fabrication des armes de toutes sortes qu'au point de vue de l'organisation de nos forces militaires.

Sur la rive gauche, nos cheminements ont été très-avancés et embrassent toute la région qui s'étend de Vitry et de Villejuif à Arcueil. C'est dans cette zone que se trouvent la formidable batterie des Hautes-Bruyères, celle du Moulin-Saquet et un autre ouvrage considérable en pleine voie d'achèvement et qui doit compléter le système.

Les trois faces de la batterie des Hautes-Bruyères sont aujourd'hui très-fortement armées, et ses pièces peuvent prendre en écharpe plusieurs des ouvrages établis contre les forts de Vanves et d'Issy.

Dans la zone qui s'étend autour du fort de Charenton, les bords de la Marne ont été hérissés de batteries qui maintiennent l'ennemi en arrière du Petit-Brie et de Neuilly-sur-Marne, et on annonce que les hauteurs de la capsulerie, près de Montreuil-aux-Pêches, vont recevoir une batterie formidable, destinée à dominer toute la plaine.

*
* *

De son côté l'ennemi vient de démasquer 150 pièces de canon (modèle 24 et modèle 12). Ces pièces dans le système Krupp sont disposées en batteries depuis les hauteurs de Fleury jusqu'à celles de Montretout; elles sont protégées contre l'action de nos feux par des travaux de terrassements et de blindage. On pense que très-prochainement l'action de ces batteries réellement formidables commencera contre nos forts d'Issy, de Vanves, de Montrouge, et la partie du mur d'enceinte comprise entre le bastion 50 et le bastion 78, au sud-ouest de Paris.

*
* *

Le transport des blessés du Palais de l'Industrie au Grand-Hôtel a eu lieu dans la journée. Une infirmerie placée dans les meilleures conditions de soins et de salubrité est installée dans ce vaste établissement.

Le général Trochu a visité trois des ambulances centrales de la presse, les ambulances chirurgicales de la rue des Saint-Pères et de la rue Tournefort, et l'ambulance médicale du collége des Irlandais.

Le gouverneur de Paris, qui a eu pour chaque blessé quelques mots de bienveillante sympathie, était accompagné de M. le baron Larrey, de M. l'intendant Wolff et d'officiers d'ordonnance.

Le comité des ambulances de la presse et leur personnel ont reçu le général Trochu, qui a paru fort satisfait de ces visites.

*
* *

Une souscription ouverte parmi les employés de l'administration du Mont-de-Piété, pour la fabrication des canons, a produit la somme de 1,362 fr.

*
* *

On a reçu depuis quelques jours, dans un certain nombre de familles, des nouvelles de chers absents partis en guerre, et dont on ignorait le sort depuis Gravelotte et Sedan.

Le duc de Fitz-James a appris, que son fils, âgé de dix-sept ans, engagé volontaire au début de la guerre, fait prisonnier à Sedan, était parvenu, non sans courir mille dangers, à se sauver des mains des Prussiens.

Mais pour une bonne nouvelle combien de deuils et de douloureuses incertitudes !

*
* *

Propos d'un orateur du club de la *Reine Blanche :*

« Le général Trochu, qui est catholique et Breton, attend apparemment la venue de quelque nouvelle Jeanne d'Arc. Mais il n'y a plus de Jeanne d'Arc. (Hilarité.) Y a-t-il ici une Jeanne d'Arc ? » (Profond silence.)

Espérons, n'en déplaise à l'orateur, que, si Jeanne d'Arc il y avait, elle ne se trouverait pas au club de la *Reine Blanche* !

*
* *

M. Guyot de Lisle a organisé une soirée au profit de l'œuvre des canons.

M. Lamy, M. Corentin Guyho et Mlle Duguéret lui prêtent leur concours.

*
* *

Je viens de faire une remarque singulière. Lorsqu'il s'est agi d'un armistice, de magnifiques mottes de beurre frais et salé ont fait leur apparition à la devanture de plusieurs magasins de comestibles?

Depuis que l'armistice a été rejeté, toutes ces mottes ont disparu avec un ensemble désespérant.

<hr>

Mardi , 8 Novembre 1870.

Cinquante et unième journée de siége

Le point important est d'inquiéter l'ennemi jour et nuit dans ses positions.

Dans ce but, Bicêtre, les Hautes-Bruyères, Vanves et le Mont-Valérien ont, de onze heures à minuit, lancé dans ses lignes des obus à grande portée.

Dans la matinée, le Mont-Valérien et le 6ᵉ secteur se sont concertés pour empêcher les travaux de l'ennemi à Montretout et atteindre ses réserves jusqu'à Garches et Ville-d'Avray.

Des renseignements certains ayant fait connaître que le feu des forts avait causé à l'ennemi, en un seul jour, dans le village du Bourget, une perte de 36 officiers et de 400 hommes, ordre a été donné de concentrer de nouveau les feux sur ce point.

Parmi les morts se trouvent deux colonels, dont l'un commandant le régiment de la garde dit le régiment de la reine.

***

Un décret qu'on attendait ce matin détermine d'une manière décisive la part d'intervention que doit avoir, dans cette lutte suprême, la garde nationale de Paris.

La population doit se préparer à la guerre à outrance, comme s'il n'avait jamais été question d'armistice ni de traité.

Voici ce décret qui a été affiché à midi.

—

Mobilisation de la garde nationale.

« Le gouvernement de la défense nationale.

» Pour satisfaire, par des dispositions nouvelles, aux nécessités des opérations militaires et répondre aux vœux unanimement exprimés par la garde nationale,

» Décrète :

» Article 1ᵉʳ. Chaque bataillon de la garde nationale sera composé, suivant son effectif, de huit à dix compagnies.

» Art. 2. Les quatre premières compagnies, dites *compagnies de guerre*, auront chacune un effectif de 100 hommes, cadre compris, dans les bataillons dont l'effectif est de 1,200 hommes et au dessous, et de 125 hommes, cadre compris, dans les bataillons ayant plus de 1,200 hommes.

»Ces compagnies seront fournies par les hommes valides des catégories ci-dessous, en suivant l'ordre des catégories et en ne prenant dans l'une d'elles que lorsque la catégorie précédente aura été épuisée :

1° Volontaires de tout âge ;

2° Célibataires ou veufs sans enfants de 20 à 35 ans ;

3° Célibataires ou veufs sans enfants de 35 à 45 ans ;

4° Hommes mariés ou pères de famille de 20 à 35 ans ;

5° Hommes mariés ou pères de famille de 35 à 45 ans.

Art. 3. Les autres compagnies destinées au service de la défense ayant autant que possible un effectif uniforme, comprendront le reste du bataillon. Elles constitueront le dépôt et fourniront les hommes nécessaires pour combler les vides faits dans les compagnies de guerre.

Art. 4. Chacun des bataillons armés de fusils à tir rapide conservera un nombre de ses fusils égal à son effectif de guerre, et il en tiendra l'excédant à la disposition du commandant supérieur de la garde nationale, qui lui fera remettre en échange des fusils à percussion.

Art. 5. Chacun des bataillons pourvus d'armes à percussion recevra un nombre de fusils à tir rapide égal à son effectif de guerre, et il remettra, sur l'ordre du commandant supérieur de la garde nationale, l'équivalent en fusils à percussion, pour remplacer les armes à tir rapide délivrées par d'autres bataillons.

Art. 6. Dans chaque bataillon, chacune des quatre

compagnies de guerre nommera son cadre, soit dans les cadres existants du bataillon, soit parmi les gardes qui la composent.

L'effectif de ce cadre sera de :

Un capitaine, un lieutenant, un sous-lieutenant, un sergent-major, un sergent-fourrier, quatre sergents, huit caporaux, un tambour et un clairon.

Art. 7. Lorsque les quatre compagnies de guerre recevront l'ordre de participer aux opérations militaires, le commandement sera pris par le chef de bataillon, ou, à son défaut, par le plus âgé des capitaines de ces compagnies.

Art. 8. Chaque chef de bataillon devra avoir remis à l'état-major général, avant le 11 novembre au soir :

1° L'état du personnel de ces quatre compagnies de guerre ;

2° Les procès-verbaux d'élections des cadres de ces compagnies ;

3° Le tableau exact de l'armement de son bataillon.

Art. 9. Tout garde national qui se sera soustrait à l'exécution du présent décret sera considéré comme réfractaire et poursuivi comme tel.

Art. 10. L'arrêté du 25 octobre 1870 sur la solde des bataillons de volontaires est applicable aux compagnies de guerre qui font l'objet du présent décret.

Art. 11. Les dispositions du décret du 16 octobre 1870 et de l'arrêté du 19 octobre 1870 sont rapportées en ce qu'elles ont de contraire au présent décret.

Fait à Paris, le 8 novembre 1870.

GÉNÉRAL TROCHU, J. FAVRE, EMM. ARAGO,
J. FERRY, GARNIER-PAGÈS, E. PELLETAN,
E. PICARD, JULES SIMON.

Mercredi , 9 Novembre 1870.

Cinquante-deuxième journée de siége

Bourrasques pendant toute la nuit avec accompagnement de canonnade à l'est et à l'ouest.

Les Prussiens, en même temps qu'ils travaillent à l'achèvement de leurs batteries, ont fortifié particulièrement deux positions, celle de Châtillon qui domine les forts d'Issy et de Vanves, où ils amènent chaque jour du canon, et celle du Bourget, pour relier solidement ses lignes du nord.

Notre récente tentative sur le Bourget semble avoir encore décidé l'ennemi à augmenter l'effectif des troupes d'élite rassemblées dans les villages environnants.

Cette région, très-montueuse et très-accidentée, offre de nombreux mamelons que l'ennemi a utilisés pour y masser le parc d'artillerie de l'armée du prince royal de Saxe.

A Montfermeil même, au point dit Bellevue, une batterie de position bat la route de Metz, d'un côté, et le chemin de fer de Strasbourg, de l'autre.

Au Raincy, sur le contre-fort nommé le Rocher, des pièces de campagne se tiennent d'une manière permanente pour surveiller le plateau d'Avron occupé par nos campements.

*
* *

Si je suis encore manchot, j'ai toujours de bonnes jambes, et j'ai pu, dans la journée, qui est d'un calme parfait, m'approcher assez près du village de Bondy, pour juger de l'état déplorable dans lequel il se trouve ; l'auberge du Cygne de la Croix, qui est à l'entrée de la rue Saint-Denis, a été littéralement

coupée en deux; les débris de toute espèce montent
jusqu'à la hauteur du premier étage ; tandis que la
façade qui donne sur la route de Paris est restée exté-
rieurement en bon état, la partie qui donne sur Bondy
s'est entièrement effondrée, et laisse à découvert l'intérieur de l'auberge. On aperçoit parfaitement l'escalier brisé et l'entrée des chambres du second et du
troisième étage. Les murs sont noircis, mais, chose
singulière à noter, l'enseigne de fer-blanc restée
intacte continue à se balancer au gré du vent.

J'ai trouvé à Saint-Denis l'excellent camarade, qui
m'a déjà servi de reporter, à l'époque où il était à la
caserne du Prince-Eugène, il m'a raconté l'épisode
dramatique suivant, dont il a été témoin pendant une
reconnaissance à Pierrefitte.

Un sergent de tirailleurs algériens avait reçu l'ordre
de s'avancer avec précaution dans les maisons du
village, appuyé par deux soldats.

Ils purent pénétrer bien loin dans les rues sans
être inquiétés par l'ennemi.

Mais au moment où ils revenaient, une terrible fusillade partit de derrière les persiennes.

Le sergent de tirailleurs, nommé El Djerri, ce qui
en arabe signifie le *coureur*, tomba mort, littéralement
criblé de balles. Son bidon était troué comme une
écumoire, la crosse de son chassepot n'était plus
qu'un morceau de bois informe.

En voyant s'affaisser son chef, Mohammed el
Hadj (Mohammed, fils du pèlerin) voulut arracher son
corps aux mains des Prussiens. Malgré la pluie de
balles dirigée sur ces deux hommes, il court tout
d'un trait, charge le cadavre sur ses épaules et
cherche à se dégager. Mais à son tour il est frappé
par trois balles, une au bras gauche, et deux dans les
reins.

Il tombe à son tour, couvert par le cadavre de son sergent.

Son troisième camarade, dont on ignore le nom, n'hésite pas un seul instant, se précipite et enlève sous le feu ennemi Mohammed el Hadj qu'il parvient à ramener aux ambulances.

Ce dernier est blessé, mais non mortellement.

Il paraît que Mohammed el Hadj est mort depuis des suites de sa blessure.

* *

Parmi les gardes mobiles qui ont été tués depuis le commencement du siége, on compte six élèves de l'École des beaux-arts.

* *

Tous les gentlemen américains attachés volontaires de l'ambulance américaine organisée sur un grand pied par le docteur Thomas W. Ewans ne songent pas à quitter leur poste. Ils sont là trente citoyens américains, banquiers, négociants ou simples touristes, qui continuent à venir, chaque matin, prendre leur tour de service. Deux escouades, de quinze gentlemen chacune, sous les ordres des capitaines Bowles et Riggs, sont prêtes, chaque jour, à huit heures, à courir sur les champs de bataille des environs de Paris, à rapporter les blessés et à venir les installer dans l'ambulance américaine, qui a été dotée par le docteur Ewans des chariots, tentes et ustensiles divers en usage dans les armées américaines.

* *

La bourse est toujours très-ferme, on aurait cru que le décret de mobilisation de la garde nationale enlèverait à ceux qui croient encore à l'armistice leurs dernières illusions, le cours de la rente prouve qu'il n'en a rien été.

BOURSE DE PARIS DU 9 NOVEMBRE.

VALEURS DIVERSES	Cours précéd.	Dernier cours.	Hausse.	Baisse.
Rente 3 0/0	53 10	53 05	. . .	. 05
Rente 4 1/2 0/0 . .	79 25	. . ..	. ..	. ..
Emprunt 1870 . . .	53 75	53 90	. 15	. ..
Consolidés	92 3/8	. . ..	. ..	. ..
Emprunt italien . .	58 60	53 75	. 15	. ..
Espagne ext. 3 0/0 .	25 ..	. . ..	. ..	. ..
Banque	2265 ..	. . ..	. ..	. ..
Foncier	900 ..	910 ..	10 ..	. ..
Crédit agricole . . .	. . ..	. . ..	. ..	. ..
Société générale . .	460 ..	457 50	. ..	2 50
Crédit industriel, est.	615 ..	. . ..	. ..	. ..
Foncier d'Autriche. .	800 ..	. . ..	. ..	. ..
Crédit mobilier. . .	115 ..	116 25	1 25	. ..
Comptoir d'esc., est .	570 ..	565 ..	. ..	5 ..
Comp. immobilière. .	57 50	. . ..	. ..	. ..
Canal de Suez . . .	240 ..	240 ..	. ..	. ..
Lyon	847 50	840 ..	. ..	7 50
Nord	990 ..	983 75	. ..	6 25
Orléans	800 ..	. . ..	. ..	. ..
Midi	550 ..	. . ..	. ..	5 ..
Autrichien	695 ..	700 ..	5 ..	. ..
Lombards.	360 ..	367 50	7 50	. ..
Gaz.	730 ..	735 ..	5 ..	. ..

Jeudi, 10 Novembre 1870.

Cinquante-troisième journée de siége

Cette nuit, malgré la brume et la pluie, quelques troupes en reconnaissance se sont avancées jusqu'à Saint-Cloud. Pas l'ombre d'un Prussien dans le château, dont, en définitive, il reste encore la majeure partie, l'incendie du 14 octobre n'ayant détruit que les combles et les communs. Sur toute la ligne de Montrouge, à Aubervilliers et Romainville, nos canonsn'ont cessé de tirer sur les positions ennemies.

Je suis allé, dans la matinée, jusqu'au fort de Nogent où l'on s'attend d'un moment à l'autre à une attaque des Prussiens: depuis deux jours la troupe est sous les armes.

De la Pépinière à Gravelle, l'ennemi a élevé des batteries formidables, et nos officiers d'artillerie estiment à cent vingt le nombre des pièces qui menacent la Faisanderie et le fort de Nogent.

On tiraille continuellement dans la plupart de avant-postes. Aujourd'hui, dans un engagement d'avant-garde, du côté de la Malmaison, un caporal de francs-tireurs, nommé Lafond, a été atteint d'un coup de feu: il allait rester au pouvoir de l'ennemi, lorsque M. Muller, attaché à la Société internationale, s'élança à travers une grêle de balles et l'emporta sur ses épaules, jusqu'à l'ambulance de Rueil. Dans l'après midi, l'ennemi a abattu une partie du mur du cimetière de Choisy-le-Roi et a démasqué une nouvelle batterie. Pour revenir au Val-de-Grâce, où j'ai repris domicile, j'ai suivi le chemin des écoliers ; à quatre heures, j'étais sur la route de Montrouge à Bagneux, d'où j'ai pu admirer la patience de messieurs les Prussiens, j'ai suivi de l'œil pendant près d'une heure les boulets et les obus lancés sur les maisons du village où ils se sont réinstallés et ils ne ripostaient de nulle part.

*
* *

Tout le monde s'en mêle ! les enfants de troupe demandent à aller au feu.

*
* *

La Seine, en bonne Française, va concourir à notre défense : elle s'est élevée d'un mètre depuis hier, et aujourd'hui elle charrie de nombreux débris, qui paraissent provenir de ponts prussiens.

Je termine la journée par le prix courant de certaines denrées.

Jambon fumé (le kilog.). . . . , .	16 fr.	»
Saucisson de Lyon (le kilog.)	32	»
Viande de cheval (le kilog.)	2	50
Viande d'âne ou de mulet (le kilog.) .	6	»
Une oie	25	»
Un poulet	15	»
Une paire de pigeons	12	»
Une dinde	55	»
Un lapin.	18	»
Une carpe	20	»
Une friture de goujons	6	»
Une douzaine d'œufs	4	»
Un chou.	1	50
Un chou-fleur	2	»
Une botte de carottes	2	25
Une livre de haricots	5	»
Une livre de beurre frais	45	»
Une livre de beurre salé	14	»

Vendredi, 11 Novembre 1870.

Cinquante-quatrième journée de siége

Aucun engagement sérieux n'a été signalé pendant la nuit. Ce matin à l'ouverture de la porte de Châtillon, on a vu arriver des terrassiers français qui avaient été pris de force et contraints de travailler aux ouvrages ennemis : c'est à la faveur du brouillard qui a régné toute la nuit qu'ils ont pu s'échapper.

Ce matin, deux fortes colonnes prussiennes, infanterie et cavalerie, se dirigeaient de Choisy-le-Roi à Versailles. Assaillies dans leur marche par nos tirailleurs (mobiles et francs-tireurs), elles ont été mises en désordre et ont eu, de plus, à essuyer une canonnade très-vive de nos batteries du Moulin-Saquet, du fort de Bicêtre et du fort de Montrouge.

Les canons des batteries prussiennes sont restés silencieux : ils auraient tiré sur leurs soldats.

Les colonnes harassées de fatigue, venant de Melun à marches forcées se sont faiblement défendues, et n'ont pas offert la résistance que nos troupes ont rencontrée si souvent.

Leurs pertes sont considérables. On parle de 1,500 hommes hors de combat. Les nôtres sont insignifiantes.

Les renforts envoyés de Choisy au secours de ces colonnes ont eu à subir le feu de nos forts. Une batterie de mitrailleuses, postée au Moulin-Saquet, leur a fait beaucoup de mal et les a forcés à la retraite.

Les gardes mobiles de Bretagne conjointement avec la troupe de ligne occupent les tranchées de Villejuif à Vitry.

*
* *

Il y avait plusieurs jours que je n'avais eu de nouvelles de mon cousin Kergonnou, et j'ai profité de ma convalescence pour aller lui rendre visite. Je suis, ma foi, arrivé au bon moment, la marmite chantait sur le feu et une odeur appétissante de soupe aux choux flattait agréablement l'odorat; du côté de l'ouïe, ça laissait peut-être à désirer, car j'ai toujours trouvé que les fusils prussiens jouaient faux. Mais, bah! à la guerre comme à la guerre, et la mauvaise musique ne m'a pas empêché de trouver la soupe bonne.

*
* *

La batterie prussienne élevée à l'entrée de Choisy se compose autant qu'on peut en juger, à l'aide des jumelles de marine, de dix pièces de 18 et de 24 : les

canons sont superposés sur deux rangs et protégés par des épaulements en terre surmontés de sacs.

Vers midi, au moment où je revenais à Paris, on
entendait le canon dans la direction de Bondy, on tirait aussi du côté de Saint-Denis et du fort de la Briche. Quant au Mont-Valérien, la grosse voix de son
artillerie n'a pas cessé de se faire entendre de toute la
journée. Il canonne les ouvrages de l'ennemi et porte
le désordre dans les colonnes en mouvement sur la
route de Versailles.

*
* *

L'administration des postes met en vente à compter d'aujourd'hui, au prix de cinq centimes, des cartes
que les habitants de Paris inséreront dans les lettres
adressées par eux aux personnes dont ils désirent des
réponses.

Les dépêches pourront consister en quatre réponses
par *oui* et par *non* : la personne qui me communique
cet avis pourrait avoir assez mal compris la combinai-
son nouvelle, car voici les quatre demandes qu'elle
adressera ce soir à sa femme absente, demandes
auxquelles elle devra répondre par *oui* ou par *non*.

1° Comment te portes-tu?

2° Combien le bébé a-t-il de dents?

3° Quels draps faut-il prendre?

4° Où as-tu serré le clyso.....?

_____

Samedi, 12 Novembre 1870.

Cinquante-cinquième journée de siége

La pluie n'a pas cessé de tomber cette nuit, il faisait un temps à ne pas mettre un... Prussien dehors
et cependant l'ennemi n'a eu garde de laisser échap-

per cette occasion de tenter un coup de main. Il s'est
avancé jusqu'à Villetaneuse, où se trouvait nos
grand'gardes, quelques coups de feu ont été échangés
sans que l'affaire prenne un caractère sérieux.

Dans la matinée, à la faveur d'une éclaircie, on a
pu juger de l'effet de la canonnade dirigée hier dans
la journée et pendant toute la nuit, sur les ouvrages
prussiens ; deux pièces de la redoute de Garches ont
été démontées et tous les épaulements en avant du
village complétement bouleversés. A neuf heures, les
Prussiens ont fait flotter le drapeau d'ambulance et
peu après, ils sont venus relever leurs morts et leurs
blessés. A dix heures, le Mont-Valérien recommençait à tirer et dirigeait son feu dans une direction
différente, cette fois son objectif était Sèvres.

Les Prussiens, depuis quelques jours, se sont établis très-solidement à la Cour-de-France, village situé sur une hauteur qui domine la grande route de
Paris à Fontainebleau ; ils y ont construit des batteries et des ouvrages considérables.

*
* *

J'ai voulu me rendre compte par moi-même des
travaux de défense entrepris dans Paris et j'ai visité
les immenses ateliers du chemin de fer du Nord ; là,
j'ai vu de formidables canons de marine se chargeant
par la culasse, cent cinquante canons seront terminés
demain, plus, sept cents projectiles pour le service
des pièces.

Je suis revenu par Belleville et j'ai vu du côté des
Prés-Saint-Gervais un travail de défense admirable :
c'est une barricade de cinq cents mètres de longueur,
construite avec des pavés et entièrement gazonnée,
placée un peu en arrière des immenses excavations
des carrières d'Amérique ; ce point est selon moi
inexpugnable.

Quand on veut se payer l'odeur de la poudre, c'est au moulin Cachan qu'il faut aller.

Il ne se passe pas de jour sans que les ambulances n'y aient à recueillir des blessés ou des morts; c'est que les Prussiens ne sont pas à plus de deux cents mètres. C'est la 6ᵉ compagnie du 1ᵉʳ bataillon des mobiles du Puy-de-Dôme qui est venue hier soir prendre possession de ce poste périlleux; tout en y entrant, un loustic a écrit sur la porte :

DÉFENCE QUE LES PRUSSIENS RENTRE ISI DE DENT.

*
* *

M. Gustave Fould, ancien député, organise en ce moment un escadron de *volontaires de la France*, qui marchera sous les ordres du général Ducrot.

La neige qui tombe depuis ce matin a complètement blanchi les murs du Mont-Valérien qui, de loin, prend l'aspect d'un immense morceau de sucre auquel voudrait bien mordre M. de Bismarck : mais il est trop dur pour la dent qu'il a contre nous.

M. Auber n'a pas quitté Paris, comme on l'avait affirmé [1].

*
* *

Nous voilà entrés dans la seconde période de la crise alimentaire que nous sommes menacés de subir. Jusqu'à présent il n'était que difficile de pourvoir aux besoins de chaque jour, et l'on arrivait plus ou moins facilement à la solution du problème, selon que l'on avait la bourse plus ou moins garnie.

Aujourd'hui tout devient plus rare, les denrées et l'argent : les denrées, par suite de la consommation continue sans production; l'argent, en raison de l'absence de tout commerce extérieur.

---

[1] *Note de l'éditeur :* Le grand compositeur est mort tout récemment à l'âge de 89 ans.

J'ai vu aujourd'hui, chez un marchand de comestibles.

Quelques perdreaux, à 15 fr. pièce.

Deux lièvres,	à 35 fr.	id.
Trois faisans,	à 45 fr.	id.
Six pintades,	à 12 fr.	id.

Dimanche, 13 Novembre 1870.

Cinquante-sixième journée de siége

La pluie et la neige nous prêtent leurs concours. Cette nuit, à Châtillon, les Prussiens ont voulu s'attaquer à notre face : une pièce fut pointée sur nos remparts ; le coup partit, mais le recul produisit cet effet, que le canon s'embourba dans les terres rapportées et délayées par la pluie. Il faudra le secours de plusieurs chevaux pour sortir ce canon du cloaque où il est encore ce matin.

Aujourd'hui le temps est charmant : le soleil, qui s'est rappelé que les Parisiens aiment à se promener le dimanche, les gratifie de ses plus beaux rayons. Aussi quelle foule aux barrières : on dirait que les bons bourgeois se sont décidés à faire une sortie en masse... appuyés par les forts qui, dès la pointe du jour, tonnent à qui mieux mieux ; d'un côté c'es Montrouge, Vanves et Bicêtre qui canonnent dans la direction de Châtillon et de l'Hay où se poursuivent malgré l'acharnement que nos marins mettent à les détruire les ouvrages que nos ennemis tentent vainement d'achever, de l'autre ce sont les forts de Noisy et de Romainville qui criblent de boulets le bois de Villemomble et le parc de Raincy. Dans la presqu'île de Gennevilliers tout est calme, Saint-Ouen a été visité toute la journée par une masse de promeneurs.

J'ai rencontré sur le bord de la Seine plusieurs camarades en permission : l'un d'eux qui venait du côté de Meudon m'a dit qu'à la jonction de la route traversant Clamart à angle droit et se dirigeant vers le Bas-Meudon s'élèvent maintenant de formidables barricades.

*
* *

Dans la soirée, un engagement a eu lieu entre le village de la Rue et celui de Cachan. Un corps prussien venant de Choisy-le-Roi s'est avancé sur l'Hay pour prendre à revers nos ouvrages. Quelques obus envoyés à propos les ont forcés à effectuer une retraite qu'on peut appeler une véritable déroute, car ils ont laissé sur le terrain plus de 50 morts et 80 blessés.

*
* *

Le roi de Prusse vient d'adresser une proclamation à ses soldats, pour les récompenser de leurs fatigues et de leur bravoure : il leur annonce qu'il a nommé à la dignité de maréchaux le Prince Royal et le Prince Frédérick.

Il ressort clairement de ces nominations que les soldats de Guillaume ont travaillé *pour le Roi de Prusse*.

———

Lundi, 14 Novembre 1870.

Cinquante-septième journée de siége

Nuit tapageuse.

Ce matin, un journal qui se crie dans les rues avant le jour assurait qu'hier soir le fort de Nogent avait été attaqué, bombardé et se trouvait présentement entouré par l'ennemi.

Si je me suis fait reporter, ce n'est pas pour reproduire des nouvelles douteuses ; et je devais à mes futurs lecteurs de vérifier un fait aussi capital. Rien de semblable ne s'était passé, grâce à sa position admirable, le fort de Nogent n'a rien à craindre.

*
* *

A sept heures, les forts du Sud recommençaient le feu contre les ouvrages de l'ennemi.

A onze heures, Vanves et Montrouge reprenaient l'œuvre de destruction.

A midi, une petite affaire d'avant-postes semblait engagée sur le coteau, à gauche du Mont-Valérien.

Nos armements deviennent formidables. Soixante pièces de canon défilaient hier dans le quartier de Grenelle. Les curieux se pressaient pour voir, dans ce défilé, une énorme pièce de marine, la *Sainte-Cloilde,* qui va prendre position dans une des nouvelles redoutes du Sud. Cette puissante rivale de la fameuse *Joséphine* était traînée par douze chevaux.

*
* *

Dans la journée, le général Trochu est allé visiter les travaux considérables exécutés pour l'achèvement de la redoute des Hautes-Bruyères, près de Villejuif. La redoute des Hautes-Bruyères a une énorme importance pour la défense de Paris. Une chaussée pavée rend son accès facile à l'artillerie, et elle porte aujourd'hui trois étages de canons qui en font une véritable forteresse.

*
* *

Vers cinq heures, le Mont-Valérien a tiré sur Saint-Cloud, et la besogne a été d'autant plus facile que deux incendies, allumés de nouveau par nos bombes, servaient de point de mire à nos artilleurs.

En avant du fort, il y a eu un engagement assez

sérieux. Les Prussiens descendaient dans la plaine en forces relativement considérables. Un instant, nos avant-postes ont dû se replier : mais, vigoureusement soutenus par les mobiles, ils n'ont pas tardé à reprendre l'offensive et la fusillade a pétillé sur toute la ligne.

*
* *

Enfin une bonne et heureuse soirée.

La population, joyeuse, se presse aux portes des mairies où l'on vient d'afficher une dépêche de Gambetta.

Lisez, lisez tout haut ! criaient des milliers de voix; je joue du seul coude que j'ai disponible et bientôt j'ai la satisfaction de lire de mes propres yeux, sur le papier blanc de l'administration, ces mots qui semblent tracés en lettres de feu :

La victoire d'Orléans.

Elle existe donc l'armée de la Loire? Vive l'armée de la Loire... alors. Si le gaz n'avait été si rare, je crois qu'on eût illuminé tant était grande l'allégresse générale.

La bonne nouvelle m'a mis de la joie au cœur ; depuis 57 jours, je me couche de bonne heure et assez tristement : ce soir il n'en sera pas ainsi et je vais me payer la grande soirée musicale et dramatique donnée, au théâtre de la Porte-Saint-Martin, par le 148e bataillon de la garde nationale, pour la fonte des canons, avec le concours des artistes des théâtres de l'Opéra-Comique, des Bouffes-Parisiens et du Châtelet.

Mardi, 15 Novembre 1870.

Cinquante-huitième journée de siége

Je me disposais, ce matin, à entreprendre une grande tournée *extra-muros*, et j'allais franchir la grille de l'hôpital, lorsque je me trouvai nez à nez avec le chirurgien en chef du Val-de-Grâce. « Où allez-vous encore ? me demanda-t-il d'un ton sévère. Vous tenez donc absolument à vous faire couper le bras ? »

On comprendra facilement que cette question faite à brûle-pourpoint, jointe à un certain engourdissement dans le coude, dont je m'étais plaint la veille à un infirmier et qui persiste, dut modifier mes projets de promenade ; je me contentai d'aller acheter quelques journaux et je regagnai l'infirmerie l'oreille basse ; mais heureusement, dans la journée, les visites ne me firent pas défaut, et j'appris que dans la nuit, une reconnaissance, conduite avec habileté par le commandant Poulizac, du 1er régiment des éclaireurs, avait chassé l'ennemi de ses avancées, du côté de Drancy.

Le capitaine de Kergalec a chargé avec M. de Versinville, à la tête des éclaireurs à cheval, et a fait plusieurs prisonniers.

* *

J'ai encore recueilli les nouvelles suivantes :

Tous les forts du Sud n'ont cessé de tirer sur les ouvrages de l'ennemi, en avant de Châtillon et de Bagneux. Ils ont dû y faire de nouveaux dégâts, puisque des vingt-huit canons qui apparaissaient sur cette redoute, on n'en aperçoit plus que sept ou huit ; les autres ont disparu sans doute sous les décombres qui les couvrent.

Les forts de Montrouge, Vanves, Issy, ont aussi donné vigoureusement.

C'est surtout la redoute des Hautes-Bruyères qui dirige un feu nourri sur les Prussiens.

* *

Aujourd'hui, l'ennemi s'est montré de nouveau dans Champigny; débusqué par le feu des mitrailleuses, il s'est réfugié dans les tranchées au milieu desquelles des obus du fort de Nogent sont venus tomber et l'ont obligé à battre en retraite.

Les canons de la Faisanderie ont dispersé un détachement d'une cinquantaine de Prussiens réunis derrière la barricade de Champigny.

Un obus tiré sur la maison de M. Cazenave, au-dessous et à droite de Chennevières, et désignée sous le nom de pension des officiers prussiens, est allé tomber au milieu de la cour entre deux ailes du bâtiment, au moment où un certain nombre de ces officiers s'y trouvaient réunis et y a occasionné un grand désordre. Aussitôt après, on a remarqué un mouvement de va-et-vient dans les cours. Des hommes ont paru occupés à relever des morts et des blessés.

* *

Un garde national, poussé à l'expansion par la prise de quelques canons (rien de ceux des Prussiens) disait hier soir à son fusil qu'il portait dans ses bras comme un enfant :

— Moi! te lâcher!... jamais!... Qu'ils y viennent me le prendre!... Mais tu es un père pour moi!... Tu me donnes trente sous par jour!... Qu'est-ce que je dis, mon père! tu es mieux que cela!... tu es mon atelier national!...

Des groupes se renouvelant sans cesse ont stationné aujourd'hui devant la porte d'entrée du baraquement des mobiles du Loiret, boulevard Rochechouart.

Ce qui motivait cette curiosité, c'était un chien dépouillé et décapité, suspendu devant la porte et arrangé avec le goût et le soin que les bouchers accordaient à leurs moutons lorsqu'il y avait des moutons. Un écriteau indique le prix de l'animal; il est côté 20 fr.

Au-dessus de la porte se balance une grande pancarte, sur laquelle on lit :

GRANDE BOUCHERIE HIPPOPHAGIQUE
Canine et féline.

*
* *

Je viens de payer dix centimes une chanson intitulée *les hommes de* 1870; je me contenterai d'en citer les deux premiers couplets.

AIR : *Compère Guilleri.*

Il était un p'tit homme,
Un p'tit homme d'Etat
Grand comm'ça;
Il fut en ambassade
Auprès des potentats,
Et voilà
Que, quand il s'enfuit,
Toujours plein d'esprit
Le bon peuple se dit :
Vive le Thiers,
Vive le Thiers,
Vive le Thiers parti.

Celui-ci était borgne;
Il partit à son tour,
Fut à Tours
Et fit si peu d' besogne
Qu'la province pesta,
Tempêta,
S'impatienta,
Voyant bien par là
Que d'Paris on lui a-
Vait jeté l'Gam-
Vait jeté l'Gam-
Vait jeté l'Gambetta!

Mercredi, 16 Novembre 1870.

Cinquante-neuvième journée de siége

Pendant toute la nuit les forts de Bicêtre, de Mont-rouge, de Vanves et d'Issy n'ont fait que canonner les travaux des Prussiens. Les lumières électriques proje-tées sur leurs lignes de ces quatre forts ont pu mettre à jour les positions de l'ennemi; pas un seul de leurs détachements n'a paru, ni dans la plaine ni sur les hauteurs de Châtillon, ce qui a fait supposer que cette absence dénotait ou une tactique à l'usage de M. de Moltke, qui cache ses gens jusqu'au moment où il les produit subitement sur le champ de bataille, ou bien que les Prussiens, obligés d'envoyer des troupes de secours à la division chassée d'Orléans et poursuivie par notre armée de la Loire, ne se trouvaient pas en force sur ce point.

*
* *

Un mobile de la Seine (Louis Klein), faisant partie du 5ᵉ bataillon, a été blessé cette nuit aux avant-postes du côté de Villejuif. Entré ce matin à l'ambu-lance du Val-de-Grâce, il m'a raconté qu'entre le moulin Saquet et la barricade de la grande rue de Villejuif, on voit une petite maison blanche située à environ 1,600 mètres de la route qui conduit de Ville-juif à Ivry. C'est le réservoir de Thiais dont les Prus-siens ont fait le poste le plus avancé de ce côté de nos lignes. Rien n'est plus curieux que de voir à ce poste avancé les sentinelles se relever. Le même fusil sert à celles qui se succèdent. Celle qui doit relever arrive à quatre pattes, l'autre s'en retourne de même.

Quand, dans le trajet qui sépare la porte du réser-voir de la tranchée où est placée la sentinelle, celle-ci, qui marche à quatre pattes, se voit visée par une des nôtres, elle se couche à plat ventre, la face contre terre.

C'est une de ces sentinelles dont il ne s'est pas assez méfié qui a envoyé au susdit Louis Klein, une balle dans la cuisse.

**

Les troupes prussiennes postées en avant de Choisy-le-Roi et de Thiais se couvraient depuis deux jours du drapeau blanc qui indique une suspension d'armes. Sommée de déclarer ce que ce signal voulait dire, les avant-postes répondaient que les hostilités étaient suspendues, que leurs chefs avaient admis l'armistice, que leurs troupes ne voulaient plus continuer une lutte qui n'était prolongée que par l'obstination du Gouvernement de Paris. Ces propos n'étant fondés sur rien, le gouverneur de Paris n'y a vu qu'un moyen de ralentir l'ardeur de nos troupes, et de les amener peu à peu au relâchement. Des ordres ont été donnés en conséquence, et le feu a été rouvert avec une grande énergie sur les corps ennemis qui ne pouvaient invoquer aucune suspension.

**

La maraude aux environs de Paris continue à faire de nombreuses victimes. C'est ainsi que, dans la journée, une vingtaine de personnes, hommes et enfants, ont été tuées ou blessées à la lisière de la forêt de Bondy.

Une ambulance de Belleville, dirigée par M. l'abbé Raymond, s'est particulièrement signalée dans l'enlèvement de ces blessés. Elle en a ramené dix-huit, dont deux sont morts depuis. La conduite de M. l'abbé Raymond, prêtre de l'église Saint-Jean-Baptiste de Belleville, mérite tous les éloges pour le courage et le sang-froid dont il a fait preuve en s'avançant seul jusqu'à cinquante mètres des Prussiens pour relever le corps d'un jeune homme de dix-huit ans, tué sur place.

*
* *

La légion des Amis de la France qui, depuis le 19 septembre, était sous les ordres de l'amiral Cosnier, commandant le 4e secteur, vient, sur sa demande, d'être mobilisée, et part demain pour aller prendre un service d'avant-poste sous les ordres du général d'Exéa.

*
* *

Au début de la guerre, les peintres de Barbizon avaient organisé une loterie artistique au profit des blessés.

Cette petite loterie vient de se fondre dans une grande loterie nationale. Parmi les œuvres les plus remarquables, on cite une magnifique toile de Corot, *Saint-Sébastien assisté par les saintes femmes*, tableau qui marqua à l'Exposition universelle de 1867.

*
* *

En attendant qu'on ait taxé la viande de rat, les commerçants qui ont eu l'idée de la mettre au rang des comestibles font des affaires d'or.

A Belleville on a entendu le dialogue suivant :

— Combien votre rat, monsieur ? demandait une dame au négociant.

— C'est vingt sous, madame.

— Vingt sous!... vous n'y songez pas! mais c'est horriblement cher.

— Ah! madame! c'est qu'il y a rat et rat ; si vous voulez du rat de maison, du rat de décombres, vous en aurez pour cinq sous, et peut-être moins; mais moi, je ne vends que du rat d'égout; c'est bien plus gras, parce que c'est mieux nourri ; ainsi celui que vous voyez là, je l'ai pris dans un tas d'ordures !

Jeudi, 17 Novembre 1870.

Soixantième journée de siége

Quatre braves compagnons se sont aventurés cette nuit du côté de Saint-Cloud; ils ont traversé la Seine en aval du pont et ne rencontrant pas d'obstacles, ils ont poussé jusqu'au château qui leur paraissait abandonné. Soupçonnant quelques piéges, ils y pénétrèrent avec précaution et purent s'assurer qu'il ne renfermait pour le moment aucun Prussien. Sachant alors ce qu'ils voulaient savoir, ils prirent une carte de visite, sur laquelle ils écrivirent ceci :

A S. M. le roi Guillaume

G. de Laleu, capitaine;

Biadelli,

De Cuvillon,

De la Vingtrie.

Le 17 novembre, 4 heures 2 minutes du matin, puis, arrachant une pointe à un treillage, ils clouèrent cette impertinente inscription avec le pommeau d'un revolver, au beau milieu de la porte, à l'extérieur, et reprirent le chemin de Paris.

*
**

La journée est très-calme, le canon ne se fait entendre d'aucun côté: il se repose pour recommencer sans doute ce soir de plus belle.

*
**

Les convalescents sont, en général, assez bavards, et depuis qu'on sait au Val-de-Grâce, que j'écris un journal, c'est à qui me racontera quelque chose de drôle.

Dans l'impossibilité de tout reproduire, je prends au hasard parmi ce qui m'a semblé rentrer plus particulièrement dans mon sujet.

Dialogue de rempart.

LE FACTIONNAIRE. — Halte-là! Qui vive!

L'OFFICIER DE RONDE. — Ronde d'officier.

LE FACTIONNAIRE. — Avance au ralliement.

L'OFFICIER DE RONDE, *avec impatience*. — Eh bien!
et le fallot?

LE FACTIONNAIRE, *même ton*. — Le fallot aussi, parbleu! Tout, quoi!...

*
* *

Le citoyen Flor O'Squarr, qui fait partie du bataillon des *Amis de la France*, demande un laisser-passer.

— En quelle qualité? interroge le scribe.

— En qualité d'éclaireur...

— Très-bien, fait l'employé.

Depuis ce jour-là, Flor O'Squarr montre à tous les
passants son laisser-passer ainsi conçu.

LAISSEZ PASSER M. FLOR O'SQUARR
Eclairage de la Ville de Paris.

*
* *

Une lettre adressée aux journaux, déclare que le
projet consistant à conduire hors des lignes ennemies
des bateaux sous-marins traînés par des goujons ne
saurait être sérieux.

La raison qu'on met en avant est pleine de sagesse,
car elle prévoit les attaques, de la part des gros poissons, auxquelles cet attelage de fretin serait nécessairement exposé.

*
* *

Deux épiciers causent politique.

— Vous savez, dit l'un, après avoir pris Orléans,
l'armée de la Loire s'est emparée d'Etampes, demain
elle occupera Juvisy...

— Eh mais! eh mais! fait l'autre, si les Prussiens
ne l'arrêtent pas, elle va s'emparer de Paris!

Vendredi, 18 Novembre 1870.

Soixante et unième journée de siége

Cette nuit, on a entendu une canonnade assez vive engagée dans la direction de Saint-Cloud. Kergonnou, qui est venu dans la matinée prendre de mes nouvelles, me raconte ce qui s'est passé.

Vers trois heures du matin, nos avant-postes furent étonnés d'entendre tout à coup une canonnade assez vive engagée du côté de Ville-d'Avray. Une lueur d'incendie se fit même remarquer dans les bois, vers l'extrémité la plus rapprochée de Versailles.

Grand émoi ; aussitôt estafettes de courir pour savoir ce qu'il y avait à faire. Fallait-il, en effet, croire qu'un corps français attaquait l'ennemi à revers ? Rien ne pouvait faire croire sérieusement à l'arrivée à cet endroit même d'un corps d'avant-garde d'aucune armée de secours ; il fut décidé qu'il valait mieux ne pas bouger.

Les Prussiens en ont été pour leur ruse et leur poudre brûlée.

A midi, quinze cavaliers du 1er escadron d'éclaireurs, un capitaine de la mobile départementale, le lieutenant Bourges, sous le commandement de M. de Versinville, et quelques francs-tireurs, sous le commandement de M. de Poulizac, sont allés faire une reconnaissance dans Drancy. Les francs-tireurs restèrent dans le parc, mais les éclaireurs à cheval poussèrent jusqu'à la ligne du chemin de fer. Ils franchirent une barrière, et ils arrivèrent à un retranchement occupé par l'ennemi. Le commandant de Versinville, accompagné d'un seul cavalier, se trouva un moment séparé de sa troupe et entouré par les Prussiens. Mais il eut contre l'ennemi une contenance si ferme, si énergique, que les Prussiens n'osèrent pas l'aborder, et le commandant put rejoindre son détachement.

Au plus fort de l'action, l'éclaireur Durigeau vit le capitaine de mobiles fort en danger ; son cheval avait la jambe prise entre la barrière et un buisson, et les balles tombaient dru autour de lui ; il arrive au galop, prend le cheval à la bride, le dégage et l'entraîne malgré la résistance du brave capitaine de mobiles, qui voulait retourner à la tranchée occupée par l'ennemi.

Les combats d'avant-postes ont continué comme à l'ordinaire à l'entrée de Choisy. Un des vaillants éclaireurs du 9e secteur a été traversé d'une balle qui lui a traversé les deux cuisses ; c'est un jeune peintre italien, nommé Louis Carini. Il a été transporté à l'ambulance de la rue Vandrezame.

Un chasseur de Neuilly, blessé mortellement, a été relevé par deux autres éclaireurs, Chevalier et Massé, sous le feu de l'ennemi.

Dans la soirée, les mobiles de la Vendée sont venus remplacer ceux de l'Ain et de l'Auvergne à la redoute des Hautes-Bruyères.

Le général Ducrot a parcouru toute la ligne pour se rendre compte du bon état des troupes ; il a paru très-satisfait et a laissé aux Vendéens le soin de garder ce poste périlleux.

*
* *

Pendant mon séjour à l'hôpital, j'ai eu l'occasion de faire connaissance avec le fils de M. Amédée de Bast : ce jeune homme, qui fait partie du 14me bataillon de la garde mobile, a été blessé grièvement au combat du Bourget. Je viens de lui faire mes adieux devant aller demain matin reprendre mon service, par ordre du chirurgien.

L'ennemi toujours régulièrement informé de nos faits et gestes, connaissait plusieurs heures à l'avance le départ de nos ballons et leur envoyait depuis quelque temps des fusées incendiaires qui exposaient les aéronautes aux plus graves dangers. Le général Trochu a décidé qu'à l'avenir les départs auraient lieu de nuit : ce soir donc a commencé le gonflement du ballon, le *Général-Uhrich*.

Grâce aux pigeons que nous aimerions tant manger aux petits pois, voilà près d'un millier de dépêches reçues en trois jours par les Parisiens.

Elles donnent des nouvelles de plus de dix mille personnes.

Rien hélas ! de ma chère grand'mère.

Dans la soirée, pendant que j'étais entrain de me faire raser, une jeune fille se présente chez le coiffeur; elle est belle, mais belle à désespérer Mme de Noé.

— Que souhaitez-vous, mon enfant, lui demande le Lespès en chef.

— Mettez à prix ma chevelure, répond la blonde fillette.

— Quoi ! mes ciseaux scalperaient ces flots d'or?

— Vous le pouvez, monsieur, j'en ai fait le sacrifice je veux que le prix que vous m'en donnerez aide à fondre un canon pour la défense nationale !

Samedi, 19 Novembre 1870.

Soixante-deuxième journée de siége

Le fort d'Ivry a canonné les positions prussiennes de l'Hay, de minuit à une heure'du matin. L'artillerie ennemie a répondu sans succès.

Cette nuit, la plupart des gens croyaient que Paris

s'était lui-même patriotiquement incendié, car de six heures et demie à huit heures un quart, le ciel était tout en flamme. En réalité c'était seulement une aurore boréale intense qui nous visitait.

En sortant ce matin de l'hôpital du Val-de-Grâce, j'étais allé me mettre à la disposition de mon chef de bataillon. Il paraît que je ne paye pas de mine, car il m'a conseillé de prendre encore quelques jours de repos. Taillons donc mon crayon et glanons de droite et de gauche.

Le général Trochu a fait avertir la Commission des barricades d'avoir à se tenir en permanence. On croyait aujourd'hui à une vive attaque de l'ennemi.

La 2e compagnie des chasseurs de Neuilly vient d'avoir un engagement avec les Prussiens à l'extrême barricade de Vitry-sur-Seine. Les troupes ennemies en présence se composaient de soldats bavarois.

Les nôtres se sont élancés courageusement cinquante contre deux cents.

Le sergent Giraud, a tué deux Prussiens dans une charge à la baïonnette, et, de son côté, le lieutenant Paulain s'est bravement avancé jusqu'au-devant de la barricade prussienne pour relever un soldat blessé.

Je reviens du bois de Boulogne, et j'ai visité la porte d'Auteuil. Elle sert depuis quelques jours aux compagnies de francs-tireurs des régiments de ligne, qui y font l'exercice de tirailleurs.

Malgré le froid et le mauvais temps, les mobiles conservent leurs bonne gaieté. J'en ai vu qui jouaient à des jeux de collégiens, barres, ballon, etc., tandis que d'autres s'occupaient des soins plus sérieux de *la popotte* et se disposaient à faire, de trois magnifiques... chats, une gibelotte dont on se réjouissait par anticipation.

Les trois peaux de ces animaux ont été empaillées et suspendues en haut d'une tente, sur laquelle on peut lire :

Spécialité de lapins de gouttières
PRIX MODÉRÉS.

*
* *

Toujours par l'entremise de nos braves pigeons, une personne a reçu de son neveu, en ce moment en province, une dépêche ainsi conçue : *Je suis à l'armée du Midi.*

Nous avons donc en ce moment : l'armée de la Loire, l'armée de Lyon, l'armée du Midi, l'armée du Nord, l'armée de Bretagne, l'armée de Normandie. Avis aux Prussiens.

*
* *

Ce soir, au théâtre de la Porte-Saint-Martin :

Représentation extraordinaire donnée par le 92ᵉ bataillon de la garde nationale, pour la fonte des canons et la caisse de secours du bataillon.

Avec le concours de Mˡˡᵉ Hisson, MM. Caron, Villaret, de l'Opéra. M. Chéry, du Théâtre-Français. M. Berton, Mˡˡᵉ Périga, de l'Odéon. Mˡˡᵉ Marie Cico, M. Leroy, de l'Opéra-Comique. MM. Delannoy, Parade, Saint-Germain, Fauvre. Mᵐᵉˢ Davril, Grivot, Nordmann, du Vaudeville. Mᵐᵉˢ Marie Laurent, Rousseil. M. Bucquet (Porte-Saint-Martin). M. Fleury (Châtelet). M. Grivot (Gaîté). Le siffleur masqué. M. Eugène Dupuis, M. A. Legrand, de l'Athénée.

La fanfare du Corps-Franc de la compagnie du chemin de fer de l'Est, sous la direction de M. Hérigny.

*
* *

On parle depuis quelques jours d'une grande sortie à laquelle se préparent nos généraux.

Un orateur de club (qui pratique ce précepte trop

répandu : « La propreté n'est pas une vertu républicaine ; à preuve Marat : il n'a pris qu'un bain, et il
en a aussitôt été puni ! ») hurle et gesticule.

— Et nous sortirions !! !...

— Non ! non ! non ! de toutes parts.

— Et nous serions les soldats de ce vil pouvoir dont
le mot d'ordre est : les femmes aux boucheries et les
hommes à la boucherie !

Dimanche, 20 Novembre 1870.

Soixante-troisième journée de siége

Pendant la nuit, une trentaine de coups de fusil
tirés sur nos sentinelles avancées du moulin de Cachan
firent prendre les armes. Les officiers, soupçonnant
un piége, recommandèrent à leurs hommes le plus
grand silence ; aucune cartouche ne fut brûlée, et la
nuit fut relativement calme.

A sept heures, à la relevée des sentinelles, quelques
coups de fusil furent échangés...

A dix heures, le brouillard sembla s'éclaircir ; les
hommes de garde aperçurent distinctement une nouvelle barricade faite par les Prussiens dans la nuit, à
trois cents mètres en avant de celle qu'ils avaient
hier.

*
* *

Ce matin le Mont-Valérien ne s'est pas fait entendre
comme à l'ordinaire, les batteries du Point-du-Jour
sont également restées muettes.

Du reste, hors de Paris, le brouillard était tellement
intense, qu'il était impossible de voir quoi que ce soit
à la plus petite portée et, à Billancourt, on ne distinguait rien d'une rive de la Seine à l'autre.

Le général Vinoy est allé visiter, à trois heures de l'après-midi, les travaux qui se font en avant du Moulin-Saquet, dans la direction de Choisy.

Sur ce dernier point, les Allemands ont triplé leurs postes.

*
* *

A la chute du jour, les spahis et les chasseurs d'Afrique ont fait une reconnaissance en avant de Vincennes, mesure de précaution dictée par l'épais brouillard qui nous enveloppe depuis ce matin.

*
* *

Jusqu'à présent j'ai peu parlé des ambulances privées : il s'en trouve dans tous les quartiers de Paris et elles sont dues presque toutes à l'initiative de nos Parisiennes.

C'est uniquement de peur d'oublier quelqu'un que j'ai pris le parti de ne plus parler de personne.

Je ne parlerai pas davantage à l'avenir des souscriptions pour la fonte des canons, elles se multiplient tellement qu'un volume ne suffirait pas pour en contenir la nomenclature, je crois cependant devoir consigner ici le dévouement de l'honorable citoyen qui le premier dans le 7e arrondissement provoqua les dites souscriptions ; M. Massart, libraire et lieutenant dans la garde nationale.

*
* *

Un officier de marine de ma connaissance, esprit sérieux et méthodique, s'il en fut, disait aujourd'hui en parlant de la rupture de l'armistice :

— Si M. Jules Favre a écrit : « Pas un *pouce* de notre « territoire, » cette héroïque, mais imprudente formule n'a aucune valeur légale.

— En effet, le *pouce* est une mesure abrogée ; la France ne reconnaît que le système métrique.

Aujourd'hui, salle Hertz, matinée musicale et littéraire donnée au bénéfice de l'ambulance de la rue Albouy, à une heure et demie.

ARTISTES :

Mlle Agar, de la Comédie-Française.

MM. Arnaud, Lebrun et Norblin, de l'Opéra.

MM. Aurèle et Aubéry, du Théâtre-Lyrique.

M. Bregy, de Athénée.

M. Laffitte, organiste.

Mlle Stella Bonheur.

*
* *

Au Théâtre-Français matinée littéraire et dramatique au bénéfice de l'œuvre de l'ambulance des Sœurs de France. Voici le programme :

3e et 4e actes des *Femmes savantes ;* 2e acte de *Tartuffe ; les Précieuses ridicules ; Intermèdes.*

On commencera par une conférence de M. Desmarest sur l'œuvre des Sœurs de France (infirmerie civile).

———————

Lundi, 21 Novembre 1870.

Soixante-quatrième journée de siége

Le feu a été très-vif pendant une partie de la nuit contre les positions du Bourget.

*
* *

A huit heures du matin, des Prussiens, vêtus de blouses et de pantalons de toile dissimulant leurs armes, et favorisés par la foule des maraudeurs qui couvraient la plaine, se sont glissés le long de la berge du canal de l'Ourcq, ont tiré presque à bout portant sur une sentinelle avancée du 1er régiment d'éclaireurs, à nos premiers retranchements.

11

Pendant une partie de la journée, une vive fusillade a eu lieu sur le front de nos lignes du sud ; mais le canon ne s'est pas fait entendre.

* *

Le bataillon de Saint-Malo, caserné aux Tuileries depuis la journée du 31 octobre, est parti pour Tilmont, près de Montreuil, où il campe sous la tente et où il remplace deux bataillons du Tarn.

On sait que c'est à l'obligeance de M. Persin, capitaine du palais, que ces braves Bretons avaient dû d'assister à la messe dans la chapelle des Tuileries. Aussi, avant son départ, le corps d'officiers, commandé par M. Lessard, a-t-il offert à M. Persin un déjeuner d'adieu dans lequel figurait comme pièce de résistance, une oie magnifique achetée... 65 francs ! et dont la facture, soigneusement conservée, deviendra dans l'histoire de Bretagne une page légendaire du siége de Paris.

Ajoutons pour terminer, car ceci est encore de l'histoire, que sur soixante-quinze bataillons accourus à la défense de Paris, la Bretagne en a fourni vingt-cinq.

Ah ! si toute la France avait marché comme cela !

* *

Le gouverneur a l'intention de mettre à l'ordre du jour les noms des défenseurs de Paris appartenant à la garde nationale, à l'armée de terre et de mer, à la garde mobile et aux corps francs, qui auront bien mérité du pays depuis le commencement du siége. Plusieurs ont payé de leur vie les services qu'ils ont rendus; tous ont fait plus que leur devoir. Les témoignages de la gratitude publique seront la haute récompense de leur sacrifice et de leurs efforts.

Cet ordre, inséré au *Journal Officiel* et au *Journal Militaire*, tiendra lieu de notification aux divers corps, pour l'inscription des présentes citations sur les états de service des ayant droit [1].

* *

Malgré cet acte de justice, que de dévouements passeront inaperçus ! deux exemples entre mille.

C'est un aumônier, le brassard de Genève au bras, tous les mobiles le saluent.

— Bonjour monsieur l'aumônier.

— Dieu vous bénisse mes enfants !

— N'avancez pas tant M. l'abbé, vous allez vous exposer, les balles pleuvent par ici.

— Egoïstes, si on vous écoutait, il n'y en aurait que pour vous...

C'est une vivandière, la vivandière libre, la vivandière qui porte la goutte au terrassier et au tirailleur.

— Brave femme, vous vous exposez bien ; voilà encore une balle qui vient de siffler au-dessus de votre tête.

— Il faut bien que ces garçons-là boivent la goutte.

Les noms de ces deux héros ne figureront pas dans l'*Officiel*.

Le sergent Hoff continue à faire parler de lui : aujourd'hui encore, il a surpris, avec sa vaillante troupe, qu'il conduirait en enfer, s'il le voulait, un poste prussien, qui a cependant eu le temps de s'armer pour répondre à l'attaque des nôtres ; mais le sergent Hoff avait si bien embusqué ses volontaires qu'ils ont tué huit Prussiens, et ont réussi à se replier sans

---

[1] *Note de l'Éditeur :* La liste générale des noms mis à l'ordre du jour formera un supplément aux *Tablettes d'un mobile* et sera publiée ultérieurement sous le titre de : *Le Livre d'honneur du siége de Paris;* aux Bureaux de la *Bibliothèque générale*, 1, rue Méhul, à Paris.

éprouver aucune perte ; un seul soldat français a reçu une légère blessure.

*
* *

Les vivres sont des armes.

Voilà sur l'alimentation de Paris des données précises et précieuses, qui me sont communiquées par un membre du comité d'hygiène publique de France.

Le 15 novembre, le Gouvernement de la défense nationale disposait des ressources alimentaires suivantes, calculées sur un rationnement journalier de 100 grammes, viande ou équivalent alimentaire, pour deux millions de consommateurs :

Viande fraîche (bœuf et vaches).   . 23 à 28 jours.

Viande fraîche à provenir de 30 à 35,000 chevaux que le Gouvernement peut prélever par voie de réquisition, et sans trouble pour les services publics sur les 75,000 chevaux existant à Paris. . . . . 40 à 45 jours.

Viande salée . . . . 20 jours.

Morue, poissons secs. . . . . 10 à 12 jours.

En outre, le Gouvernement a des farines pour pourvoir à une consommation de six mois au moins.

En résumé, l'alimentation de Paris se trouve assurée encore pour quelque temps. On y a mangé de l'âne, du mulet, voire même des chats et des rats, parce qu'on a voulu en goûter et nullement par nécessité.

Mardi, 22 Novembre 1870.

Soixante-cinquième journée de siége

Les forts d'Issy et du Mont-Valérien, et les canonnières de la Seine se sont amplement dédommagés

la nuit dernière et ce matin même de leur silence de
la journée d'hier, et ont couvert de feux toutes les
hauteurs avoisinantes où les Prussiens continuent les
travaux d'établissement de leurs batteries.

*
* *

Les divers ouvrages que nous avons élevés dans la
vallée de la Bièvre inquiètent beaucoup les Prussiens.
Ils sont venus cette nuit en forces imposantes pour
enlever ces positions. Mais nous y avions des troupes
pour les recevoir. Le 37e, le 64e et le 100e régiments
de ligne, appuyés par deux bataillons de mobiles
auxquels étaient jointes quelques mitrailleuses, les ont
reçus vaillamment.

Pendant deux heures environ, la fusillade et le
bruit strident des mitrailleuses se sont fait entendre.
De temps en temps, le canon des forts de Montrouge
et de Vanves venait se mêler à eux et formait un terrible concert.

*
* *

Un nouvel élément va entrer en ligne : deux bataillons de garde nationale mobilisée partiront très-prochainement pour prendre les positions avancées; ils
sont commandés par les chefs de bataillon Queveau-
villiers et de Brancion.

D'autres vont suivre et seront employés également
aux postes avancés.

*
* *

Deux pigeons voyageurs, appartenant sans doute à
l'administration des postes, ont été vus ce matin, à
neuf heures, au-dessus de Montrouge, où une foule
nombreuse suivait avec curiosité leur vol. Ils allaient
de conserve, côte à côte et très-haut. Après avoir
plané quelques instants sur un point de l'espace cor-
respondant à la place de la Mairie, ils ont poursuivi
leur route et ont paru s'abattre sur l'Observatoire.

Puissent-ils m'apporter enfin des nouvelles de Plouaret?

* *

Les Prussiens se servent depuis quelques jours de fusils de rempart dont la portée est de 1,100 à 1,200 mètres.

J'ai fait ce soir même une visite à mes amis du Val-de-Grâce, où le 71ᵉ de marche venait d'envoyer un nouveau blessé, le lieutenant Laville. Le Val-de-Grâce est devenu mon pourvoyeur de nouvelles. J'en étais, ce soir, d'autant plus friand que la récolte de la journée avait été mauvaise. J'ai donc considéré comme une bonne fortune les deux récits suivants, que je dois à la complaisance inépuisable d'un sous-officier du 29ᵉ de ligne qui, fort heureusement, n'a pas été blessé à la langue.

Premier récit. — « Je revenais des avant-postes à une heure assez avancée de la nuit, quand je rencontrai, sur la route de Vanves, un individu ayant un fusil sur l'épaule ; il venait de Paris et marchait à grands pas.

» — Où allez-vous à cette heure ? lui dis-je.

» — Je vais me battre avec les Prussiens à Clamart.

» — Mais vous êtes donc fou, seul, que pouvez-vous faire ?

» — Venger mon fils tué à Sedan, répondit-il, et une larme coula de ses yeux où brillait l'éclair du désespoir.

» Profondément ému, je n'ajoutai plus un seul mot mais je serrai la main du brave homme.

» Quelques instants après, le malheureux vieillard franchissait les avant-postes au-delà d'Issy et prenait le chemin de Clamart.

» Que fit-il après avoir pénétré dans le village occupé

par l'ennemi depuis la veille? Des prodiges! Embusqué, tantôt dans les maisons, tantôt dans les jardins, pendant toute la journée, il fit aux Prussiens une guerre terrible. — Six de nos ennemis tombèrent successivement frappés par ses balles.

» Traqué par l'ennemi, que tant d'audace avait irrité, épuisé de fatigues, notre héros se découvrit enfin et présenta héroïquement la poitrine en brûlant la dernière cartouche. — Presque aussitôt, un coup de feu retentit, et il tombait mortellement frappé.

» Mais il avait vengé son fils! »

J'ai su depuis le nom de cet homme, il s'appelait Brant.

Deuxième récit. — « Nous avions été envoyés en reconnaissance du côté de Vitry; il s'agissait d'aller reprendre des outils laissés la nuit précédente par des terrassiers, dont on jugeait à propos d'interrompre le travail. Un garde national, dont je n'ai jamais pu savoir le nom, propose de nous servir de guide. « Je peux d'autant mieux conduire vos hommes (avait-il dit à notre commandant), que je possède, ou plutôt que je possédais, tout à côté des terrassements où ils ont affaire, un vide-bouteille qui, très-probablement, n'existe plus. » Son offre fut acceptée et il prit la tête de la colonne. Une demi-heure plus tard nous arrivions sans encombre sur le terrain désigné. Pendant qu'une partie de nos hommes s'occupaient à charger sur un fourgon les pelles et les pioches, notre guide, suivi d'une dixaine de volontaires, s'avançait un peu plus loin dans la campagne; tout à coup il s'arrête, et désignant, au bord du chemin, un amas de plâtras:
— Voilà, dit-il, en poussant un gros soupir, ce qui reste de ma propriété... Si encore les gredins avaient respecté ma cave!... Tout en maugréant contre les

Vandales du Nord, il écartait, avec la lame de son sabre, les débris de la pauvre maisonnette. — Victoire! s'écria-t-il tout à coup, les pourceaux n'ont pas eu le nez assez fin pour éventer mes truffes... Voyez plutôt. Il venait de mettre à découvert une centaine de bouteilles à cachet rouge, enfouies sous un épais lit de paille et restées intactes. Chaque homme prit, sous son bras, une des jolies filles de Bordeaux, le reste fut soigneusement déposé dans une brouette, et on s'empressa de rejoindre le gros du détachement. Jugez si les éclaireurs et leurs aimables compagnes furent bien accueillis; mais il était grand temps de regagner les avant-postes, car l'ennemi commençait à se déployer dans la plaine, avec l'intention évidente de nous couper.

» Grâce à une fusillade bien nourrie, nous ne fûmes pas débordés; mais un des combattants manqua, le soir, à l'appel : le propriétaire du vide-bouteille, frappé en pleine poitrine. Nous bûmes son vin à sa mémoire, en jurant de le venger. »

Mercredi, 23 Novembre 1870.

Soixante-sixième journée de siége

Grâce aux remparts, les Parisiens entourés d'ennemis dorment tranquillement dans leurs lits; jadis, on appelait cela les fortifications... des pelouses interminables et absolument désertes, un vaste cordon de solitude, par ci, par là des vagabonds étendus sur l'herbe ou des ivrognes cuvant leur vin, quelques gamins faisant l'école buissonnière, de loin en loin une caserne et des pioupious jouant au bouchon : on passait en se disant, les fortifications!! quelle drôle d'idée a eu là M. Thiers!!

*
* *

Aujourd'hui, grande disette de nouvelles, et j'en suis réduit à copier le rapport militaire qui vient de paraître dans le *Journal Officiel* :

« 23 novembre, soir.

» Rien d'important à signaler. Le feu des forts a continué contre les travaux de l'ennemi, principalement à l'ouest et vers les positions de Meudon et de Châtillon.

» Une reconnaissance a été tentée par l'ennemi, hier à 11 heures 1/2 du soir, dans la presqu'île de Gennevilliers. Une barque montée par plusieurs hommes a cherché à passer la Seine du côté du Port-aux-Anglais.

» Cette reconnaissance n'a pu s'effectuer grâce à la surveillance des postes avancés qui ont tiré à bout portant sur cette barque, dans laquelle plusieurs hommes ont été tués ou blessés.

» Le corps franc des carabiniers parisiens n'a cessé de se faire remarquer par ses bons services et sa discipline. La 2e compagnie, capitaine Baquey, est établie à Courbevoie, sous les ordres du général de Bellemare.

» Quelques-uns des hommes de cette compagnie, étant descendus dans la cave de la maison qu'ils occupent, trouvèrent dans un tiroir ouvert une somme de 3,600 fr. en or. Ils la remirent immédiatement à leur commandant, et elle est actuellement à la Caisse des dépôts et consignations. »

*
* *

Mon journal étant exclusivement destiné à la province, ne doit nécessairement contenir que les faits qui, pendant la durée du siége ne seront pas parvenus à sa connaissance; je ne parlerai donc aujourd'hui des nouveaux succès attribués à l'armée de la Loire que pour constater l'effet qu'ont produit ces bonnes nouvelles sur la population parisienne.

Hier encore, la question des subsistances était la préoccupation générale; aujourd'hui, on semble avoir oublié que dans quelques jours la disette se fera sentir, l'espérance est venue effacer les points noirs de l'horizon et tous les regards sont tournés du côté d'Orléans, cherchant à découvrir la victoire qui nous revient, dit-on à tire d'ailes.

*
* *

Les soldats de Guillaume ont avec eux une véritable armée de magnifiques danois qu'ils lancent sur nos avant-gardes dès que la nuit commence à tomber.

Les chiens s'approchent des Français, les flairent et se retirent en aboyant.

Les Prussiens sont dès lors avertis et ne s'avancent qu'avec un redoublement de précautions.

Pendant que les mobiles étaient à Joinville, ils ont tiré près de cinq cents coups de fusil sur ces damnés molosses, et n'ont pu encore en atteindre un seul.

Ils sont pour ainsi dire invulnérables.

*
* *

Le Mont-Valérien possède maintenant la plus formidable pièce d'artillerie que nous ayons en France. C'est la *Marie-Jeanne*, cette pièce qui peut lancer à huit kilomètres des boulets du poids de 200 kilog. Aujourd'hui, j'ai entendu parler *Marie-Jeanne*; *Joséphine* a une voie de crécelle en comparaison de la sienne.

M. Dorian, ministre, et M. Garnier-Pagès ont visité en détail les ateliers de transformation d'armes de Mignon et Rouart, rue Oberkampf, et de l'Américain Godwin, quai Jemmapes.

MM. Gevelot, Ferdinand Claudin et Marçais, membres de la Commission d'armement, accompagnaient le ministre des travaux publics.

La plus grande activité règne dans tous ces ateliers qui occupent des centaines d'ouvriers.

*
* *

J'ai rencontré, sous les arcades de la rue de Rivoli, un petit chanteur qui désirait piper quelques auditeurs.

Personne ne s'arrêtait.

— Messieurs, crie tout à coup le chanteur désespéré, messieurs, c'est une souscription nationale pour offrir un canon... à moi.

Jeudi, 24 Novembre 1870.

Soixante-septième journée de siége

Demain, je reprends définitivement mon service. Hier, dans la soirée, j'ai vu mon commandant et il m'a autorisé à rentrer dans les rangs ; ce matin, voulant profiter de mon dernier jour de liberté, j'ai commencé une grande tournée qui me permet de consigner, pour ainsi dire heure par heure, les événements qui se sont succédé aujourd'hui, du matin au soir.

La canonnade a été vive sur la ligne du sud-ouest.

Les forts de Vanves, d'Issy, les batteries d'Auteuil et le Mont-Valérien ne cessent pas de tirer : d'un côté, sur les travaux des Prussiens à Bagneux et Châtillon ; de l'autre, sur Saint-Cloud, ou plutôt sur les hauteurs de Brimborion et de Montretout.

Dans la journée, les redoutes de Villejuif, les forts

de Bicêtre et de Montrouge ont canonné, de deux heures à quatre heures, une colonne de troupes allemandes qui se dirigeait au sud de ces forts, en passant par l'Hay et Thiais, vers Choisy-le-Roi. On a entendu, de ce côté, le bruit strident des mitrailleuses ce qui m'autorise à penser que l'affaire a été meurtrière pour l'ennemi.

Une vive fusillade éclatait au même instant sur la rive gauche de la Seine, sur les hauteurs situées entre Issy et Meudon. Nos tirailleurs, plus nombreux que de coutume, étaient aux prises avec les postes avancés des Bavarois, qui occupent toutes ces positions, depuis Meudon jusqu'à Bagneux et Fontenay-aux-Roses.

A cinq heures, au moment où je rentrais dans Paris, les derniers obus partaient du fort de Vanves, après une des journées les mieux occupées que le fort et son voisin d'Issy aient enregistrées depuis longtemps.

En rentrant au Val-de-Grâce où je couche cette nuit pour la dernière fois, on me communique le rapport suivant :

« Aujourd'hui, la garde nationale a reçu le baptême du feu. Le premier choc a été héroïque.

» Le 72e bataillon de guerre, composé de citoyens de Passy, vient, accompagné du 4e bataillon des éclaireurs de la Seine, de s'emparer de Bondy. La position a été abordée avec une rapidité si foudroyante, que la retraite de l'ennemi a été immédiate. Les barricades qui fermaient l'entrée du village une fois franchies par les nôtres, une lutte courte et vive s'est engagée dans les rues.

» A cet endroit, le canal de l'Ourcq et la route nationale de Metz marchent presque parallèlement pour s'enfoncer ensuite dans la forêt. C'est entre ces deux voies bordées d'arbres que l'ennemi a été traqué et poursuivi la baïonnette aux reins jusqu'à son refuge habituel, jusqu'aux taillis et aux fourrés où il aime si bravement à s'abriter.

» De Bondy à l'entrée de la forèt, gisaient de nombreux cadavres de fuyards et l'ennemi a dû immédiatement arborer le drapeau des ambulances.

» Bonne journée ! C'est un présage des grands événements qui se préparent !

» Honneur à cette petite mais vaillante avant-garde, qui vient de teindre de son sang les barricades de Bondy. Honneur au 72e de guerre, au 4e des éclaireurs ! »

* *

M. Ch. Masquillier, aimable Parisien ami de mon père, est propriétaire d'une maison sise aux environs de Paris. Il apprend hier que les Prussiens ont cessé d'occuper la commune où elle est située. Bien vite il se met en marche pour revoir sa villa, se demandant quels dégâts nos ennemis ou nos... amis ont bien pu y commettre.

Il arrive enfin devant sa maison ; rien n'est changé à l'extérieur, et à l'intérieur, c'est à peine s'il semble qu'on l'ait habitée ; reste le jardin à explorer ; c'est là qu'une bien singulière surprise l'attendait.

Au bout d'une petite allée, à la place d'une touffe de lilas, était paisiblement installée sur son affût une énorme pièce de canon. Revenu de son étonnement, le propriétaire, évaluant les dégâts commis chez lui et le prix qu'il pouvait tirer du redoutable hôte qu'il avait là, dut constater qu'il ne faisait pas une mauvaise affaire.

Il supputait, fixé dans une muette admiration, son petit bénéfice, lorsqu'un paysan, qui avait suivi ses mouvements, lui dit : — Ah ! monsieur regarde la

pièce de canon !... s'il veut la voir de plus près, je
vas la lui apporter. Et sans plus de façon, le campagnard la prit sous son bras, à l'ébahissement de
M. Masquillier.

Le canon était en carton, et l'un de ceux que les
Prussiens établissent sur des redoutes pour tromper
nos pointeurs sur leurs véritables positions.

On m'a montré un billet d'invitation ainsi rédigé :
« M. et Mme B... resteront chez eux le lundi soir,
21 novembre.

» ON MANGERA DU LARD.

» R. S. V. P. »

Il va sans dire que le soir l'appartement était trop
petit pour le nombre des visiteurs.

Vendredi, 25 Novembre 1870.

Soixante-huitième journée de siége

Comme Napoléon, la veille de la bataille d'Auster-
litz, j'ai dormi paisiblement toute la nuit, non pas
sur une chaise, mais sur mon lit de camp du fort
d'Issy. Je savais qu'à la première heure, nous devions
prendre les armes et cet avertissement, qui nous avait
été donné hier soir, ne m'a pas procuré le moindre
cauchemar : j'ai rêvé Prussien, je l'avoue, mais ces
Prussiens étaient des Prussiennes et d'aimables vivan-
dières qui m'offraient si gracieusement leur riquiqui
qu'elles ne me faisaient nullement peur. A la pointe
du jour nous étions sous les armes, attendant l'ordre
de nous mettre en marche.

Depuis quelques jours, les Bavarois avaient étendu

de beaucoup leurs lignes de sentinelles. La route de Montrouge étant trop fortement gardée par les Hautes-Bruyères, ils avaient appuyé du côté opposé, dépassant Clamart et se rapprochant insensiblement des forts d'Issy et de Vanves.

Ce mouvement ne pouvant avoir pour nous aucune conséquence fâcheuse, on ne s'en était que médiocrement occupé ; mais, hier, les Bavarois commencèrent un feu très-vif sur nos travailleurs : plusieurs furent blessés. Il devenait urgent de donner une leçon à l'ennemi et de repousser ses grand'gardes jusqu'aux bois.

Partis du fort d'Issy, à 7 heures, nous commencions le feu à 9 heures 1/2. Nous y allions ma foi de tout cœur, mais l'ennemi jugeant à propos de ne pas se montrer en masse, l'affaire, à notre grand regret, ne passa pas les limites d'un combat de tirailleurs. Nous avons parcouru la plus grande partie de la forêt qui domine le village de Clamart, et engagé une vive fusillade avec les postes ennemis, habilement dissimulés derrière une ligne de barricades formée par des arbres abattus ; mais, nous avons fait, je crois, beaucoup de mal aux Bavarois, qui ont dû, encore une fois, trouver fort désagréable de servir de paraballes aux troupes prussiennes.

A cinq heures, nous rentrions au fort, en ramenant quelques-uns des nôtres, légèrement blessés pour la plupart.

Dans la soirée, j'ai reçu la visite de Kergonnou qui avait appris que mon bataillon devait sortir : il m'a raconté que ce matin la fusillade avait été très-vive entre les avant-postes campés au pont de Sèvres et les Prussiens établis sur les hauteurs de Brimborion.

Le lieutenant Vérolot, du 3e bataillon des mobiles de l'Aube, a été grièvement blessé au pied.

Mon cousin avait parcouru dans la journée, les différentes localités situées entre Villejuif, Vitry et le Moulin-Saquet : toutes les maisons sont abandonnées.

Les paysannes se sont faites cantinières, les petits garçons vendent des journaux aux soldats, comme les gamins de Paris. On voit de rares charrues aux champs : une femme, — la mère, la sœur — conduit les chevaux, et meurtrit aux ronces ses jambes nues ; un vieillard — le grand-père — pèse de son bras affaibli sur le soc. Le père et le fils sont au camp ou au bastion.

A la prise de Bondy, par le 72ᵉ bataillon de la garde nationale et le 4ᵉ des éclaireurs de la Seine, le commandant Massiou a reçu une blessure à la jambe. On m'a encore cité parmi les blessés : le caporal Lefranc ; les gardes Pain, Noisan et Geslain. M. le docteur Martin est allé relever les blessés sous le nez de l'ennemi. On cite d'une manière toute particulière la conduite du sous-lieutenant Richard qui a emporté un blessé sur son dos, et du caporal-clairon Maillet, qui s'est porté avec beaucoup d'élan au secours du commandant Massiou. Il convient d'ajouter à la liste de tous ces braves, les noms du caporal Bérack, des gardes Parde et Berack fils, et enfin du clairon Leloup, qui ont fait preuve d'une grande intrépidité.

*
* *

Un affamé me disait en parlant de la difficulté que les habitants de Paris éprouvent à se procurer de la viande :

— Je ne regrette qu'une chose de l'empire, c'est Le Bœuf.

Samedi, 26 Novembre 1870.

Soixante-neuvième journée de siége

Bien décidément le projet de M. de Bismarck est de nous prendre par la famine, les Prussiens ne nous attaquent jamais et c'est à peine si de temps en temps ils répondent à notre feu.

Les forts ayant jugé à propos cette nuit de faire les morts, le silence le plus complet n'a pas cessé de régner. Ce n'est pas à dire que nous nous endormions, bien au contraire et si j'en crois les sourdes rumeurs qui circulent dans Paris avant peu nous aurons du nouveau.

Ce matin le corps des *Amis de la France*, composé, on le sait, d'étrangers qui se sont associés à notre cause, est parti pour une destination inconnue. Ce corps passe sous les ordres du général d'Exéa et marchera de front avec les mobiles du Tarn.

Le général Van der Meer, malgré son âge, n'a pas voulu quitter ses légionnaires, et campera avec eux aux postes avancés.

L'exemple du 72ᵉ a électrisé nos bataillons de marche : dans la journée, le 205ᵉ partait, musique en tête, aux cris mille fois répétés de *Vive la France!*

***

Un de mes reporters qui est venu me voir dans la journée, m'a donné les renseignements suivants :

La redoute des Hautes-Bruyères est maintenant un ouvrage de défense formidable. De nombreuses tranchées la relient au village de Cachan, au fond de la vallée de la Bièvre, qui lui-même se trouve relié au fort de Montrouge.

Au commencement du siége, on aurait pu craindre

que l'ennemi ne suivît cette vallée, où il se serait trouvé abrité des feux de Montrouge et de Bicêtre, pour s'approcher de la ligne des remparts. Toute crainte de cette nature est aujourd'hui dissipée.

Les tranchées qui descendent des Hautes-Bruyères au moulin de Cachan sont garnies de nombreux défenseurs, soldats de ligne, mobiles, marins et infanterie de marine, qui observent nuit et jour avec le plus grand soin tous les mouvements de l'ennemi.

Il est toujours dangereux de dépasser les avant-postes et aujourd'hui encore on en a eu la preuve.

A Boulogne, rue de Sèvres, 59, un jeune sous-lieutenant de vingt ans, M. Briot (de Metz), a été frappé mortellement : une balle prussienne, partie du bois d'en face, l'a atteint au front; ce jeune officier appartenait au 123e de ligne.

L'endroit, du reste, est prédestiné : deux artistes, MM. Quinct et Laurence, s'étaient vu saluer, il y a quelques jours, dans leur pérégrination, par un double coup parti des arbres de Saint-Cloud : la balle a effleuré l'un d'eux.

* *

Le clocher de l'église de Chevilly, qui est au pouvoir des Prussiens, aura sa part dans l'histoire de la guerre de tirailleurs qui se fait dans la vallée de la Bièvre. Ce clocher, sert d'observatoire à l'ennemi, et de plus, de bastion, car, il l'a crénelé de manière à nous faire le plus de mal possible.

* *

Nos ennemis ne se refusent rien. Un chirurgien de mobiles qui a été deux heures leur prisonnier raconte qu'il les a vus assis dans leur tranchée sur des *fauteuils de velours d'Utrecht* dérobés aux maisons de Choisy, et les pieds sur des tabourets de salon, pour ne pas patauger dans l'eau et la boue.

Un de ces aimables messieurs avait même à la main un écran chinois avec lequel il se garantissait de l'ardeur du feu : la bûche principale du brasier était la table d'un magnifique piano d'Erard.

*
* *

Parmi les maraudeurs blessés il y a quelques jours dans la plaine Saint-Denis se trouvait une forte et jeune gaillarde de campagne qui fut portée à l'hospice Dubois avec une blessure tellement grave à la jambe que l'on pensa nécessaire de l'amputer ; comme on allait procéder à l'opération, un des assistants dit à la patiente :

— Eh bien, ma pauvre fille, voilà pourtant où vous a conduite l'appât de quelques francs.

— Ah ! monsieur, répondit-elle, quelques francs ! quelques francs ! Si l'on veut me couper l'autre jambe pour le même prix, j'y consens !

Vivement intrigué on la pressa de s'expliquer, et cette fille avoua naïvement que depuis le commencement du siége elle portait chaque jour, aux avantpostes prussiens, le *Siècle* et la *France*, pour lesquels elle recevait « *trois beaux louis* » payés au comptant, et qu'ainsi elle avait pu faire de jolies économies.

Cette jeune fille, complétement inculte et d'une intelligence bornée, ne semblait pas avoir la moindre idée de la gravité de ses actes.

———

Dimanche, 27 Novembre 1870.

Soixante-dixième journée de siége

Depuis ce matin les barrières de différentes portes de l'enceinte sont fermées à la circulation, jusqu'à nouvel ordre, et elles ne s'ouvriront que pour le passage des troupes, du matériel, des convois de voitures militaires ou civils au service de l'armée, des militaires isolés, des ingénieurs et ouvriers appelés au dehors pour des travaux militaires.

Cependant les journaux de Paris nous sont parvenus comme à l'ordinaire dans les forts, et à défaut des nouvelles concernant les opérations militaires qui se préparent, et dont il lui est absolument interdit de parler, le *Petit Moniteur* nous donne un article extrêmement intéressant et de circonstance il est signé Timothée Trimm : je prends, la liberté d'en reproduire le premier et le dernier paragraphe ; cet article est intitulé :

SEIZE DÉFENSEURS DE PARIS.

Après le silence des nuits, — à partir de l'heure où Paris a éteint son gaz et soufflé ses bougies, seize personnages veillent,

Et parfois ils parlent.

Leur voix est puissante,

Leur organe est terrible.

Quand on leur accorde la parole, on n'entend plus qu'eux dans l'immensité.

Ce sont les forts qui défendent Paris, les seize muets qui depuis 70 jours ont retrouvé la parole.

. . . .

. . . .

Lecteur, quand vous entendez durant la nuit noire, la voix sèche et stridente de nos canons, souvenez-vous que ce sont nos forts qui parlent.

Ils sont seize.

On raconte que Louis XVI, donnant dans sa prison une leçon de jeu de Siam à son fils, l'enfant ne pouvait jamais dépasser le point de 16.

Et il s'écriait :

— Le nombre seize n'est pas heureux.

— Ce n'est pas d'aujourd'hui que je le sais, répondit le roi.

Ce point de 16 n'est pas heureux pour les monarques, mais il le sera pour la République.

Les seize-défenseurs de Paris nous en donneront bientôt, je l'espère, la preuve glorieuse.

* * *

Lundi, 28 Novembre 1870.

Soixante et onzième journée de siége

Le canon ne s'est pas fait entendre cette nuit et cependant ce n'était pas le silence des nuits ordinaires : il y avait dans l'air des bruits étranges, de vagues rumeurs ; tantôt c'était un roulement sourd et prolongé, tantôt de sinistres clameurs, des retentissements métalliques et cadencés, on comprenait que dans l'obscurité qui nous entourait, il devait se passer quelque chose d'insolite.

A cinq heures du matin notre bataillon reçut l'ordre de rentrer à Paris, et d'attendre sous les armes la nouvelle destination qui nous serait probablement donnée dans la journée. De nombreux convois d'artillerie et plusieurs régiments de ligne avec lesquels nous nous croisons m'expliquent alors les bruits confus de la nuit ; un énorme mouvement de troupes avait dû s'opérer depuis la veille et évidemment on se préparait à une action sérieuse, j'ai trouvé Paris aussi calme qu'à l'ordinaire, nulle agitation, nul désordre et sans les interminables queues qui stationnent dès le point du jour à la porte des boucheries, on ne se douterait pas de la situation critique de la capitale.

C'est à la caserne de la Pépinière que nous devions manger la soupe, et pendant que les hommes de corvée s'occupaient de la popote, j'entrai dans l'église

Saint-Augustin remercier Dieu de m'avoir épargné cette fois des balles prussiennes.

S'il me fallait consigner sur mon journal tous les traits de bravoure qui se produisent chaque jour, ce ne serait pas un seul volume mais vingt volumes à dédier aux départements. Forcé de me renfermer dans les étroites limites que je me suis imposées, je ne peux donc que citer au hasard parmi les nombreux récits qui me sont communiqués. Aujourd'hui c'est le tour d'une poignée de braves, partis en éclaireurs du côté de Saint-Cloud : ils s'étaient avancés jusqu'à Montretout se promettant bien de reconnaître ce que l'ennemi fait par derrière. Tout à coup les Prussiens tirent sur le flanc droit de la petite colonne, mais elle est abritée dans sa marche par la situation du terrain. Un mur se trouve là qui va protéger sa marche en avant ; mais, entre ce mur et le point où l'on est, il faut traverser à découvert un mètre de terrain.

Un mètre de terrain, cela se franchit d'un bond.

— En avant ! crie M. de Laleu.

La petite troupe s'élance, les balles pleuvent... Hélas ! un volontaire tombe, c'est M. de la Vingtrie, la balle a pénétré un peu au-dessus de la hanche droite, a labouré l'abdomen et est ressortie à l'arrière de la cuisse gauche.

Le jeune homme, — il avait dix-huit ans, — tombe en s'écriant : « Camarades, j'ai mon compte ; laissez-moi là et pourvoyez à votre sûreté. »

Naturellement on ne l'écouta pas ; ses trois camarades, MM. de Laleu, Biadelli, de Cuvillon, se précipitèrent vers lui.

Au moment où ils allaient relever leur blessé, une seconde balle vint le frapper entre leurs bras, en pleine poitrine et le recoucha à terre.

La situation devenait terrible : la petite troupe était

fusillée à droite, tandis que, sur la gauche, trois cents tirailleurs prussiens, couchés à plat ventre dans les vignes, dirigeaient sur elle un feu très-nourri.

Les trois hommes se regardèrent ; du regard, ils se comprirent.

M. de Laleu, M. Biadelli et M. de Cuvillon saisirent M. de la Vingtrie et, calmes, au pas, le front haut, ne se cachant plus cette fois, marchant à découvert, ils rentrèrent sous une grêle de balles qui n'eurent pas l'adresse de les atteindre et ils ne s'arrêtèrent que lorsqu'ils furent revenus à leur point de départ.

* *

Si les ménages riches ou pauvres sont aujourd'hui rationnés, les célibataires qui en dépit du club des femmes ont bien le droit de vivre aussi, ne me semblent pas trop malheureux, et pour servir à l'histoire de l'alimentation pendant l'état de siége il m'a paru utile de recueillir quelques menus pris çà et là dans plusieurs restaurants.

Chez Notta : Déjeuner pour une personne, vin non compris :

> Filet de bœuf aux pommes sautées, 3 fr.
> Omelette aux fines herbes, 1 fr. 50.
> Dessert, 1 fr.

> Dîner pour une personne :

> Potage gras au vermicelle, 75 c.
> Bœuf aux choux de Milan, 1 fr. 50.
> Matelottes de carpes, 2 fr.
> Fromage, 75 c.

Chez Désiré Beaurain, diner :

> Potage tapioca, 60 c.
> Tête de veau bordelaise, 1 fr. 50.
> Côte de bœuf demi-sel, 1 fr. 50.
> Céleri au jus, 1 fr. 50.
> Compotes d'ananas, 75 c.

Comme on le voit, la vie est encore abordable pour les bourses moyennes, même dans les restaurants.

On remarquera que sur ces divers menus, le pigeon ne figure pas et cela se comprend, bon nombre de consommateurs sont probablement de l'avis de Mme D*** qui disait hier d'un air attendri :

— On ne me ferait pas manger un pigeon pour tout l'or du monde !

— Par reconnaissance pour les services que nous rendent ces vaillants messagers?...

— Oui, sans doute... Et puis, il me semblerait que je mange... un facteur !

Mardi, 29 Novembre 1870.

Soixante-douzième journée de siége

La nuit paraissait devoir se passer tranquillement ; notre commandant, qui nous avait tenus toute la journée sous les armes, ne recevant aucun ordre, venait de nous faire rompre les rangs. A ce moment l'horloge de Saint-Augustin jetait au vent le premier coup de minuit ; au moment où le douzième venait de se faire entendre, un fort coup de canon retentit dans la direction du sud : c'était un signal qui partait du fort de Vanves. Avec la permission du commandant, je grimpai lestement dans la lanterne que supporte le dôme de l'église, et de cet observatoire, j'ai pu saisir les détails suivants :

La canonnade avait commencé par la droite de notre enceinte du sud ; toutes les batteries d'Issy, de Vanves et de Montrouge entretenaient un feu bien nourri, dont je voyais les projectiles lancés en avant dans la direction de Châtillon, de Bagneux et de l'Hay.

Peu après, se faisaient entendre le fort de Montrouge et celui de Bicêtre, ainsi que les batteries des
Hautes-Bruyères, de Villejuif et du Moulin-Saquet.

A une heure, les forts d'Ivry et de Charenton se
mettaient de la partie, et, probablement, nos canonnières, dont je ne pouvais voir les feux ; bientôt, du
côté du nord-ouest, vint se joindre à cette infernale
canonnade, le bruit de notre artillerie de campagne.
Il n'y avait plus à en douter, une affaire importante
venait de s'engager dans la plaine.

Paris, alors, sembla se réveiller et bientôt, de tous
côtés, on entendit battre le rappel. De deux à trois
heures, le canon ne se fit plus entendre que par intervalles et j'allais quitter mon observatoire, persuadé
que c'était partie remise, quand tout à coup les forts
d'Issy jusqu'à Charenton reprirent avec une nouvelle
violence jusqu'à quatre heures. Pendant l'action qui
se poursuivait au sud, et dont la force, loin de se
ralentir, semblait encore redoubler de violence, j'en-
tendais très-distinctement l'artillerie de campagne
qui tonnait du côté de Nanterre ; quant au Mont-
Valérien, à ma grande surprise, il restait muet. A cinq
heures, le feu sembla se ralentir aux forts de Vanves
et d'Issy ; toute l'action, à cette heure, paraissait concentrée entre Montrouge et Bicêtre et les batteries
de nos redoutes avancées de Villejuif, des Hautes-
Bruyères et du Moulin-Saquet ; cependant, dans Paris,
le rappel ne cessait de battre, et le son des clairons
m'arrivait des hauteurs du faubourg Montmartre.
Quant à mes camarades, que je ne perdais pas de
vue, ils étaient toujours l'arme au bras dans les cours
de la caserne.

A six heures, le feu recommençait de plus belle sur
toute la ligne du sud, et cette fois j'entendis très-

distinctement l'artillerie de campagne de l'ennemi, qui se décidait enfin à répondre : je voyais même leurs obus, dont un grand nombre éclatait avant d'arriver au but.

A partir de sept heures, les forts ralentissent leur feu, et l'artillerie de campagne seule continue avec une intensité énorme, tout en s'éloignant vers le sud. J'ai pu compter jusqu'à trois ou quatre coups par seconde, plus de deux cents à la minute, et cela pendant plusieurs heures.

A huit heures, tout semblait à peu près fini, et je rejoignais mes camarades, réduits, comme moi, à des conjectures sur les résultats de l'action engagée.

De grand matin, on placardait sur les murs de Paris une proclamation du général Ducrot, annonçant que le moment était venu de rompre le cercle de fer qui nous enserre et se terminait par ces mots : « Je ne rentrerai dans Paris que *mort* ou *victorieux*. »

Dans la journée, rien n'a transpiré des événements de la nuit.

Mercredi, 30 Novembre 1870.

Soixante-treizième journée de siége

J'attendais avec impatience les journaux du matin pour apprendre les résultats des opérations de nos troupes, mais je comptais sans le décret suivant :

« Le Gouvernement de la défense nationale,

» Considérant que dans la situation actuelle, tout récit relatif aux faits de guerre, de quelque nature qu'il soit, peut, à l'insu des auteurs de ce récit et même contre leur volonté, compromettre les intérêts de la défense,

DÉCRÈTE :

» Tout compte rendu ou tout récit d'opérations militaires, de mouvements de troupes, d'actes de guerre, autres que ceux publiés par l'autorité militaire, sont interdits jusqu'à nouvel ordre.

» Tout journal qui contreviendra à cette interdiction sera suspendu. »

Nous sommes donc forcés d'attendre les communications du Gouvernement.

Sur la route d'Italie on a vu, dans la journée, plusieurs omnibus au pas, remplis de militaires blessés, d'autres voitures d'ambulance sillonnent aussi la route.

Mais les militaires ne répondent pas aux questions qu'on leur fait, et la fermeture des portes empêche de vérifier les bruits qui circulent.

*
* *

On vient d'afficher ce soir le rapport militaire suivant ; on verra par la date qu'il concerne la journée d'hier.

« Paris, le 29 Novembre 1870, au soir.

» Ce matin, au point du jour, deux attaques ont été faites, sous les ordres du général Vinoy, sur la Gare-aux-Bœufs et sur l'Hay. La première, confiée au contre-amiral Pothuau, vigoureusement menée, a parfaitement réussi. La position a été enlevée, avant le jour, par des compagnies des 106ᵉ et 116ᵉ bataillons de la garde nationale et des fusiliers marins.

» L'ennemi, surpris, s'est retiré en désordre, laissant entre nos mains quelques prisonniers, dont un officier.

» Du côté de l'Hay, le colonel Valentin, commandant une brigade de la division Maud'huy, a attaqué le village avec les 109ᵉ et 110ᵉ de ligne et les 2ᵉ et 4ᵉ bataillons de la garde mobile du Finistère.

» La position a été abordée avec une grande résolution ; nos troupes ont pénétré dans les premières lignes qu'elles ont vaillamment conquises, et, d'après les instructions données au général Vinoy, en vue d'opérations ultérieures qui seront définies en leur temps, l'ordre a été donné de ne pas pousser l'attaque plus avant.

» C'est au moment où nos troupes se retiraient et où les réserves prussiennes arrivaient dans le village en quantité considérable, qu'un tir formidable d'artillerie, partant des Hautes-Bruyères et des batteries environnantes, a couvert de feux l'Hay ainsi que les colonnes qui cherchaient à l'aborder.

» Au même moment, les canonnières du capitaine de vaisseau Thomasset, en amont du Port-à-l'Anglais, des pièces de gros calibre, montées sur des wagons blindés, en station sur la voie du chemin de fer, les batteries environnant Vitry, celles du moulin Saquet, et enfin une partie de l'artillerie du fort de Charenton, dirigeaient leurs feux, avec la plus grande intensité, sur le terrain occupé par l'ennemi et lui ont fait éprouver les plus grandes pertes.

» On n'a pas encore le chiffre exact de nos blessés ; il doit s'élever à environ cinq cents hommes, parmi lesquels on signale le lieutenant-colonel Mimerel, du 110e de ligne, atteint grièvement. Le chef de bataillon Christiani de Ravaran, du 110e, a été tué ; le chef de bataillon de Réals, commandant le 4e bataillon du Finistère, blessé.

» Le général Vinoy insiste auprès du Gouverneur sur la bonne conduite de nos troupes dans cette affaire.

» Diverses opérations de guerre ont été conduites pendant la nuit dernière et la matinée d'aujourd'hui. Il importe de ne pas en faire connaître le programme, car elles sont intimement liées à des mouvements qui sont en cours d'exécution.

» Au nombre des bataillons de la garde nationale qui se sont distingués aujourd'hui, nous devons signaler les 106ᵉ et 116ᵉ, commandants Ibos et Langlois. Aidés de nos marins, ces deux bataillons ont pris possession de la Gare-aux-Bœufs de Choisy, avec un entrain et une bravoure qui méritent les plus grands éloges. »

*
* *

Autre affiche que l'on vient de placarder :

« Le 30 Novembre, 2 heures.

» Le Gouverneur de Paris est à la tête des troupes depuis avant-hier.

» L'armée du général Ducrot passe la Marne depuis ce matin, sur des ponts de bateaux dont l'établissement avait été retardé par une crue subite et imprévue de la rivière.

» L'action s'engage sur un vaste périmètre, soutenue par les forts et les batteries de position qui depuis hier écrasent l'ennemi de leur feu.

» A midi, nous étions maîtres de Montmesly ; nos troupes s'y maintiennent. La canonnade est générale en avant de toutes nos lignes.

» Cette grande opération, engagée sur un immense développement, ne saurait sans danger être expliquée en ce moment avec plus de détails.

» Pour copie conforme :

» *Le général, chef d'état-major général,*

« SCHMITZ. »

L'anxiété de la population parisienne est à son comble, la sécheresse des rapports militaires est loin de lui suffire.

*
* *

Devant les kiosques, on s'arrache les journaux du

12·

soir et chacun constate avec dépit que le silence le plus absolu leur a été imposé.

A demain donc et bon espoir.

———

Jeudi, 1er Décembre 1870.

Soixante-quatorzième journée de siége

Je lis ce matin dans le *Journal Officiel :*

« La journée du 30 novembre, comptera dans notre histoire.

» Elle consacre, en relevant notre honneur militaire, le glorieux effort de la ville de Paris. Elle peut, si celle de demain lui ressemble, sauver Paris et la France.

» Notre jeune armée, formée en moins de deux mois, a montré ce que peuvent les soldats d'un pays libre. Cernée par un ennemi retranché derrière de formidables défenses, elle l'a abordé avec le sang-froid et l'intrépidité des plus vieilles troupes.

» Elle a combattu douze heures sous un feu meurtrier et conquis pied à pied les positions sur lesquelles elle couche. Ses chefs ont été dignes de la commander et de la soutenir dans cette grande épreuve.

» Le général Renault, commandant en chef le 2e corps, toujours le premier au danger, a été rapporté du champ de bataille grièvement blessé. Le général Ladreit de la Charrière a été aussi gravement atteint. Un grand nombre d'officiers sont glorieusement tombés.

» Les rapports militaires nous permettront bientôt de les connaître et d'honorer leur sacrifice. Aujourd'hui, nous ne pouvons sortir de la réserve à laquelle nous oblige la continuation de la lutte.

» Quelle qu'en soit l'issue, notre armée a bien mérité

de la patrie. Notre reconnaissance et notre admiration lui sont acquises et l'accompagneront dans l'accomplissement de la tâche que le salut du pays impose encore à son dévouement. »

* * *

Le décret qui interdit à la presse la publication des faits de guerre parvenus à sa connaissance, et l'impossibilité où je me trouve momentanément de communiquer avec mes amis du dehors, n'obligent à modifier la marche ordinaire de mon journal. Ainsi aujourd'hui, 1er décembre, je ne parlerai que des faits accomplis la veille ou l'avant-veille au fur et à mesure qu'ils me seront communiqués : en attendant je veux dire, en quelques mots, quelle était la physionomie de la capitale pendant ces heures d'attente.

Paris fermé se réunit .tout entier sur les hauteurs qui sont dans ses murs d'enceinte, au Père-Lachaise, au Trocadéro, à Montmartre sur les édifices publics et même sur les terrasses et les cheminées des maisons particulières : chacun veut assister sur un point quelconque à ce grand et terrible drame qui se joue autour de nos forts. De tous ces lieux élevés la foule se tient attentive, les regards dirigés sur la plaine ; ce qu'elle voit hélas ! peu de chose... de la fumée, mais on dirait ses yeux jaloux de ses oreilles : les unes sont fatiguées d'entendre les autres avides de voir.

En revenant de la rue de la Pépinière, j'ai suivi les boulevards, et partout sur les places comme sur les promenades, les bataillons de la garde nationale font l'exercice en attendant le signal du départ, on voit bien qu'ils savent maintenant ce qu'ils valent... ces soldats-citoyens.

Dans la journée, on racontait qu'hier soir, vers neuf heures, avec l'autorisation du général Ducrot, qui mit à la disposition des ambulances de la presse un clairon pour les précéder, une vingtaine de voitures s'engagèrent vers le côté extrême d'un village qui est en notre possession. Le cortége se composait en outre de frères des écoles chrétiennes, Mgr Bauër, le docteur Demarquay et plusieurs membres du comité des ambulances de la presse.

Arrivées d'un côté du village, les voitures s'arrêtèrent, on dit aux ambulanciers qu'ils n'avaient pas besoin d'avancer et que sur ce point l'ennemi n'avait entre ses mains que cinq ou six blessés français qui étaient fort bien soignés.

On se remit en route de l'autre côté. Le clairon sonna sa fanfare. Tout à coup une fusillade éclata. C'était la réponse prussienne. On crut à une méprise. Le clairon sonna de nouveau, seconde fusillade non moins vive. Voilà comment on accueillait nos parlementaires. Ils furent obligés de reculer et durent revenir sans avoir accompli leur mission d'humanité.

A peine ce fait inouï venait-il de se répandre dans Paris, que M. le comte Sérurier, vice-président de la Société de secours aux blessés militaires, se rendit seul aux avant-postes de l'ennemi. Après avoir attendu trois quarts d'heure à quelques mètres du village de Villiers, M. Sérurier s'entretint avec un officier wurtembergeois. Il fut convenu entre eux qu'ils se rencontreraient de nouveau à trois heures moins un quart sur le même point.

A trois heures, il fut arrêté verbalement que, jusqu'à la nuit tombante, les hostilités ne seraient pas reprises.

Aujourd'hui, grâce au dévouement d'un homme de cœur, nos soldats ont pu ramasser nos blessés, et même ceux abandonnés par l'ennemi. Ils ont enterré les morts des deux nations, et Français et Prussiens vont dormir côte à côte dans les mêmes tombes, sur les rives de la Marne, où il faisait si bon, cet été, boire et rire.

Vendredi, 2 Décembre 1870.

Soixante-quinzième journée de siége

En attendant les rapports militaires, qui font toujours défaut, je peux enfin donner quelques détails sur les journées des 29 et 30 novembre.

Le canon qui, le 29, depuis une heure du matin jusqu'à six heures de l'après-midi, n'avait cessé de gronder hier, disait assez haut qu'une grande, une terrible action était engagée. Cette action a été glorieuse, heureuse pour nos armes. Honneur en soit rendu à ces héroïques soldats, qui ont abordé avec une résolution et une fermeté admirables les positions où l'ennemi travaillait depuis deux mois et demi à se retrancher. Honneur au général Trochu et à ces chefs qui, après avoir tout préparé par un travail sans relâche et avec une sage prévoyance, leur ont donné l'exemple d'un sang-froid et d'un courage inébranlables. Recueillons, dès à présent, pour ne les jamais oublier, les noms du commandant en chef de la 2e armée, le général Ducrot, qui a noblement tenu toutes les promesses de sa belle proclamation ; du chef du second corps, le général Renault, qui, toujours le premier au danger, a été rapporté grièvement blessé; du général Ladreit de la Charrière également atteint; de tous ceux enfin, officiers ou soldats, qui, dans ces derniers combats, ont versé leur sang pour la patrie !

Parmi les blessés on cite :

M. de Boisbriant, capitaine aux mobiles du Finistère, tué aux Hautes-Bruyères. Il est tombé glorieusement devant la première barricade de l'Hay, au moment où il s'élançait à l'assaut de cette barricade, en criant : En avant !

M. de Boisbriant avait à peine vingt-cinq ans.

M. de Neverlée, officier d'ordonnance du général Ducrot.

M. G. Herisson, officier d'ordonnance du général Berthaut, légèrement blessé.

Le général d'artillerie Charrière, blessé.

Le capitaine Berthier, grièvement blessé.

Le commandant de Christiani de Ravaran, du 110e de ligne, blessé.

Le lieutenant Carré, du 70e, une balle dans les reins.

Parmi les morts :

M. de Réals, commandant du 4e bataillon du Finistère, blessé d'une balle au pied. Le capitaine Dulou, du même bataillon, la poitrine traversée et la mâchoire fracassée.

*
* *

Le capitaine Fabre venait de recevoir deux blessures ; l'ennemi était à dix mètres ; les balles pleuvaient comme grêle.

Pourtant, un héroïque soldat du 70e, le caporal Pierrot, s'élance et s'efforce de panser son capitaine ; puis, voyant que c'est là une besogne impossible, il charge le blessé sur ses épaules et revient à pas lents, s'appuyant sur son fusil.

Dévouement inutile, le capitaine Fabre était mort.

Le malheureux était adoré de son régiment ; il laisse six enfants.

*
* *

A l'attaque de l'Hay les mobiles du Puy-de-Dôme se sont battus comme des enragés.

On a remarqué l'emportement du bataillon d'Aubière, qui a juré d'être fidèle à sa devise.

Cette petite troupe a inscrit sur son drapeau cette légende en pur auvergnat : *Lâcheint pas !* — (Ne lâchons pas !)

Ceux qui connaissent le pays et les hommes de granit qu'il produit savent bien, en effet, que les Aubiérois ne tourneront jamais les talons.

* *

Les mobiles de Seine-et-Marne se sont également distingués sur le plateau qui s'étend entre Brie et Noisy-le-Grand, spécialement le 1er bataillon (Fontainebleau) commandé par le marquis de Piolene et le second (Meaux) commandant Testard. Ils étaient guidés au feu par le colonel Franceschetti et le lieutenant-colonel vicomte de Courcy ; deux officiers solides qui n'en sont pas à leur début. Chacun a fait vaillamment son devoir ; j'ai particulièrement entendu parler de l'entrain remarquable dont a fait preuve le jeune sous-lieutenant de Moustier chargé du commandement de la 2e compagnie du bataillon de Meaux en l'absence de son capitaine, on m'a cité parmi les blessés pendant cet engagement le sergent-major Lecomte, l'adjudant Fortier et le caporal Nantier.

Dans la soirée le Gouvernement a fait afficher le rapport militaire suivant :

2 décembre 1870, 1 h. 45 m. soir.

« Plateau entre Champigny et Vill'ers, 1 h. 1/4.

» Attaqués ce matin par des forces énormes à la pointe du jour, nous sommes au combat depuis plus de sept heures. Au moment où je vous écris, l'ennemi, placé sur toute la ligne, nous cède encore une fois les hauteurs. Parcourant nos lignes de tirailleurs de Champigny, jusqu'à Brie, j'ai recueilli l'honneur et l'indicible joie des acclamations des troupes soumises au feu le plus violent. Nous aurons sans doute des retours offensifs, et cette seconde bataille durera, comme la première, toute une journée. Je ne sais quel avenir est réservé à ces généreux efforts des troupes de la République, mais je leur dois cette justice qu'au milieu des épreuves de toutes sortes, elles ont bien mérité du pays. J'ajoute que c'est au général Ducrot qu'appartient l'honneur de ces deux journées.

» Général Trochu. »

* *
*

L'éclairage au gaz des maisons, escaliers, cafés, établissements publics, est supprimé depuis le 1er décembre.

L'éclairage des rues par le gaz subsistera jusqu'à nouvel ordre.

Si le siége se prolongeait, les becs des voies publiques seraient également alimentés par des lampes à pétrole.

Quand je dis que l'éclairage des rues subsiste encore, je dois ajouter que c'est *pour mémoire*, car c'est à peine un bec sur dix qu'on juge encore à propos d'allumer et les soirs où la lune *est sortie*, il est extrêmement dangereux de s'aventurer dans les rues de Paris et il est prudent de se coucher de bonne heure comme faisaient les poules... d'autrefois.

———

Samedi, 3 Décembre 1870.

Soixante-seizième journée de siége

Cette nuit, à 11 h. 20 m., le ballon-poste le *Jules-Favre*, monté par M. Martin, aéronaute, est parti de la gare du Nord, emportant les dépêches et des pigeons destinés à nous retourner les nouvelles de la province.

A quatre heures du matin, un second ballon-poste, la *Bataille-de-Paris*, monté par M. Poirier, aéronaute, part de la même gare du Nord, emportant les rapports détaillés des événements militaires accomplis pendant les journées des 29 et 30 novembre.

La province est favorisée, elle saura avant les Parisiens le résultat des combats engagés sous leurs murailles, car la note ci-jointe placardée ce matin, ajourne encore les détails officiels sur lesquels nous comptions aujourd'hui.

Le récit des événements accomplis pendant les glorieuses journées des 29, 30 novembre et 2 décembre, est impatiemment attendu par la population.

Il est cependant impossible de rien ajouter aux dépêches du gouverneur, sans compromettre le succès des opérations.

Chacun comprendra la réserve que s'impose l'autorité militaire en de pareilles circonstances.

*
* *

A défaut de rapports militaires, j'ai recueilli à l'hôpital du Val-de-Grâce quelques renseignements que je m'empresse de consigner.

Pendant les combats des 29 et 30 novembre la plaine d'Aubervilliers était couverte de nombreux soldats désireux de prendre l'offensive pour refouler les Prussiens des villages du Drancy, Dugny et le Bourget, où ils se sont si fortement retranchés.

Leur rôle a été très-important, puisque, outre la prise du Drancy, ils ont, par quelques manœuvres habilement combinées, paralysé des forces prussiennes considérables qui voulaient se porter au secours des troupes engagées à droite du côté de Nogent et Choisy-le-Roi, et, à gauche, du côté d'Epinay et de Gennevilliers.

Il paraît que les résultats heureux de ce mouvement de troupes peut, à tous les points de vue, être considéré comme une victoire, puisque, outre le succès matériel obtenu par la prise de Drancy, de Groslay et d'Epinay, cette armée a, par ses feintes attaques, contribué aux immenses et victorieux succès des deux journées.

*
* *

Paris avait vingt-huit théâtres, des concerts, des bals.

Paris ne pouvait pas s'endormir sans une opérette dans l'oreille, sans un vaudeville dans l'esprit.

En un clin d'œil les théâtres, les salles de bal, ont été convertis en ambulances.

Et quand, de temps à autre, il se dit une conférence, une pièce de vers, un proverbe dramatique ou une œuvre musicale, c'est au profit des blessés ou des batteries d'artillerie de la guerre.

Nos artistes et nos écrivains sont en uniforme.

Desrieux est lieutenant, Frédéric Fèvre est caporal, Louis Noir et Villers de l'Ile-Adam sont commandants, Alfred de Caston est capitaine, Flor O'Squarr est adjudant, Charles Asselineau est sergent; Charles Monselet, Pradines, Tony Révillon, le dessinateur Benassit sont de la même compagnie de la garde nationale de Montmartre.

<hr>

Dimanche, 4 Décembre 1870.

Soixante-dix-septième journée de siége

La journée d'hier, où l'on s'attendait à une violente canonnade, a été relativement calme ; à peine quelques détonations se sont fait entendre à de longs intervalles, la nuit également a été fort tranquille.

La compagnie de guerre du 116e bataillon de la garde nationale, qui a pris part bravement à l'attaque de Choisy-le-Roi, et qui, depuis le 2 décembre, bivouaquait près des Hautes-Bruyères, est rentrée ce matin à Paris après douze jours d'absence.

Contrairement à ce qu'on a dit, nous pouvons affirmer que cette compagnie ne compte qu'un seul blessé : M. Debar, volontaire, âgé de soixante-cinq ans, et qui, monté le premier à l'assaut d'une barricade, a reçu une balle au bras gauche. La blessure est légère, et le brave soldat est en ce moment à l'ambulance du Grand-Hôtel.

Le 116e bataillon a confirmé les exploits de nos marins à Fontenay et à l'Hay. Ils ont les premiers marché à l'ennemi, intrépidement, et la garde nationale, électrisée par ce noble exemple, a suivi leurs glorieuses traces.

*
* *

Dans la journée on a pu lire, sur les murs de Paris, le rapport officiel suivant, si impatiemment attendu, sur les dernières batailles.

« Les dernières sorties opérées par l'armée de Paris pendant les journées des 29 et 30 novembre, 1er, 2 et 3 décembre ont amené des engagements sur la plupart des points des lignes d'investissement de l'ennemi.

» Dès le 28 novembre au soir, les opérations étaient commencées.

» A l'est, le plateau d'Avron était occupé à huit heures par les marins de l'amiral Saisset, soutenus par la division d'Hugues, et une artillerie nombreuse de pièces à longue portée était installée sur ce plateau, menaçant au loin les positions de l'ennemi et les routes suivies par ses convois à Gagny, à Chelles et à Gournay.

» A l'ouest, dans la presqu'île de Gennevilliers, des travaux de terrassement étaient commencés sous la direction du général de Liniers ; de nouvelles batteries étaient armées; des gabionnades et des tranchées-abris étaient installées dans l'île Marante, dans l'île de Bezons et sur le chemin de fer de Rouen.

» Le lendemain, le général de Beaufort complétait les opérations de l'ouest en dirigeant une reconnaissance sur Buzenval et les hauteurs de la Malmaison, en restant sur sa droite relié, devant Bezons, aux troupes du général de Liniers.

» Le 29, au point du jour, les troupes de la 2ᵉ armée, aux ordres du général Vinoy, opéraient une sortie sur Thiais, l'Hay et Choisy-le-Roi, et le feu des forts était dirigé sur les divers points signalés comme servant au rassemblement des troupes de l'ennemi.

» Des mouvements exécutés depuis deux jours avaient garni de forces importantes la plaine d'Aubervilliers et réuni les trois corps de la 2ᵉ armée aux ordres du général Ducrot sur les bords de la Marne.

» Le 30 novembre, au point du jour, des ponts préparés hors des vues de l'ennemi se trouvaient jetés sur la Marne, sous Nogent et Joinville, et les deux premiers corps de la 3ᵉ armée, conduits par les généraux Blanchard et Renault, exécutaient rapidement avec toute leur artillerie le passage de la rivière.

» Ce mouvement avait été assuré par un feu soutenu d'artillerie partant des batteries de position établies sur la rive droite de la Marne, à Nogent, au Perreux, à Joinville, et dans la presqu'île de Saint-Maur.

» A neuf heures, ces deux corps d'armée attaquaient le village de Champigny, le bois du Plant et les premiers échelons du plateau de Villiers. A onze heures, toutes ces positions étaient prises, et les travaux de retranchement étaient déjà commencés par les troupes de seconde ligne, lorsque l'ennemi fit un vigoureux effort en avant, soutenu par de nouvelles batteries d'artillerie.

» A ce moment, nos pertes furent sensibles : devant Champigny, les pièces prussiennes établies à Chenne-vières et à Cœuilly refoulaient les colonnes du 1er corps, tandis que de nombreuses troupes d'infanterie descendant des retranchements de Villiers, chargeaient les troupes du général Renault. Ce furent alors les énergiques efforts de l'artillerie, conduite par nos généraux Frébault et Boissonnet, qui permirent d'arrêter la marche offensive que prenait l'ennemi.

» Grâce aux changements apportés dans l'armement de nos batteries, l'artillerie prussienne fut en partie démontée, et nos hommes, ramenés à la baïonnette par le général Ducrot, purent prendre définitivement possession des crêtes.

» Pendant ces opérations, le 3e corps, sous les ordres du général d'Exéa, qui s'était avancé dans la vallée de la Marne jusqu'à Neuilly-sur-Marne et Ville-Evrard, des ponts avaient été jetés au Petit-Bry, et Bry-sur-Marne était attaqué et occupé par la division Belle-mare. Son mouvement, retardé par le passage de la rivière, se prolongea au-delà du village jusqu'aux pentes du plateau de Villiers, et les efforts de ses colonnes vinrent concourir à la prise de possession des crêtes, opérée par le 2e corps en avant de Villiers.

» Le soir, nos feux de bivouacs s'étendaient sur tous les coteaux de la rive gauche de la Marne, tandis que brillaient sur les pentes de Nogent et Fontenay les feux de nos troupes de réserve.

» Ce même jour, 30 novembre, la division Susbielle, soutenue par une importante réserve des bataillons de marche de la garde nationale, s'était portée en

avant de Créteil, et avait enlevé à l'ennemi les positions de Mesly et Montmesly, qu'elle devait occuper
jusqu'au soir.

» Cette diversion sur la droite des opérations de la
2° armée était soutenue par de nouvelles sorties
opérées sur la rive gauche de la Seine, vers Choisy-
le-Roi et Thiais, par les troupes du général Vinoy.

» Au nord, l'amiral La Roncière, soutenu par l'artillerie de ses forts, avait occupé, dans la plaine d'Aubervilliers, Drancy et la ferme de Groslay ; de fortes
colonnes ennemies avaient été ainsi attirées sur les
bords du ruisseau la Morée, en arrière du Pont-Iblon.
Vers deux heures, l'amiral traversa Saint-Denis et se
portant de sa personne à la tête de nouvelles troupes,
dirigeait l'attaque d'Epinay que nos soldats, soutenus par des batteries de la presqu'île de Genneuvil-
liers, ont pu occuper avec succès.

» Le 1er décembre, il n'y eut que quelques combats
de tirailleurs au début de la journée devant les positions de la 2° armée, et le feu du plateau d'Avron
continua à inquiéter les mouvements de l'ennemi à
Chelles et à Gournay, dans le mouvement de concentration considérable qu'il opérait la nuit surtout, pour
amener de nouvelles forces en arrière des positions
de Cœuilly et de Villiers.

» Le 2 décembre, avant le jour, les nouvelles forces,
ainsi rassemblées, s'élancèrent sur les positions de
l'armée du général Ducrot ; sur toute la ligne, l'attaque se produisit subitement et à l'improviste sur les
avant-postes des trois corps d'armée, de Champigny
jusqu'à Bry-sur-Marne.

» L'effort de l'ennemi échoua : soutenues par un
ensemble d'artillerie considérable, nos troupes, malgré les pertes qu'elles avaient à subir, opposèrent la
plus solide résistance. La lutte fut longue et terrible.

Nos batteries arrêtèrent les colonnes prussiennes sur le plateau, et, dès onze heures, les efforts de l'ennemi étaient entièrement vaincus.

» A quatre heures, le feu cessait et nous restions maîtres du terrain de la lutte. Le 3 décembre, sans que l'ennemi pût inquiéter notre retraite, aidés par le brouillard, 100,000 hommes de la 2e armée avaient de nouveau passé la Marne, laissant l'armée prussienne relever ses morts.

» Nos pertes, dans ces diverses journées, ont été de :

| | OFFICIERS | | TROUPES | |
	Tués	Blessés	Tués	Blessés
2e armée.............	61	301	711	4.098
3e armée.............	8	22	192	364
Corps d'armée de Saint-Denis..............	3	19	33	218
Totaux....	72	342	936	4.680

RÉSUMÉ

	Tués	Blessés
Officiers..............	72	342
Troupes..............	936	4.680
Totaux...........	1.008	5.022

» Les pertes de l'ennemi ont été des plus considérables; elles sont en rapport, du reste, avec les efforts qu'il a faits pour nous enlever nos positions. Ecrasé par une artillerie formidable sur tous les points où il se présentait, nos projectiles l'atteignaient jusque dans ses plus extrèmes réserves, et, d'autre part, des officiers prisonniers ont déclaré que plusieurs régiments avaient été détruits par notre feu d'infanterie en avant de Champigny. »

*
* *

Aucun engagement ne paraît avoir eu lieu dans la journée.

Lundi, 5 Décembre 1870.

Soixante-dix-huitième journée de siége

Entre minuit et une heure, les Prussiens se sont
présentés en force pour reprendre Champigny ; après
une heure de combat, ils ont été repoussés à la baïonnette. Ils ont perdu beaucoup de monde. Nos ambulances ont pu ramasser nos blessés immédiatement
après le combat ; heureusement, ils sont peu nombreux.

Ce matin, le canon fait relâche. Quelques rares
coups de fusil vers les avant-postes ; c'est tout. L'ennemi a rétrogradé sur toute la ligne, cédant les hauteurs, se reployant derrière les bois.

*
* *

Il n'est pas possible de parler d'autre chose, aujour-
d'hui, que des combats des 29 et 30 novembre et
2 décembre.

Aussi, dans les groupes qui se forment dans les
rues et sur les boulevards, il règne une animation fé-
brile. — C'est bien le cas, pour un reporter consciencieux, d'ouvrir ses oreilles et de prendre des notes.

Les Prussiens ont demandé une trêve de quarante-
huit heures pour enterrer ceux de leurs morts qui
étaient encore restés sur les champs de bataille de
Villiers et de Champigny.

Cette trêve, toute locale, a commencé hier matin.
Le drapeau blanc est arboré sur le plateau d'Avron
et sur le fort de Rosny, ainsi que sur les lignes prussiennes.

Les Bavarois et les Saxons faits prisonniers ont déclaré, dit-on, *qu'ils en avaient assez* et que leurs régiments ne veulent plus se battre.

On estime à 100,000 hommes le chiffre de l'armée prussienne qui nous a attaqués. Elle était composée de Saxons, de Wurtembergeois et de la garde royale prussienne. Toutes ces troupes se sont bien battues, surtout la garde royale : elle n'a cédé le terrain que pied à pied.

Notre armée comptait à peu près le même nombre d'hommes.

*
* *

En rentrant, dans la soirée du 2 à son quartier, le général Trochu a prononcé les paroles suivantes :

« Depuis sept heures du matin nous avons eu cent » mille hommes sur les bras, que j'ai dû combattre » avec une jeune armée, et, pour la deuxième fois, » la vieille armée a été refoulée sur toute la ligne.

» Je joue un jeu terrible, et je ne l'aurais pas joué » si je n'avais senti derrière moi la force morale et » militaire de la garde nationale. A un moment j'ai » cru avoir besoin de l'appeler en première ligne, » mais encore une fois la jeune armée a battu la » vieille. »

*
* *

Bonne nouvelle ! On assure que le Gouvernement a reçu d'Amiens la dépêche suivante, datée du 20 novembre.

Bourbaki au général Trochu.

« Mes troupes sont prêtes à marcher. J'ai avec moi » de l'artillerie et de la cavalerie.

» Je suivrai tes instructions. »

*
* *

Tristes nouvelles... Dans les derniers combats, nous avons éprouvé des pertes cruelles.

Le colonel de Grancey des mobiles de la Côte-d'Or, a été tué ; on cite encore au nombre des morts le capitaine Plazanet, le colonel Adrien Prévault.

13*

Parmi les blessés, j'ai entendu prononcer les noms suivants :

Le commandant des Éclaireurs de la Seine, M. Franchetti.

Les généraux Paturel, Boissonnet, Frébault.

Les colonels Villiers, de Vigneral.

M. de Laumière, lieutenant au 76e, entré l'un des premiers dans les rues de l'Hay.

L'église de la Trinité est, depuis hier matin, complétement transformée.

A la place des bancs, des chaises et des prie-Dieu, on installe plusieurs rangées de lits qui, en cas de besoin, pourront aisément recevoir de cinq à six cents blessés.

Je suis persuadé que les braves et pieux Bretons atteints par les balles ennemies regarderont comme une grâce de la Providence d'être reçus dans la maison même de Dieu.

L'église de Plaisance est également transformée en ambulance, et ce sont les sœurs de Saint-Vincent-de-Paul qui en seront les infirmières ; quant aux frères de la Doctrine chrétienne, attachés à cette modeste paroisse, ils se sont faits depuis longtemps brancardiers et ne quittent pas les avant-postes. M. l'abbé Blondeau, le digne curé de Plaisance, qui porte sur la poitrine la croix de la Légion d'honneur, et qui, si je ne me trompe, a dû, dans sa jeunesse, être capitaine de dragons, me disait hier, en me parlant du dévouement de ces pauvres frères : « Je me connais en bra-» ves, moi, monsieur... et tous les vrais braves ne » portent pas des képis. »

Depuis le jour où M. de Bismarck a déclaré que les aérostats français seraient déférés aux conseils de guerre allemands, 172 volontaires sont venus se faire inscrire spontanément pour partir en ballon.

Mardi, 6 Décembre 1870.

Soixante-dix-neuvième journée de siége

Depuis deux jours, on commentait de diverses ma-
nières la retraite de nos troupes, qui, dans la journée
du 3, ont repassé la Marne, les Allemands allant jusqu'à prétendre que les Prussiens nous y avaient contraints : la proclamation du général Ducrot, affichée
ce matin, prouve le contraire.

      « Soldats,
» Après deux journées de glorieux combats, je vous
ai fait repasser la Marne, parce que j'étais convaincu
que de nouveaux efforts, dans une direction où l'ennemi avait eu le temps de concentrer toutes ses forces
et de préparer tous ses moyens d'action, seraient sté-
riles.

» En nous obstinant dans cette voie, je sacrifiais inutilement des milliers de braves, et, loin de servir
l'œuvre de la délivrance, je la compromettais sérieusement ; je pouvais même vous conduire à un désastre
irréparable.

» Mais, vous l'avez compris, la lutte n'est suspendue
que pour un instant ; nous allons la reprendre avec
résolution : soyez donc prêts, complétez en toute hâte
vos munitions, vos vivres, et surtout élevez vos cœurs
à la hauteur des sacrifices qu'exige la sainte cause
pour laquelle nous ne devons pas hésiter à donner notre vie. »

*
* *

J'avais évité de consigner sur mes tablettes certains
faits regrettables attribués récemment à la garde nationale pendant son service aux avant-postes. Le décret que je viens de lire sur les murs de Paris m'oblige

à me départir du silence que je m'étais imposé. Le bataillon de Belleville est dissous, et l'ex-major Flourens, qui élevait la prétention de conserver un grade qui ne lui appartenait pas, a été arrêté en avant de Maisons-Alfort.

Voici le décret affiché à l'instant :

« Le Gouvernement de la défense nationale,

» Vu l'ordre du jour du général Clément Thomas, en date du 6 décembre 1870, signalant de nombreux actes d'indiscipline commis par le bataillon dit des Tirailleurs de Belleville,

DÉCRÈTE :

»Article premier. Le bataillon dit des Tirailleurs de Belleville est dissous.

»Les hommes appartenant à ce bataillon sont tenus de remettre leurs armes et leur équipement entre les mains du commandant de l'artillerie du 3ᵉ secteur, dans le délai de trois jours, sous peine d'être poursuivis comme détenteurs d'armes de guerre.

»Art. 2. Les hommes ayant fait partie du bataillon dissous, qui méritent par leur conduite d'être maintenus dans la garde nationale, composeront le noyau d'un nouveau bataillon formé par les soins du général commandant supérieur.

» Fait à Paris, le 6 décembre 1870. »

* *

On parlait beaucoup sur le boulevard, de l'arrivée prochaine de Bourbaki et de son armée.

On disait aussi que l'état-major royal n'est plus à Versailles. Le roi, le prince royal et M. de Bismarck auraient disparu comme par enchantement de la ville de Louis XIV.

Le roi serait, non pas à Meaux, comme on l'a dit, mais à Saint-Germain même.

Cependant, chaque jour, M. de Bismarck fait une

apparition à Versailles. C'est là qu'arrivent les dépêches de Normandie et de l'Orléanais. Puis, les dépêches lues, le grand chancelier remonte dans une chaise
de poste et repart pour Saint-Germain.

*
* *

M. Affre, coiffeur rue du Bac, *frise* la cinquantaine,
mais je conviens qu'il pourrait facilement se rajeunir
de dix ans. Il se présente dernièrement chez le chi-
rurgien-major de son bataillon, et veut se faire rélé-
guer dans les vétérans, pour cause de santé.

Le major se refusant complétement à cette tran-
saction :

— Ah! c'est comme çà, s'écrie M. Affre exas-
péré...

Et il court, sans débrider, s'enrôler... dans un
bataillon de marche!

Il est aux prises avec l'ennemi à l'heure qu'il est.

———————

Mercredi, 7 Décembre 1870.

Quatre-vingtième journée de siége

Pendant la nuit d'hier comme pendant celle qui
vient de s'écouler un silence complet a régné sur toute
la ligne; on nous apprendrait dans la journée que les
Prussiens, ont levé le siége que nous n'en serions pas
étonnés : au surplus c'est un compliment à faire au
peuple de Paris.

Il est devenu fort, car il est devenu patient. Il sait
se battre, ce qui est bien ; et il sait attendre le moment
de se battre ; ce qui est mieux.

Que va faire Ducrot? Que médite Trochu? Quel
plan nouveau sera entrepris et exécuté? A quel point
de l'horizon marcherons-nous? Nous l'ignorons; mais

nous sommes prêts à marcher, et nous avons confiance dans nos chefs qui diront l'heure et le jour.

Voilà un grand pas de fait. Avoir vaincu l'émeute, avoir supporté le rationnement, avoir dompté l'impatience, c'est-à-dire nous être faits sages, sobres et disciplinés, n'est-ce pas avoir réalisé les trois conditions qui font le bon soldat.

* * *

On vient d'afficher la communication suivante :

« Le Gouvernement de la défense nationale porte à la connaissance de la population les faits suivants :

» Hier au soir, le gouverneur a reçu une lettre dont voici le texte :

« Versailles, ce 5 décembre 1870.

» Il pourrait être utile d'informer Votre Excellence que l'armée de la Loire a été défaite hier près d'Orléans et que cette ville est réoccupée par les troupes allemandes.

» Si toutefois Votre Excellence juge à propos de s'en convaincre par un de ses officiers, je ne manquerai pas de le munir d'un sauf-conduit pour aller et venir.

» Agréez, mon général, l'expression de la haute considération avec laquelle j'ai l'honneur d'être votre très-humble et très-obéissant serviteur.

» *Le chef d'état-major,*

» Comte de MOLTKE. »

» Le gouverneur a répondu :

« Paris, ce 6 décembre 1870.

» Votre Excellence a pensé qu'il pourrait être utile de m'informer que l'armée de la Loire a été défaite près d'Orléans, et que cette ville est réoccupée par les troupes allemandes.

» J'ai l'honneur de vous accuser réception de cette communication, que je ne crois pas devoir faire vérifier par les moyens que Votre Excellence m'indique.

» Agréez, mon général, l'expression de la haute considération avec laquelle j'ai l'honneur d'ètre votre très-humble et très-obéissant serviteur.

» *Le gouverneur de Paris.*

» GÉNÉRAL TROCHU. »

»Cette nouvelle qui nous vient par l'ennemi, en la supposant exacte, ne nous ôte pas le droit de compter sur le grand mouvement de la France accourant à notre secours. Elle ne change rien ni à nos résolutions, ni à nos devoirs.

» Un seul mot les résume : Combattre ? Vive la France ! Vive la République ! »

*
* *

La communication de M. de Moltke au général Trochu n'a pas produit l'effet que s'en promettait le conseiller militaire de Guillaume. Paris est resté superbe de calme et de dédain. Si la nouvelle se confirme, et la parole de M. de Moltke est sujette à caution, c'est un de ces malheurs qui se voient à la guerre. La France en sera quitte pour reprendre Orléans.

*
* *

Le général Ladreit de la Charrière est mort des blessures qu'il avait reçues, le 30 novembre, en emportant à la tète de ses troupes la redoutable position de Montmesly.

Le 1er bataillon des zouaves s'est conduit dignement dans nos derniers combats, sur vingt et un officiers, il y en a eu dix-huit de tués ou blessés.

*
* *

J'ai un ami qui compte faire cette année de véritables folies ; il me disait hier :

— En vue du jour de l'an, j'ai depuis un mois une douzaine d'œufs frais déposés à la Banque.

Jeudi, 8 Décembre 1870.

Quatre-vingt et unième journée de siége

Les frères Godard ont encore lancé, cette nuit, à une heure, de la gare d'Orléans, un nouvel aérostat parachute, le *Francklin*, conduit par le marin Pierre Marcial, leur élève, accompagné d'un officier supérieur chargé d'une mission du général Trochu.

La nacelle contenait, outre une cargaison de pigeons voyageurs, tout ce qui restait de lettres à expédier pour la France et l'étranger.

*
* *

Ce matin, le Mont-Valérien se faisait encore entendre et, suivant sa louable habitude, il détruisait sans doute, les redoutes que les Prussiens s'obstinent à relever chaque nuit.

*
* *

A dix heures, ma compagnie a reçu l'ordre de prendre les armes et d'accompagner le bataillon de Vitré dans une reconnaissance du côté de Montretout; les Bretons, dans cette affaire ont seuls été engagés et à trois heures, nous rentrions dans Paris, ramenant quelques blessés et une douzaine de prisonniers.

Un incident assez original a égayé notre reconnaissance; on avait déjà sonné trois fois pour cesser le feu, quand je vis passer au galop le général Noël qui se dirigeait vers notre ligne de tirailleurs, il paraissait fort en colère et jurait comme un *parpaillot:* mais il était suivi d'un aide de camp qui riait dans sa barbe et cela me fit comprendre que la grande colère du général n'avait rien d'inquiétant, en effet, ce n'était pas aux Prussiens qu'il en voulait, mais à nos pauvres Bretons qui, malgré ses ordres, continuaient à se

battre ; le fait est qu'une fois qu'elle a senti l'odeur de
la poudre, la mobile d'Ille-et-Vilaine lache prise difficilement.

*
* *

En entreprenant d'écrire au jour le jour l'histoire
du siége de Paris, je n'avais pas réfléchi à la respon-
sabilité que j'assumais sur ma tête. Un historien doit
rechercher longuement et avec persévérance les do-
cuments divers qui peuvent l'éclairer et l'aider à grou-
per, dans un ordre chronologique, les faits divers
dont l'ensemble formera l'histoire proprement dite ;
s'il a su se renseigner convenablement, il aura alors
parlé de tout et de tous, on pourra attaquer ses ap-
préciations personnelles , mais on ne se plaindra
pas qu'il ait passé sous silence tel ou tel fait important, parce qu'il est impossible qu'il n'en ait pas
eu connaissance. Ici la tâche est bien autrement lourde.
Pour me montrer historien fidèle, je devrais parler de
tout et de tous, et, je l'avoue, cela m'est absolument
impossible, car chaque jour est marqué par quelque
trait d'héroïsme fatalement condamné à rester dans
l'oubli. On part, on se bat, on meurt et tout est dit ;
les faits principaux restent en relief et les reporters s'en
emparent, mais les combats journaliers engagés dans
un rayon de vingt lieues et plus restent pour la plupart ignorés. Qu'on me pardonne donc si le nom de
tous les braves défenseurs de Paris ne figure pas à
tour de rôle dans ces pages écrites à la hâte.

*
* *

Aux noms des braves officiers que j'ai cités, il faut
malheureusement ajouter bien d'autres noms encore.

Le jeune fils du baron de Cambray, lieutenant des
mobiles du Loiret, a été grièvement blessé en chargeant bravement à la tête de sa compagnie. Il a eu le
bras droit et la jambe droite fracassés par un obus.

Le capitaine Steinger, des mobiles de la Côte-d'Or, est blesssé grièvement.

Le commandant Bouilhet, du 2ᵉ bataillon du Loiret, et le marquis de la Touane, commandant le 3ᵉ bataillon du Loiret.

M. Sorlin, lieutenant du même bataillon, a été tué.

Le colonel Guillot et le capitaine Bertrand sont aussi tombés au champ d'honneur.

Deux régiments de la garde mobile, dont la conduite a été héroïque, ont surtout souffert dans le combat de Cœuilly : le bataillon de l'Ain a perdu 22 officiers, et le bataillon du Finistère 18.

M. le marquis de Trécesson, ex-capitaine adjudant major au 111ᵉ de ligne, qui avait été blessé aux deux genoux à Sedan, a été frappé mortellement vendredi, près de Champigny, à la tête de sa compagnie.

Depuis le siége, Paris a déjà consommé plus de vingt mille chevaux. D'après le recensement qui vient d'être fait, il nous en reste encore quarante-cinq mille, en dehors bien entendu des chevaux appartenant à la guerre et à l'État.

*
* *

J'ai eu la curiosité d'entrer ce soir un instant à la salle Valentino où se tient le club de la vengeance et j'ai noté sur mes tablettes le dialogue suivant.

UN ORATEUR. — La guerre est une monstruosité sans doute, mais elle n'en est pas moins une nécessité « impérieuse...»

UN DES ASSISTANTS, *avec énergie.* — « Impérieuse ?..» Nationale !... Dites : Nationale !... Nous avons jeté « l'empire » à bas !...

Et l'on n'a jamais pu l'en faire démordre.

Vendredi, 9 Décembre 1870.

Quatre-vingt-deuxième journée de siége

J'apprends ce matin que le général Renault a succombé aux suites de la blessure grave qu'il avait reçue au combat de Villiers.

Le brave général n'a cessé un seul instant de songer à ses soldats et à la patrie : « Ont-ils des munitions? » répétait-il à tout moment ; « ont-ils des vivres, surtout? » Des sœurs de charité, venues pour l'assister, lui disaient qu'elles allaient prier pour lui : « Priez aussi pour la France, » leur répondit-il.

*
* *

Les obsèques du général de division Renault, commandant le 2ᵉ corps de la 2ᵉ armée, auront lieu à l'église des Invalides aux frais de l'Etat.

*
* *

Le colonel de la Monneraye a succombé aux blessures qu'il avait reçues le 2, au combat de Champigny.

*
* *

Le commandant Franchetti qui, à la tête des éclaireurs de la Seine, a rendu de si grands services à la défense de Paris vient également de succomber aux suites de la blessure qu'il avait reçue, le 2 décembre.

*
* *

M. Jean de la Croix de Castrie, sous-lieutenant au 1ᵉʳ régiment de marche de lanciers, brigade de Bernis, a été blessé mortellement à Créteil en portant un ordre à une colonne engagée avec l'ennemi.

*
* *

M. Amédée de Sazilly, commandant d'une batterie de mitrailleuses à l'armée du général Ducrot, grièvement atteint à l'affaire du 2, vient aussi de mourir glorieusement.

**

On cite encore parmi les blessés du 2 décembre le jeune fils du commandant des francs-tireurs de la presse, M. Amédée Rolland, ainsi que M. de Talhouët officier du régiment de la mobile d'Ille-et-Vilaine.

**

Depuis nos derniers combats un appel avait été fait à la population parisienne en faveur des militaires convalescents qui allaient se trouver obligés de faire place à nos nouveaux blessés.

En quatre jours, 6,430 lits ont été mis à la disposition du Gouvernement.

**

Le capitaine de Beaurepaire a réuni les 12,000 volontaires avec lesquels il espère pouvoir franchir les lignes prussiennes et organiser en province une véritable levée en masse.

Il s'est rendu ce matin auprès du général Trochu, qui, conformément à la promesse qu'il lui avait faite, lui a donné l'autorisation officielle de constituer définitivement ce nouveau corps.

**

Parmi les soldats du 108ᵉ de ligne qui, le 2 décembre, faisaient vaillamment le coup de feu contre les Prussiens sur les hauteurs de Bry-sur-Marne, figuraient trois jeunes magistrats, engagés volontaires dans ce brave régiment.

M. de Cléry, avocat-général à Alger, Léopold Sauzède, substitut à Alger, et Georges Potier, substitut à Versailles.

M. Sauzède a été blessé de deux coups de feu au bras et au côté gauche et M. Potier, d'une balle au genou. Plus heureux que ses deux amis, M. de Cléry n'a eu que sa capote percée de deux balles.

*
* *

Souvenir d'un conseil de révision :
— Quel motif d'exemption ? etc.
— Soutien de femme veuve.
— Et que fait votre mère ?
— Ma mère?... Elle est morte depuis longtemps !

Samedi, 10 Décembre 1870.

Quatre-vingt-troisième journée de siége

Voici le quatrième jour de calme et de repos presque absolu. A peine si le canon s'est fait entendre pendant ce laps de temps. Cependant, cette nuit, les batteries de Saint-Ouen et celles du fort La Briche ont tiré sur les travaux des Prussiens à Orgemont et à Epinay.

*
* *

Depuis hier, il neige à Paris, comme il neigeait à Eylau et sur la Bérésina...

En avant, donc ! et que cette troisième date de la neige, plus glorieuse que les deux autres, soit celle de la délivrance. Courage !!

Oui, courage ! Et ce grand Paris, qui sait souffrir comme il sait combattre, n'a qu'un mot aux lèvres : « Nous vaincrons ! »

*
* *

Dans la journée, huit bataillons de marche de la garde nationale, accompagnés de trois batteries de canons offertes par le troisième arrondissement, se sont rendus sur la place Vendôme pour être passés en revue.

Les trois batteries ont pris position devant l'hôtel de l'état-major de la garde nationale.

Aussitôt, le général Clément Thomas, escorté de son état-major, est arrivé sur la place. Ayant mis pied à terre pour examiner les canons, il a exprimé à M. Bonvalet, maire du troisième arrondissement, toute sa satisfaction de l'empressement que ses administrés ont mis à offrir ces terribles engins de guerre à la défense nationale.

Puis, remontant à cheval, le général a adressé aux troupes cette courte allocution :

» Citoyens,

» Vous nous offrez des canons, bientôt vous nous offrirez des bras pour les servir et des poitrines pour marcher contre l'ennemi. »

*
* *

La garde nationale à cheval, commandée par le colonel Quillet, est appelée à un service très-actif.

Elle est chargée de transmettre des ordres et des dépêches entre les diverses batteries installées sur tous les points de la ligne d'attaque.

*
* *

Une locomotive blindée, armée d'une mitrailleuse, s'est avancée, ce soir, sur la ligne de l'Est jusqu'au pont établi à 200 mètres en avant de la station de Cagny.

Après avoir tiré plusieurs bordées sur les avant-postes prussiens, situés sur la route de Montfermeil, la locomotive a rétrogradé vers Paris.

*
* *

On prétendait, ce soir, dans les groupes qui se forment constamment autour des kiosques du boulevard Montmartre, qu'un complot a été découvert parmi les soldats polonais de l'armée prussienne ; il avait pour but de déposer les armes en masse et de se faire prisonniers de la France, contre laquelle ils ne veulent plus combattre.

J'avance, bien entendu, cette nouvelle sous toute réserve, et pour donner une idée des mille et un racontars qui circulent journellement dans Paris.

———

Dimanche, 11 Décembre 1870.

Quatre-vingt-quatrième journée de siége

La tranquillité la plus absolue n'a cessé de régner sur toute l'étendue de la ligne d'investissement.

Pendant la nuit et à la faveur du brouillard qui couvre la plaine, les Prussiens ont eu l'audace de planter au-dessus du Mont-Valérien, une pancarte portant en allemand ces mots : « Aux valeureux dé- » fenseurs du Mont-Valérien, salut de la part de la » 10ᵉ division. »

Le comte de la Roche-Thulon, commandant les éclaireurs de la mobile bretonne espère rendre bientôt la visite de la 10ᵉ division prussienne.

*
* *

Les ouvrages du plateau d'Avron placés sous la direction du contre-amiral Saisset, sont occupés par le corps franc d'artillerie, organisé par le capitaine Pothier, qui s'y trouve également. L'artillerie du plateau est commandée par le colonel de Stoffel, ancien attaché militaire de l'empire, à Berlin.

Le corps d'artillerie du plateau d'Avron possède un pointeur tout à fait hors ligne, le capitaine Pothier lui-même, qui se multiplie rectifiant le tir de ses pièces, fabriquées sous sa direction chez Flaud. Grâce à ce pointeur exceptionnel, les batteries d'Avron ont détruit dans la gare des marchandises de Chelles, à 7,500 mètres, des approvisionnements considérables entassés là par les Prussiens.

Le Gouvernement de la défense nationale a eu connaissance de la mauvaise foi d'un détachement prussien qui tout dernièrement a fait mine de vouloir se rendre pour tirer ensuite à bout portant sur nos soldats.

En conséquence, un ordre du jour a été lu aux troupes où il leur est interdit de cesser le feu sur un détachement ennemi qui voudrait se rendre tant qu'il n'aura pas jeté ses armes à terre.

*
* *

J'ai fait un rapprochement étrange en visitant les ambulances : j'y ai vu plusieurs blessés saxons du 107e régiment, et c'est notre 107e de ligne qui les combattait corps à corps.

*
* *

Aujourd'hui dans les vingt arrondissements de Paris ; les municipalités ont fait distribuer à leurs administrés, du hareng salé, par ce temps de siége ; c'est un mets recherché ; cela remet de la viande de cheval.

Mais quand on songe que la ration d'une personne pour trois jours est d'un *demi-hareng*, n'est-on pas un peu tenté de s'écrier : « Qu'on me ramène... à » l'écurie ? »

Lundi, 12 Décembre 1870.

Quatre-vingt-cinquième journée de siége

Décidément, nos ennemis sont trop bêtes ou nous croient par trop naïfs.

Aujourd'hui, Paris, qui avait accueilli par une explosion d'indignation et d'enthousiasme la communication de M. de Moltke, a répondu par un éclat de rire aux terrifiantes dépêches apportées par deux pigeons lâchés, suivant toute apparence, des avant-postes de Prussiens.

Voici ces incroyables dépêches reproduites ce matin dans l'*Officiel:* ces deux dépêches dont l'origine prussienne est incontestable sont précédées des lignes suivantes :

« Le Gouvernement, résolûment décidé à communi. quer à la population toutes les nouvelles qui l'intéressent, ne croit devoir accompagner d'aucun commentaire la reproduction des dépêches *prussiennes* dont voici le texte.

N° 1.

» Rouen, 7 Décembre.

» *Gouverneur de Paris.*

» Rouen occupé par les Prussiens qui marchent sur Cherbourg.

» Populations rurales les acclament; délibérez. Orléans repris par ces diables. Bourges et Tours, menacés. Armée de la Loire complétement défaite. Résistance n'offre plus aucune chance de salut.

» A . LAVERTUJON. »

N° 2.

« Tours, 8 Décembre.

» *Rédacteur Figaro, Paris.*

» Quels désastres ! Orléans repris. Prussiens deux lieues de Tours et Bourges. Gambetta parti Bordeaux. Rouen s'est donné. Cherbourg menacé. Armée Loire n'est plus, fuyards, pillards, population rurale, partie connivence Prussiens.

» Tout le monde en a assez. Champs dévastés. Brigandage florissant, manque de chevaux, de bétail. Partout la faim, le deuil. Nulle espérance. Faites bien que les Parisiens sachent que Paris n'est pas la France et que la province veut dire son mot.

» *Signature illisible.* »

14

Hier, par suite d'un malentendu entre les boulangers, et l'administration, le pain a manqué, dans quelques quartiers : il en était résulté une certaine agitation.

Ce matin le Gouvernement s'est empressé de faire afficher l'avis suivant :

« Hier, des bruits inquiétants répandus dans la population, ont fait affluer les consommateurs dans certaines boulangeries.

» On craignait le rationnement du pain.

» Cette crainte est absolument dénuée de fondement la consommation du pain ne sera pas rationnée. »

*
* *

Au moment où M. de Talhouët tombait blessé à la jambe, le caporal Jean Decré, de la 7ᵉ compagnie du 2ᵉ bataillon d'Ille-et-Vilaine, le fit mettre immédiatement à l'abri des balles, dans une sorte de carrière située à 200 mètres en avant de la redoute de Champigny. A partir de cet instant, le brave caporal ne quitta plus son capitaine, toujours en faisant le coup de feu.

Quelques minutes après, M. de La Moussaye, capitaine au 4ᵉ bataillon, tombait à peu de mètres d'eux. Le caporal, aidé d'un homme de sa compagnie, sortit du trou où il était blotti, et alla, sous une grêle de balles, relever le capitaine.

A ce même combat de Champigny, le 121ᵉ de ligne a perdu trente officiers parmi lesquels M. Réné de Fromont. On m'apprend à l'instant que M. Emile Texier, lieutenant des mobiles de la Vienne, est mort à l'ambulance du Grand-Hôtel.

M. Chevalier, sous-lieutenant d'artillerie sortant de l'Ecole polytechnique vient également de succomber à ses blessures, à l'ambulance du Grand-Hôtel : un

blessé venait de tomber en syncope à la suite d'une
hémorrhagie. Ne le voyant pas revenir à lui, le chirurgien qui l'assistait n'hésite pas. Il ouvre sa propre
veine, se tire du sang, et le transfuse dans la veine
du mourant, qui reprend bientôt ses forces. Ce chirurgien est le docteur Maurice Reynaud.

*
* *

Réponses historiques d'un citoyen peu zélé à un
président du conseil de révision.

— Quel motif d'exemption faites-vous valoir?

— Soutien unique de femme veuve.

— Et que fait votre mère?

— Elle vit de ses rentes ! ! !...

———————

Mardi, 13 Décembre 1870.

Quatre-vingt-sixième journée de siége

Rien de nouveau dans la situation militaire.

Une action vigoureuse se prépare. Ni le jour ni le
lieu ne sont encore fixés.

Et c'est fort heureux, puisque les Prussiens savent
avant nous les mouvements que l'on médite.

*
* *

Les Allemands nous ont fait, dans les deux affaires
du 30 novembre et du 2 décembre, 1,050 prisonniers,
dont 30 officiers. Tous ont été envoyés en Allemagne
par Metz.

Voici la liste des officiers :

Aubry, lieutenant-colonel du 124e régiment de
marche.

Carlier, chef de bataillon, du 121e rég. de marche.

Bernier, capitaine,   id.

Ayaud, capitaine, au 121e régiment de marche.
Guéneau, capitaine,   id.
Buet, lieutenant,   id.
Buisson, lieutenant,   id.
Toudelle, lieutenant.   id.
Déhergue, lieutenant,   id.
Hurteaux, lieutenant,   id.
Trick, lieutenant, au 118e régiment de marche.
Dupontavisse (blessé) lieutenant   id.
Rapst, capitaine, au 122e régiment de marche.
Billion-Bourbon, capitaine,   id.
Battesti, lieutenant,   id.
De Mallevaux, lieutenant,   id.
Coronatti, lieutenant,   id.
Xambeu, lieutenant,   id.
Robart, sous-lieutenant,   id.
Audirac, sous-lieutenant,   id.
Robin, sous-lieutenant,   id.
Orange, capitaine, au 126e régiment de marche.
Combes, capitaine, au 42e régiment de marche.
Fabre, capitaine,   id.
Leu, capitaine,   id.
Randoing, capitaine,   id.
Ollier, capitaine, au 35e régiment de marche.
Rogelot (blessé), lieutenant,   id.
Rodde-Chabannes, lieutenant, id.
Evrard, sous-lieutenant,   id.

*
* *

Pour venir en aide aux Sœurs noires et aux Sœurs grises qui se sont toutes faites infirmières, les dames de Paris viennent de fonder l'association des Sœurs parisiennes. Celles qui voudraient en faire partie sont priées de se faire inscrire dans le plus bref délai chez Mme Sezzi, 57, rue des Saints-Pères, ou chez Mme Veil, 181, boulevard Sébastopol.

Les dons patriotiques s'élèvent à de si grandes proportions que j'ai renoncé depuis longtemps à les
enregistrer : ils continuent à affluer de tous côtés.
Aujourd'hui c'était la Société des auteurs, composi-
teurs et éditeurs de musique qui, par l'intermédiaire
de son agent général, M. L. Rollot, versait à l'œuvre
de souscription patriotique instituée au profit de
Châteaudun la somme de 339 fr. 60 c.; je cite par
exception le don de la Société des auteurs dramatiques
parce que mon très-honoré père en fait partie depuis
plus de trente ans.

*
* *

On me rapporte qu'un commandant de mobiles
voulant être renseigné sur les avant-postes prussiens,
avait demandé un homme de bonne volonté.

Un officier se présente.

— En quoi vous déguiserez-vous ?

— Je garderai mon uniforme !

— Mais vous serez tué !

A quoi l'officier fait cette réponse que ne ferait pas
un Prussien :

— J'aime mieux être tué qu'espion !

*
* *

Un pur du 9ᵉ arrondissement, voyant passer les
brancardiers des écoles chrétiennes :

— Ah !... « les oies du frère Philippe !... » s'écrie-
t-il, en faisant allusion au conte de la Fontaine.

— Vous voulez parlez des « Frères... et amis !... »
répliqua un vieux zouave, qu'ils avaient ramassé
dernièrement sur le champ de bataille, sous le feu de
l'ennemi.

14*

Mercredi, 14 Décembre 1870.

Quatre-vingt-septième journée de siège

Cette nuit, la canonnade a été très-vive ; de violentes détonations se succédaient avec une rapidité extraordinaire, dans la direction de Bicêtre, Ivry et Charenton. On m'a affirmé que les Prussiens ont fait une démonstration sur Créteil et menacé nos avant-postes de Maisons-Alfort, et qu'ils ont été énergiquement repoussés.

Dans la journée, les Prussiens ont tenté une reconnaissance sur la presqu'île de Gennevilliers. Ils étaient montés sur d'énormes bateaux par groupe de soixante hommes environ ; la redoute de Courbevoie leur a envoyé plusieurs obus. Deux projectiles étant venus s'abattre en plein sur deux barques, les Prussiens sont tombés à l'eau.

*
* *

L'industrie privée fonctionne avec le plus grand zèle et la plus grande régularité.

Ces jours-ci, elle a fourni 6 batteries de canons se chargeant par la culasse, munis de leurs affûts et caissons.

Les grands ateliers Cheylus et Cail ont à peu près terminé les commandes qui leur avaient été faites.

Cent mitrailleuses seront livrées d'ici à deux jours. Les chevaux et les conducteurs sont organisés de manière à pouvoir accompagner chaque livraison.

*
* *

Un nouveau trait de dévouement que je tiens à signaler à l'honneur des sœurs de charité, si admirables dans nos malheurs publics.

Quarante-sept d'entre elles avaient été envoyées à Bicêtre pour soigner les varioleux qui y sont hospitalisés ; onze sœurs succombèrent au hideux fléau. On en demanda onze pour les remplacer : il s'en présenta trente-deux ; on a dû tirer au sort!

*
**

Il y a longtemps que je n'ai donné le tarif des denrées alimentaires sur les marchés de Paris, il est cependant assez curieux pour figurer ici. J'ai vu, de mes yeux vu, ce matin même, payer à la Halle 30 fr. une mesure d'oignons de dix litres, ce qui n'étonnera pas ceux qui ont vu vendre, chez les fruitières, un simple litre d'oignons 3 fr. 75. Un chou vaut 3 fr., un bien maigre chou-fleur se paye couramment 3 fr. 50 à 4 francs, et un simple poireau vaut, selon sa grosseur, de 25 à 50 centimes. Les choux de Bruxelles sont à 2 fr. 50 le litre; les radis, aussi vilains que possible, à 50 centimes la botte ; les champignons, à 3 francs la livre, et la mâche, à 2 francs la livre.

Quant aux carottes, si chères il y a quelques jours (7 fr. 50 une botte de vingt-sept), on en chercherait vainement chez n'importe quelle marchande de même que les navets et les panais. Pour ce qui est des œufs, on les paye couramment un franc la pièce. On trouve encore du céleri à 2 fr. le pied et du cardon à 3 ou 4 fr. Pour les pommes de terre, leur absence est complète. La betterave vaut de 0 fr. 90 à 1 fr. le demi-kilog. Les oies, qui valaient la semaine dernière de 60 à 70 francs, les canards et les poules, qui ne se donnaient guère à moins de 25 francs, ont complétement disparu. Il reste bien quelques lapins, mais on en demande 30 et jusqu'à 40 francs.

Le prix d'une carpe de moyenne grosseur est de 15 à 18 francs, et une langue de bœuf ne se livre pas à moins de 20 francs. Enfin, pour en finir, j'ai vu payer un rat 4 francs, et deux cœurs de chien 2 fr. 50 c.

Et malgré ces prix fabuleux, il y a encore des gourmets à Paris, car dans un restaurant où j'ai dîné ce soir, d'une assiettée de haricots, j'ai entendu le dialogue suivant :

Un MONSIEUR, *d'un air dégagé.* — Garçon, des huîtres !

LE GARÇON, *d'un air non moins dégagé.* — Monsieur, il n'en reste plus.

LE MONSIEUR, *vivement.* — Vous en aviez donc !...

LE GARÇON, *froidement.* — Oui, monsieur... Il y a trois mois.

Jeudi, 15 Décembre 1870.

Quatre-vingt-huitième journée de siége

Ce matin, le bruit du canon se fait entendre à l'ouest et au nord. On parle d'un engagement du côté de Saint-Denis.

⁎⁎

On connaît l'importance stratégique du plateau d'Avron et de la Grande-Pelouse. Ce plateau, dont nous sommes maîtres depuis le 28 novembre, s'élève en forme de quadrilatère entre Villemomble et Rosny-sous-Bois. Son élévation à Avron est de 115 mètres et perd 5 mètres dans son inclinaison à l'est, au point dit de la Grande-Pelouse. Nos canons postés sur ce point commandent donc toute la plaine qui s'étend à l'est et au nord, et rendent la Marne inaccessible à 7,000 mètres.

Les Prussiens ne peuvent plus aujourd'hui passer cette rivière à Lagny. Ils ont dû évacuer Chelles, où se trouvait leur gare de chemin de fer et où aboutissaient les vives et les munitions venant d'Allemagne.

Leurs états-majors de Ville-Evrard et de Montfermeil ont été forcés aussi de se porter sur des points plus éloignés.

On conçoit, en conséquence, qu'ils cherchent à s'emparer d'un point qui leur est si incommode. Ils ont tenté de l'occuper cette nuit et par surprise ; car, pour l'attaquer de vive force, il en faudrait faire le siége. Vers une heure, ils avançaient sous les branches de la forêt de Bondy et arrivaient, de divers points, sur Villemomble. C'est en avant de ce village qu'ils ont pris leur position de combat. Très-forts au centre, ils avaient déployé sur leurs ailes des bandes de tirailleurs qui devaient attaquer nos positions par la droite et par la gauche.

Ce sont les ailes qui se sont avancées les premières, longeant à pas de loup les murs et les arbres des avenues. Nos grand' gardes, assaillies ont riposté par des coups de feu dont il était difficile d'apprécier la portée. Cependant, la fusillade a pris, à l'arrivée des renforts, les proportions d'une vraie bataille.

Tandis que nos soldats étaient occupés à droite et à gauche, le centre de l'ennemi était déjà parvenu à 100 mètres du sommet du plateau, quand une décharge de toutes nos pièces fit d'épaisses trouées dans ses rangs. Le feu a continué longtemps. Les Prussiens fuyaient en désordre, poursuivis par nos obus jusque dans les bois.

Le feu a cessé vers trois heures. Au petit jour, on a vu des colonnes ennemies filant de Gagny sur Chelles. On a envoyé plusieurs obus sur la route départementale, pour inquiéter ce mouvement. Le feu a continué un instant sur les maisons de Chelles. Les Prussiens se sont tenus à distance respectueuse le reste de la journée

Les francs-tireurs de la presse troublent fréquemment le sommeil des Prussiens au Bourget et aux alentours.

Voici un de leurs derniers exploits :

Le capitaine Charenton demande huit hommes de bonne volonté, consentant à n'emporter que le sabre pour toute arme. Il s'agit d'une expédition de fantaisie. Ils partent donc, et arrivent sans bruit sur un poste ennemi. Quatre hommes s'y trouvaient alors réunis. Un est tué sur place, et les trois autres sont emmenés prisonniers et forcés d'apporter eux-mêmes leurs bagages.

*
* *

Depuis quelques jours on chante dans les campements et dans les casernes une chanson venant on ne sait d'où, calquée, pour l'air et pour les paroles, sur la *Casquette du Père Bugeaud*. En voici deux couplets :

> As-tu vu Bismarck
> A la porte de Châtillon ?
> As-tu vu Bismarck
> Mettre son cotillon ?

> Il va bien la danser
> A la porte de Châtillon,
> Il va bien la danser
> Et boire un bouillon !

Il y a encore cinq ou six couplets de cette force ; mais ces deux-là suffisent.

———

Vendredi, 16 Décembre 1870.

Quatre-vingt-neuvième journée de siége

Cette nuit, et pendant toute la journée, les forts du sud et le Mont-Valérien n'ont cessé de tonner. Ils poursuivent obstinément la destruction des ouvrages de l'ennemi.

Une pièce d'artillerie nouvellement installée au Mont-Valérien vient d'envoyer un obus dans le pavillon Henri IV sur la terrasse de Saint-Germain. La distance est au moins de 8,500 mètres. Ce terrible engin porte le nom moins terrible de *Valérie*.

*
* *

Sur toute la rive de la Seine, de Meudon à Saint-Cloud, la fusillade est presque permanente; elle éclate, à intermittences inégales, se répétant dans l'écho sonore des collines voisines.

Saint-Cloud brûle toujours; des colonnes de fumée montent lentement au-dessus du village.

*
* *

La plupart des bataillons de guerre de la garde nationale sont entrés en ligne aujourd'hui.

*
* *

A la suite des combats, qui ont eu lieu les 30 novembre et 2 décembre, nos morts ont été enterrés en avant de Bry et de Villiers, à l'angle de la route qui part de la fourche de Champigny et de l'avenue conduisant au château du Tremblay.

Ces morts sont au nombre de 875, dont 25 officiers. Trois grandes fosses ont été creusées pour les soldats, rangés au fond, à côté les uns des autres, comme dans nos cimetières : une fosse spéciale a été réservée aux officiers. Sur chacune se trouve une croix de bois. Ce sont les frères qui, avec un zèle qu'on ne saurait trop louer, ont procédé aux terrassements et à l'ensevelissement.

Afin que les familles puissent plus tard retrouver

l'endroit où reposent leurs morts, voici le plan de ces sépultures.

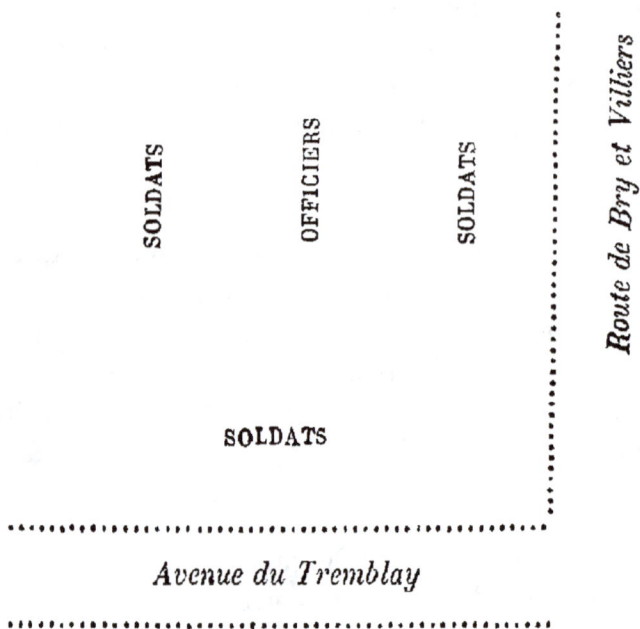

SOLDATS

OFFICIERS

SOLDATS

Route de Bry et Villiers

SOLDATS

Avenue du Tremblay

Le sergent Hoff, qui a pris part au combat du 2 décembre, n'a pas reparu depuis cette époque.

*
* *

Tous les Parisiens connaissent le moulin situé sur la pente du Mont-Valérien, à mi-chemin du fort et du village de Nanterre. Dans la soirée, un détachement du 139ᵉ de marche avait fait une reconnaissance au-delà dudit moulin, présentement abandonné. L'un des hommes du détachement, le nommé Lauritz, chasseur de la 4ᵉ compagnie du 3ᵉ bataillon, s'étant trouvé subitement indisposé, fut porté par ses camarades dans la chambre à farine, où on le coucha sur des bottes de paille. Nos soldats, profitant de l'obscurité, poussèrent jusqu'à Rueil, et, après avoir constaté la présence de l'ennemi, ils reprirent le chemin du fort, sans se préoccuper en aucune façon de leur camarade, qu'ils avaient totalement oublié.

Les Prussiens sont de la nature du loup, ils sentent de loin la chair fraîche, et, dans une reconnaissance qu'ils firent à leur tour, au milieu de la nuit, dans les environs du moulin de Nanterre, ils éventèrent notre pauvre troupier. Lauritz, remis de son indisposition passagère, ronflait comme un bienheureux, quand le bruit des crosses de fusils qui ébranlaient la porte de sa chambre à coucher le réveillèrent en sursaut. Devinant sur-le-champ à quelle espèce de visiteurs il avait affaire, il eut recours au stratagème suivant, pour dissimuler l'infériorité du nombre.

Le moulin qui lui servait de retraite a deux lucarnes; devant celle de droite, il dressa une botte de paille surmontée de son képi; devant celle de gauche, il se mit en observation, en s'écriant à haute voix : » Attention !... Camarades, ils sont cinq, mais nous » sommes trois ! la partie est égale ! » Cette apostrophe fut suivie de trois coups de feu; car, outre son chassepot, Lauritz portait un revolver. A cette triple décharge, la patrouille prussienne ne jugea pas prudent de tenter l'assaut, et le voisinage du fort leur inspirant, en outre, une certaine appréhension, ils décampèrent lestement, non sans avoir entendu, de rechef, siffler à leurs oreilles les balles de la garnison. Depuis ce jour, Lauritz, qui m'a raconté son aventure, a été débaptisé par ses camarades, qui ne l'appellent plus que le commandant Dumoulin.

Samedi, 17 Décembre 1870.

Quatre-vingt-dixième journée de siége

Le canon des forts qui avait tonné presque sans intermittence dans la soirée d'hier, s'est tu vers la fin de la nuit.

*
* *

On a prétendu, pendant les dernières nuits, qu'on a entendu le canon dans la direction des Prussiens, et que ce canon ne pouvait être que celui des armées de province.

On s'est défié de ces canonnades; nos officiers d'artillerie ont l'oreille fine.

Ces canons tiraient à poudre.

*
* *

Ce matin, à une heure et demie, deux ballons-poste construits par les frères Godard se sont élevés simultanément de la gare d'Orléans.

Le *Gutenberg*, sous la conduite du marin Perruchon, était monté par trois voyageurs, et emportait de nombreux bagages.

Le *Parmentier*, aéronaute marin Paul (Louis), emmenait deux voyageurs et toutes les lettres de la poste.

La journée a été calme, et les pluies torrentielles qui détrempent les terres rendent difficile, à tout le moins, la reprise des opérations d'ensemble.

*
* *

La ville de Paris a déjà été assiégée sept fois :

— En 885, par les Normands qui furent obligés de lever le siége au bout de treize mois.

— En 978, par les Allemands qui, chassés par le roi Lothaire, furent poursuivis jusqu'à Soissons.

— En 1359, par les soldats de Charles le Mauvais, roi de Navarre, qui se retirèrent en toute hâte à l'approche des armées venues au secours de la place.

— En 1360, par les Anglais, sous le commandement d'Edouard III. Ce siége dura trois mois, et grâce aux sorties héroïques des habitants, l'ennemi dut renoncer à s'emparer de la ville.

— En 1429, par les Français, sous le commandement de Charles VII et de Jeanne d'Arc. Il s'agissait alors pour le roi de France de reprendre aux Anglais la capitale de son royaume. Ce cinquième siége ne réussit pas mieux que les précédents, et ce fut seulement en 1436 que la Pucelle put entrer par surprise dans Paris jusqu'alors imprenable.

— En 1589, par Henri IV que les ligueurs refusaient de reconnaître pour héritier d'Henri III. Ce siége, le plus terrible de tous, dura neuf mois, et la famine seule ouvrit les portes de la ville.

— En 1870, l'histoire dira que le septième siége de Paris, commencé le 17 septembre 1870, fut fait par huit cent mille Allemands.

Aujourd'hui, 17 décembre, on ne sait pas encore quelle en sera l'issue.

*
* *

Partout où il y a une bonne œuvre à faire, on est sûr de rencontrer le dévouement des artistes.

Deux comédiens, MM. Perrier et Augé de Baulieu, gardes nationaux au 85e bataillon (6e arrondissement), dont le talent égale l'esprit de charité ont organisé une représentation aux bénéfices des familles nécessiteuses des gardes de leur bataillon.

Dimanche, 18 Décembre 1870.

Quatre-vingt-onzième journée de siége

Peu d'opérations militaires, par ce temps de brume et de pluie.

Bicêtre et les Hautes-Bruyères ont fortement canonné l'Hay. Le Mont-Valérien a lancé quelques obus sur Rueil où l'ennemi semblait menacer nos avant-postes.

On remarque ce matin de grands mouvements de troupes sur les lignes de circonvallation prussiennes.

Les assiégeants, qui avaient fixé les fêtes de Noël comme limite extrême de la prise de Paris, auraient-ils l'intention de tenter une attaque ?

M. de Bismarck avait déclaré à M. Jules Favre que 48 heures suffiraient à l'armée prussienne pour s'emparer d'un ou deux de nos forts, après quoi il ne nous resterait plus qu'à capituler.

Les fêtes de Noël ne sont pas loin : et nous allons voir comment les Prussiens mettront à exécution leu menace.

Le fils de Régnier, l'excellent sociétaire de la Comédie-Française, s'est engagé mercredi dans le 18e chasseurs.

On mettait aujourd'hui en vente, à une boucherie du faubourg Saint-Honoré, la viande de deux chameaux et d'un jeune éléphant. La paire de chameaux a été achetée 4,000 fr. Après ça on peut se rabattre sur les pommes de terre : un fougueux sans-culotte du

XIX° siècle, indiquait ce soir le moyen de s'en procurer.

— Que ceux qui réclament des pommes de terre
fassent comme moi ; qu'ils aillent les arracher dans
le ventre des Prussiens !

Lundi, 19 Décembre 1870.

Quatre-vingt-douzième journée de siége

Hier soir, à neuf heures, on signalait quelques
fusillades d'avant-postes dans la vallée d'Arcueil, et
un incendie allumé par nos projectiles entre Chelles
et le moulin de Gournay.

*
* *

Le bruit d'un succès éclatant de nos armées de
secours se répand ce matin.

*
* *

A partir d'aujourd'hui 19 décembre les portes de
Paris resteront absolument fermées.

*
* *

On m'apprend que chaque jour, à compter de demain, il partira un ballon de Paris chargé de transporter en province nos lettres et les dépêches du
Gouvernement.

*
* *

Les perquisitions à domicile ont fait découvrir des
quantités considérables d'approvisionnements qui ont
été requis, soit en conserves, soit en fromage.

*
* *

Depuis la réquisition de la houille et du coke, les
chantiers sont envahis et le bois de chauffage augmente dans des proportions fantastiques.

258 TABLETTES D'UN MOBILE.

Midi : il paraît certain, d'après des informations parvenues à Paris, que l'armée de la Loire a obtenu, à la suite de l'évacuation d'Orléans, des avantages considérables sur l'armée du prince Frédéric-Charles.

* *

D'excellentes nouvelles sont également arrivées de l'armée d'Auvergne qu'il est bon de compter parmi les meilleurs appoints de la résistance en province. On dit qu'elle n'a pas moins de cent mille hommes, très-bien armés et tous animés d'un patriotisme ardent.

* *

Les chevaux de luxe seront très-vraisemblablement réquisitionnés cette semaine.

* *

Quand Napoléon III eut déclaré la guerre à la Prusse, le conseil des généraux se réunit sous la présidence de M. de Moltke, qui, penché sur une grande carte de France étalée devant lui, promenait son doigt maigre sur les lignes et disait :

— Vous prendrez Sedan, puis Strasbourg, puis Metz, puis Paris, puis...

Au nom de Paris, le prince Frédéric-Charles l'arrêta :

— Mais général, lui dit-il, on ne prend pas les villes comme Paris avec le doigt.

M. de Moltke doit s'en apercevoir aujourd'hui.

* *

J'apprends ce soir la mort de deux braves jeunes gens, M. Paul Richard et M. Étienne de Bressière : ils ont succombé hier aux suites de leurs blessures.

Mardi, 20 Décembre 1870.

Quatre-vingt-treizième journée de siége

J'étais de garde cette nuit aux avant-postes de Vitry, où pas un coup de fusil n'a été tiré.

La journée s'annonce relativement belle ; le baromètre monte, le temps se refroidit peu à peu, les terres se raffermissent, le vent souffle du Nord, et tout fait espérer une prochaine reprise des hostilités.

*
* *

Je ne me suis pas trompé : à partir de 10 heures, le canon du Mont-Valérien a commencé son vacarme, plusieurs régiments de cavalerie traversent Paris et se dirigent du côté du Point-du-Jour ; je viens de croiser, dans l'avenue de la Grande-Armée, des bataillons de garde nationale qui partent pour les avant-postes, parents et amis les accompagnent jusqu'aux avant-postes. Les femmes, à l'heure des adieux, ont une courageuse attitude et le dernier mot qu'on entend, entre les deux derniers baisers, c'est : « Battez-vous bien ! »

On devient Spartiate, à Paris !

*
* *

Mon bataillon reçoit à l'instant l'ordre d'aller remplacer à Vincennes un détachement parti, dans la journée, pour Bezons où une action importante est engagée, dit-on, au moment où nous nous mettons en route ; aucune nouvelle du dehors ne m'est encore parvenue, mais le canon se fait entendre au lointain.

*
* *

Nous venons de prendre possession de nos logements dans le fort.

L'ambulance du château est desservie par des

dames du monde qui se sont faites infirmières ; au moment où je traverse une des salles réservées aux blessures graves, un jeune soldat mourait dans les bras d'une de ces admirables sœurs grises : « Adieu, ma sœur », lui disait-il, et elle de lui répondre d'une voix douce et touchante : « Non pas adieu, mon cher enfant, mais au revoir là-haut! »

Mercredi, 21 Décembre 1870.

Quatre-vingt-quatorzième journée de siége

Pendant toute la nuit, on a signalé un grand mouvement de troupes.

L'attaque a commencé ce matin sur un grand développement, depuis le Mont-Valérien jusqu'à Nogent. — Le combat est engagé et continue avec des chances favorables pour nous, sur tous les points. — Le gouverneur est à la tête des troupes.

* *

J'apprends par un blessé qu'on vient d'amener à l'ambulance que les marins et la garnison de Saint-Denis ont fait des pertes assez sérieuses dans l'attaque du Bourget, qui, d'ailleurs, a été fort contrariée par une brume intense, très-gênante pour l'action de notre artillerie.

* *

Quatre heures : c'est décidément une grande bataille, l'artillerie est admirable.

A Stains et au Bourget, nos troupes, combattant à l'arme blanche, ont rencontré des fortifications et des murailles.

Les francs-tireurs de la presse se sont comportés vaillamment. Leur commandant Rolland, tombé de cheval, blessé, est demeuré, dit-on, sur le champ de bataille.

Tous leurs officiers ont payé de leur personne et quelques-uns de leur vie. Le 134ᵉ a été vaillant et s'est remarquablement signalé.

*
* *

Six heures : l'impression générale est que la journée a été, si non décisive, du moins brillante : cette première bataille n'est du reste que le prélude des grandes opérations qui vont s'accomplir.

Nos armées, pleines d'ardeur et d'espoir, ont emporté des vivres pour plusieurs jours, et le service des munitions se fait avec la plus régulière activité.

*
* *

Huit heures : des blessés en grand nombre sont dirigés sur Vincennes : ils confirment ce que j'ai déjà constaté aujourd'hui, les marins ont beaucoup souffert : selon leur habitude, ils ont abordé l'ennemi à la hache, portant leur fusil en bandoulière. Sur six cents qui ont donné dans l'action, deux cent soixante-dix-neuf ont manqué à l'appel.

Quatre officiers de marine ont été tués : MM. le vicomte Duquesne, Laborde, Moran, Pelletreau.

MM. Bouisset, Caillard, Patin et Witz ont été blessés.

Le commandant de cette brigade de fusiliers-matelots, M. le capitaine de frégate Lamothe-Tenet, a vu tomber à ses côtés ses deux officiers d'ordonnance, et son cheval a été atteint d'une balle à bout portant.

*
* *

L'un des frères de la Doctrine chrétienne, (le frère Néthelme), qui font le service des brancardiers des ambulances de la presse, a été blessé hier mortellement par une balle qui lui a traversé la poitrine, pendant qu'il donnait ses soins à un soldat.

15*

On vient d'amener au fort quatre-vingt-dix-sept prisonniers prussiens.

*
* *

Dix heures : la nuit ayant interrompu le combat, nos troupes campent sur les positions conquises.

Jeudi, 22 Décembre 1870.

Quatre-vingt-quinzième journée de siége

On lit ce matin sur les murs de Paris les rapports suivants :

« Les opérations militaires engagées hier ont été interrompues par la nuit.

» Sur notre droite les généraux de Malroy et Blaise, sous les ordres du général Vinoy, ont occupé heureusement Neuilly-sur-Marne, la Ville-Evrard et la Maison-Blanche. Le feu de l'ennemi a été éteint sur tous les points où il avait établi des batteries pour arrêter notre action, à la suite d'un combat d'artillerie très-vif.

» Le général Favé, commandant l'artillerie de la 3e armée, a été blessé.

» Le plateau d'Avron et le fort de Nogent ont appuyé l'opération.

» Dès le matin, les troupes de l'amiral la Roncière ont attaqué le Bourget ; elles étaient composées de marins, de troupes de ligne et de gardes mobiles de la Seine.

» La première colonne qui avait pénétré dans le village n'a pu s'y maintenir ; elle s'est retirée, après avoir fait une centaine de prisonniers qui ont été dirigés sur Paris.

» Le général Ducrot fit alors avancer une partie de

son artillerie, qui engagea une action très-violente contre les batteries de Pont-Iblon et de Blancmesnil. Il occupe ce soir la ferme de Groslay et le Drancy.

» Du côté du Mont-Valérien, le général Noël, vers sept heures du matin, a fait une démonstration à gauche sur Montretout, au centre sur Buzenval et Longboyau, en même temps que, sur sa droite, le chef de bataillon Faure commandant du génie du Mont-Valérien, s'emparait de l'île du Chiard. Au moment où cet officier supérieur y pénétrait à la tête d'une compagnie de francs-tireurs de Paris, il fut blessé très-grièvement. Le capitaine Haas, qui commandait cette compagnie, fut tué roide.

» La garde nationale mobilisée a été engagée avec les troupes, tous ont montré une grande ardeur.

» Le gouverneur passe la nuit avec les troupes sur le lieu de l'action.

» Du fort d'Aubervilliers.

» Conformément à vos ordres, nous avons attaqué le Bourget ce matin. Le bataillon des marins et le 138ᵉ, sous l'énergique direction du capitaine de frégate Lamothe-Tenet, ont enlevé la partie nord du village, en même temps qu'une attaque menée vigoureusement par le général Lavoignet dans la partie sud se voyait arrêtée malgré ses efforts, par de fortes barricades et des murs crénelés qui l'empêchaient de dépasser les premières maisons dont on s'était emparé.

» Pendant près de trois heures, les troupes se sont maintenues dans le nord du Bourget, jusqu'au-delà de l'église, luttant pour conquérir les maisons une à une sous les feux tirés des caves et des fenêtres, et sous une grêle de projectiles. Elles ont dû se retirer; leur retraite s'est faite avec calme.

» Simultanément, une diversion importante était

effectuée par les 10e, 12e, 13e, 14e bataillons des gardes mobiles de la Seine et une partie du 62e bataillon de la garde nationale mobilisée de Saint-Denis, sous le commandement du colonel Dautremon.

» Enfin, au même moment, le 68e bataillon de la garde nationale mobilisée de Saint-Denis se présentait devant Epinay, tandis que les deux batteries flottantes, nos 1 et 4 canonnaient le village ainsi qu'Orgemont et le Cygne d'Enghien, qui ripostaient vigoureusement.

» Nos pertes sont sérieuses, surtout parmi le 134e et le 138e. Bien que notre but n'ait pas été atteint, je ne saurais assez louer la vaillante énergie dont nos troupes ont fait preuve. Cent prisonniers prussiens ont été ramenés du Bourget.

» DE LA RONCIÈRE LE NOURRY. »

* *

Ce sont cinq bataillons de la garde nationale mobilisée, les 91e, 207e, 34e, 223e, et un bataillon de Montmartre dont le numéro m'échappe, qui ont occupé hier Neuilly-sur-Marne.

* *

Hier, à l'attaque du Bourget, M. Anatole Duruy, chef d'escadron d'état-major de la garde nationale, a été frappé par un éclat d'obus à côté du général Clément Thomas.

Le général a fait panser M. Duruy sur le champ de bataille et a voulu le ramener dans sa voiture.

M. Duruy, l'ancien ministre, fait partie de la garde nationale sédentaire.

* *

La nuit dernière, des soldats ennemis, restés dans les caves de la Ville-Evrard, ont fait une attaque sur les postes occupés par les troupes; nos hommes, ayant riposté vigoureusement, ont tué ou fait prisonniers la

plus grande partie des assaillants; malheureusement
le général Blaise, qui s'était porté en toute hâte à la
tête de ses troupes, a été mortellement atteint. Il est
l'objet des plus vifs regrets dans la brigade qu'il
commandait.

* *

On ne sait rien encore sur les opérations militaires
qui ont dû se poursuivre à l'est de Paris, mais l'artillerie y a sûrement joué un grand rôle.

De minute en minute, la fumée du canon montait
sur les bois qui nous ferment l'horizon à l'extrême
droite de nos lignes.

* *

Pendant qu'on se bat avec acharnement sous les
murs de Paris, deux faits doivent être enregistrés
dans l'histoire merveilleuse de ce siége.

1° On installe, sur les boulevards, les baraques du
jour de l'an.

2° Nous avons vu passer des voitures chargées d'arbres de Noël.

Non, certainement non, personne n'a idée de çà
en Prusse!...

Vendredi, 23 Décembre 1870.

Quatre-vingt-seizième journée de siége

La nuit a été rude pour nos soldats, cependant, le
froid le plus intense n'a pas arrêté leurs efforts, et ils
ont travaillé activement aux tranchées ouvertes,
destinées à les abriter contre les coups de l'ennemi.
Ces tranchées, commencées hier dans la journée pendant que l'artillerie harcelait les avant-postes prussiens, n'ont été ouvertes qu'avec les plus grandes
difficultés; la terre, gelée à plusieurs pouces de pro-

fondeur, était devenue d'un maniement extrêmement difficile. Il est probable que cette recrudescence du froid, qui paralyse les membres de nos pauvres troupiers, va nous obliger à suspendre les opérations projetées. La journée d'hier, sur laquelle on semblait compter pour compléter les succès obtenus la veille, n'a, en effet, été signalée que par une canonnade vigoureuse à l'est, et par une brillante reconnaissance à l'ouest, dans les bois de Clamart. Mon cousin Kergonnou, dont le bataillon est caserné au fort d'Issy, faisait partie de cette reconnaissance, et, comme justement il était venu la veille pour me demander si j'avais des commissions pour Clamart, je l'avais chargé, en plaisantant, de me rapporter le chat de ma grand'mère, si, par hasard, il le trouvait sur sa route. Je dois dire, en passant, que ma chère bonne-maman a un faible très-prononcé pour cet affreux animal, qui m'a souvent griffé.

Hier donc, à une heure de l'après-midi, six compagnies de mobiles sortaient du fort d'Issy, pour pousser une reconnaissance sur les hauteurs boisées qui dominent Clamart.

Guidé par le garde-champêtre Burdin, qui connaît admirablement le pays, le détachement a gravi sans difficultés le coteau du Moulin, et entré prudemment dans la forêt par une brèche pratiquée dans un mur, derrière la plâtrière de la Vallée.

Couvert par une ligne de tirailleurs, le bataillon de mobiles s'est avancé dans une des grandes avenues jusqu'aux environs des huit routes. Tout était silencieux dans la forêt, et aucun bruit n'avait encore trahi la présence de l'ennemi. Mais au détour d'un chemin se dresse la première barricade et retentit le premier coup de feu. L'alarme était donnée, les Prussiens étaient là, à quelques mètres, cachés derrière les arbres ou blottis dans les buissons. Aussitôt une vive fusillade s'engage sur divers points. Les balles, traversant les taillis, blessent plusieurs de nos soldats.

Enfin, après une lutte de deux heures contre des ennemis presque invisibles, le bataillon, traversant Clamart, rentrait au fort d'Issy.

Et Kergonnou n'avait pas oublié ma recommandation, il rapportait dans son sac le chat de ma grand'mère.

Si j'osais en faire une gibelotte?

Samedi, 24 Décembre 1870.

Quatre-vingt-dix-septième journée de siége

Cette nuit, les forts de Montrouge et de Bicêtre ont tonné depuis minuit un quart jusqu'à trois heures. Vers trois heures, la canonnade avait pris une grande intensité.

*
* *

L'artillerie du plateau d'Avron continue d'inquiéter l'ennemi et lui rend presque impraticable les communications par la route de Chelles.

*
* *

Un des prisonniers saxons enlevés à la Ville-Evrard et qui fait partie du 107e régiment de la Confédération, déclare qu'au combat de Villiers-sur-Marne à Petit-Bry, là où était engagé le corps du prince Georges de Saxe, son seul régiment a perdu huit cents hommes.

*
* *

Le nom du sous-lieutenant des zouaves Houel mérite d'être mis à l'ordre du jour.

A l'attaque du château de Villiers, au moment où les zouaves chargeaient sous une pluie de mitraille, Houel reçut une balle dans le ventre. La blessure était mortelle. Arc-bouté sur le coude gauche, l'officier saisit un sabre de soldat, et, pendant tout le défilé, ne cessa de crier : « En avant, mes zou-zou, en avant! conduisez-vous bien, mes enfants, et vive la France! »

Vingt minutes après, il était mort.

* *

Dans la journée du 22, on m'a signalé une magnifique charge de l'ancienne gendarmerie, transformée en corps de cavalerie de guerre. Ces braves gens ont, dit-on, complétement désorganisé les troupes qui leur étaient opposées.

* *

Paris est toujours dans l'attente, et la grande attaque projetée ne paraît que suspendue.

Mais nous avons à lutter non-seulement contre les ennemis, mais encore contre les éléments.

* *

Je ne sais, par ma foi, où le roi Guillaume a racroché ses soldats : mon camarade Lauritz me raconte qu'un sergent qui conduisait une patrouille et qui se trouvait à portée de voix de nos avant-postes leur a crié que *Portaux* était occupé par les Prussiens. Le commandant Dumoulin (lisez Lauritz) lui a répondu : « As-tu fini ? » et la tète carrée lui a répliqué : « *A » Jaillot! à Jaillot!* » Si encore ils ne nous avaient volé que ça.

Dimanche, 25 Décembre 1870.

Quatre-vingt-dix-huitième journée de siége

La nuit de Noël devait se passer sans combat.

La naissance du Sauveur du monde est un grave sujet de réflexion pour les victimes, comme pour le bourreau.

*
* *

Soldats allemands, vous ne vous chaufferez pas à la bûche de Noël, cette année ! Vous êtes des esclaves qui renoncez — pour votre roi — aux joies pures de la famille, aux élans généreux de la fraternité !...

*
* *

Paris, surexcité depuis trois jours par le bruit des batailles, a repris aujourd'hui sa physionomie ordinaire : il y a beaucoup de monde ce matin dans les églises et probablement ce soir une foule incessante encombrera les boulevards. A défaut de nouvelles touchant les opérations militaires qui se continuent sans doute aujourd'hui, bien au-delà des forts, je crois devoir signaler cet épisode intéressant du 23 :

Le 5ᵉ bataillon des mobiles d'Ille-et-Vilaine, le bataillon de Saint-Malo, commandant Lessart, avait ordre de pousser une reconnaissance, en partant du plateau d'Avron sur la route de Gagny à Gournay, en passant par la Maison-Blanche.

Dans l'angle obtus formé par cette route départementale et la grande route nationale de Paris à Strasbourg, après Neuilly-sur-Marne, après Villeviard, se trouve la propriété du Chesnay, appartenant au comte Roger du Nord.

Or, pendant que le propriétaire du lieu, avec ses soixante-dix ans, sa verdeur et sa bravoure bien connues, se fait mettre à l'ordre de l'armée, nos ennemis ont continué de hanter chaque jour dans la matinée son château, et hier matin tout un groupe d'officiers y déjeûnait sous la garde d'un poste que nous eussions dû enlever sans quelques coups de fusil envoyés par les éclaireurs des mobiles et qui ont donné l'alarme.

Après une courte fusillade, qui ne nous a fait à nous que deux ou trois blessés, nous étions les maîtres et nous ramassions les casques de ces messieurs, qui n'avaient eu que le temps d'enjamber les fenêtres et de se sauver en essuyant notre feu.

Le déjeuner était achevé, restait à prendre le café et ce sont les officiers du 5ᵉ bataillon des mobiles bretons qui l'ont pris, à la place de ceux pour qui il était versé.

*
* *

J'ai pu, dans la journée, en grimpant sur une voiture du train aller jusqu'à Drancy ; l'église de ce village a été miraculeusement préservée. Son clocher est percé de part en part. Un obus capricieux est descendu jusque sur les dalles du chœur sans rien briser.

Il a respecté un tombeau de jeune fille (Mˡˡᵉ de Ladoucette) : ce monument, éclairé par des jours mystérieux, est une merveille.

Lundi, 26 Décembre 1870.

Quatre-vingt-dix-neuvième journée de siége

Les troupes ont cruellement souffert pendant la dernière nuit : de nombreux cas de congélation se sont produits.

Le travail des tranchées a dù être arrêté par suite de la dureté du sol, qui est gelé jusqu'à 50 centi·mètres de profondeur.

Dans cette situation, devenue grave pour la santé de l'armée, et qui pourrait l'atteindre dans son moral, le gouverneur de Paris a décidé que tous les corps qui ne seraient pas nécessaires à la garde des positions occupées, seraient cantonnés de manière à être abrités. Ils s'y remettront des pénibles épreuves qu'ils viennent de subir et seront prêts à agir selon les événements.

Une partie des bataillons de la garde nationale employés au dehors rentrera dans Paris. Ceux qui resteront devant les positions seront cantonnés comme la troupe et relevés à tour de rôle. Les mesures que l'on vient de prendre pour sauvegarder la santé de nos troupes ont été nécessitées par une température exceptionnelle.

Elles n'impliquent à aucun degré l'abandon des opérations commencées.

*
* *

Les tranchées autour du Bourget sont achevées et notre position y est fortement établie.

Tout porte à croire d'ailleurs que le Bourget est actuellement évacué par les Prussiens. L'ennemi, menacé par nos travaux d'approche, a dù s'en retirer et il est douteux qu'il y revienne.

*
* *

Le lieutenant Lamouroux du 3ᵉ régiment de zouaves est le plus jeune de cinq frères dont trois ont été tués et le quatrième amputé pour blessures. Il a été grièvement atteint au plateau d'Avron : ce brave garçon en est à sa sixième blessure, il a reçu la première à Reischoffen, la seconde à Gravelotte, la troisième sous les murs de Sedan, la quatrième au Bourget, la cinquième à Champigny et la sixième au plateau d'Avron.

Dans une proclamation qu'il vient d'adresser à son armée le roi de Prusse reconnaît hautement les « *efforts extraordinaires* » de Paris et de la province. Il est moins fanfaron que ses soldats qui écrivaient hier sur les murs de la Ville-Evrard « Dans huit jours nous cavalcaderons dans les rues de Paris. »

*
* *

Je dois à la complaisance de M. Michel Mortjé, officier des francs-tireurs, la communication suivante qui ne peut manquer de faire venir l'eau à la bouche de mes lecteurs:

Menu de notre réveillon du 24 décembre 1870
(Avant-poste de Nanterre)

HORS-D'ŒUVRES

Sardines... sans sergents.

Pas de beurre.

Pas de radis.

ENTRÉES

Filet de cheval aussi cuit que possible

SORTIES

S'adresser au général Trochu.

ROTIS

Cuissots de rats à la crapaudine.

Côtelette de chien, sauce verte.

Entrecôte de chat à la bordelaise.

LÉGUMES

On en avait jadis.

ENTREMETS

Bombes... du Mont-Valérien.

DESSERT

Tout ce qu'on peut désirer en... imagination.

Il y aura beaucoup de café.

Mardi, 27 Décembre 1870.

Centième journée de siége

Cette nuit, l'ennemi a fait sauter la Gare-aux-Bœufs de Choisy.

L'ennemi a démasqué ce matin des batteries de siége contre les forts de l'est, de Noisy à Nogent, et contre la partie nord du plateau d'Avron. Ces batteries se composent de pièces à longue portée.

En ce moment, onze heures, le feu est très-vif contre les points indiqués, et comme cette canonnade pourrait être le prélude d'un bombardement général de nos forts, toutes les dispositions sont prises dans le but de repousser les attaques et de protéger les défenseurs. Il paraît probable que l'ennemi, fatigué d'une résistance de cent jours, se dispose à employer contre nous les moyens d'attaque, à grande distance, qu'il a depuis longtemps rassemblés.

*
* *

La canonnade prussienne a duré jusqu'à cinq heures, entretenue plus ou moins activement. Nos pertes s'élèvent à environ huit tués et cinquante blessés, dont quatre officiers de marine.

Au fort de Noisy, il n'y a eu aucun homme atteint; deux hommes du fort de Rosny et trois de celui de Nogent ont été blessés.

En résumé, cette première journée de bombardement partiel contre nos avancées et nos forts, avec des moyens dont la puissance est considérable, n'a pas répondu à l'attente de l'ennemi.

Notre feu, très-vif, a dû lui faire éprouver des pertes sérieusés sur les points les plus à portée du plateau.

Sous prétexte d'un échange de prisonniers, un général prussien nous apprend la nouvelle d'un insuccès de notre armée du Nord.

La population de Paris est à l'épreuve de ces tentatives d'intimidation. Elle sait que la France est debout et que chaque jour qui s'écoule augmente le nombre de nos défenseurs au dehors ; cela lui suffit

pour supporter courageusement des épreuves dont
l'issue infaillible est la délivrance.

*
* *

Le Gouvernement vient de découvrir, à Paris, plusieurs millions de kilogrammes de fécule.

Cette fécule était conservée dans de vastes citernes,
sortes de silos, et servait à la fabrication du sirop de
fécule, de la bière et du pain d'épice.

Grâce à cette réserve inattendue, nous aurons du
pain pour quinze jours de plus.

Et comme dit le proverbe :

Avec du pain et du vin,
On ne meurt pas de faim.

Si la rime n'est pas riche, elle est du moins à son aise.

*
* *

La température est toujours rigoureuse ; hier, nous
avons eu 12 degrés au-dessous de zéro à deux heures.

Aujourd'hui, nous ne sommes plus qu'à 10 degrés,
c'est encore réjouissant.

Encore un peu de patience, le froid et les Prussiens s'en iront.

*
* *

Voici la contre-partie du menu de Nanterre.

SIÉGE DE PARIS 1870.

—

CENTIÈME JOUR D'INVESTISSEMENT

—

MAISON TORTONI

PERCHERON, restaurateur glacier

—

Menu du Lundi 26 Décembre 1870.

Tête de veau.

Sauce verte. Tortue à l'huile.

Filet de bœuf.

Sauce poivrade. Pommes sautées.

Ceps bordelais.

Salades de légumes.

Sorbets, rhum et kirch.
Entremets sucrés.
Soufflets de nonnes.
Beignets de pommes.
Desserts.
Pommes, poires, biscuits, mendiants.
Fromage.
Vins, café et liqueurs.

Mercredi, 28 Décembre 1870.

Cent et unième journée de siége

Une opération sur la Maison-Blanche conduite à la pointe du jour par le colonel Valette, avec trois bataillons de mobiles, a été très-bien dirigée. La grand-garde ennemie a été chassée du parc ; on a fait six prisonniers.

Le mur a été complétement abattu, ce qui ôte à l'ennemi toute possibilité de s'y abriter pour inquiéter nos postes. Nos pertes sont de un homme tué et huit blessés, dont un officier.

*
* *

Un escadron de la garde nationale à cheval s'est réuni ce matin à la place Vendôme pour aller escorter des canons de nouvelle fabrication qui devaient être conduits à un poste avancé.

*
* *

C'est sans doute pour célébrer le centenaire du siége que les artilleurs du roi Guillaume ont ouvert le feu des fameux canons Krupp contre le plateau d'Avron et les forts de Nogent, de Rosny et de Noisy. Plus de trois mille obus ont été lancés par les assiégeants pour nous mettre une cinquantaine d'hommes hors de combat. Si les Prussiens continuent de ce train, il est certain que sous peu de jours ils manqueront de poudre et de munitions.

* *

Voici la liste des officiers tués ou blessés à l'attaque du plateau d'Avron dans la journée du 27 décembre :

OFFICIERS TUÉS.

6° bataillon de mobiles de la Seine : Berthier, capitaine adjudant-major; Dufouc, capitaine; Bury, sous-lieutenant; Gros, aumônier.

OFFICIERS BLESSÉS.

Infanterie de marine : Gilot, capitaine; Escande, capitaine; Lemanille, sous-lieutenant.

Enseignes de vaisseau : de Larturière, de Bourmont, Gelly.

Lieutenants de vaisseau : Labarthe, Ardisson.

6° bataillon de mobiles de la Seine : Heintzler, chef de bataillon; Fourcade, officier payeur.

7° bataillon de mobiles de la Seine : de Venel, capitaine.

Corps d'artillerie des mitrailleuses : Ravanier, capitaine.

24° régiment de Paris : Leclerc, sous-lieutenant.

Parmi les victimes du 21 décembre à l'attaque du Bourget, on a compté un jeune lieutenant du 134° régiment de ligne, Belberet, tombé l'un des premiers à la tête de sa compagnie.

Ce jeune officier avait gagné l'épaulette à la pointe de l'épée et promettait un bel avenir.

A la nouvelle de cette mort qui lui enlevait son fils unique, M. Belberet père, ancien officier de l'armée, a, malgré ses cinquante ans, redemandé immédiatement et obtenu du service dans l'armée active.

* *

Des bandes de ravageurs se sont organisées : elles ont essayé ces jours-ci de piller des chantiers, d'envahir les jardins où ils ont commencé à couper des arbres. Une pauvre femme que j'ai rencontrée portant sur son dos un volet, disait à une de ses voisines.

— J'ai fait une bonne trouvaille, grâce à laquelle nous pourrons, ce soir, manger une *fricassée de pain sec.*

Jeudi, 29 Décembre 1870.

Cent deuxième journée de siége

Le bombardement, commencé hier, continue aujourd'hui. L'ennemi a dirigé contre nous le feu de ses batteries de gros calibre et couvert de plusieurs milliers de projectiles de 24 les forts de Rosny, de Noisy, de Nogent et le plateau d'Avron. En ce qui regarde les forts, leurs garnisons n'ont eu, en réalité, que peu à souffrir. Selon l'usage, les hommes qui n'étaient pas de service avaient reçu l'ordre de se retirer dans les casemates blindées.

Il n'en pouvait être de même sur le plateau d'Avron. Cette position, entièrement découverte, n'offre à nos soldats, en dehors des tranchées de campagne, dont elle est entourée, aucun abri naturel. Toute la matinée, le plateau a été labouré par le tir de huit batteries convergentes. Le gouverneur s'est rendu sur les lieux ; il a visité les tranchées, encouragé les soldats, et donné les ordres nécessaires.

Selon toute probabilité, c'est le bombardement qui commence, le bombardement par les fameux canons Krupp, tant de fois annoncés.

Plusieurs des projectiles envoyés par les *quatrevingts* bouches à feu dirigées contre nos forts par les nouvelles batteries prussiennes, pèsent 50 kilogrammes.

16

Deux heures : Le gouverneur revient à l'instant du plateau d'Avron qu'il avait déjà visité ce matin.

Nos pièces, moins puissantes que les canons Krupp, ayant dû renoncer à faire feu, le plateau est devenu tout à fait intenable pour l'infanterie.

Le gouverneur avait le devoir impérieux de soustraire cette artillerie et ces troupes à une situation que l'intensité croissante du feu de l'ennemi ne pouvait qu'aggraver : il vient d'ordonner la rentrée des pièces en arrière des forts.

*
* *

Parmi les généraux qui prennent une part active à la défense de Paris, il en est un que le public connaît à peine et qui, depuis l'investissement, rend chaque jour de grands services au pays; nous voulons parler du général Tripier, qui commande en chef le génie à Paris, comme il le commandait en 1855 au siége de Sébastopol.

*
* *

Le commandant Delclos, du 5ᵉ bataillon de la Seine, a opéré aujourd'hui une vigoureuse reconnaissance sur le Bas-Meudon et le Val-Fleury à la tête de 12 compagnies des 4ᵉ et 5ᵉ bataillons de la Seine et du 3ᵉ de la Somme. Le commandant Delclos fit fouiller ces trois villages où restent encore quelques habitants, et d'où les postes prussiens s'enfuirent à notre approche.

*
* *

Le thermomètre de M. Arthur Chevalier, du Palais-Royal, marquait hier à six heures du matin 7 degrés 1 dixième au-dessous de zéro ; il marquait à 2 heures du soir : 4 degrés 3 dixièmes. La température la plus basse de la nuit avait été de 8 degrés 6 dixièmes.

*
* *

Dès l'invasion du froid, le maire de Paris a ordonné

de vastes abatis dans les bois de la ville ; le bois de Boulogne et le bois de Vincennes ont été mis en coupe réglée.

Les plantations qui bordent les routes nationales et départementales sont sacrifiées sans distinction ; les gros arbres de nos boulevards sont coupés et débités.

En même temps, tous les chantiers qui renferment des bois de démolition ont été mis en réquisition, et, malgré l'énorme dépense, nous n'hésitons pas à livrer à la consommation les bois de sciage et de charpente réservés d'habitude à la construction.

*
* *

L'art d'élever les lapins et de s'en faire trois mille livres de rentes est un bien petit art aujourd'hui :

Boulard est un des meilleurs garçons de la Bourse. Un de ses amis lui disait ce soir :

— Tu es vraiment philosophe ; tu as en portefeuille deux cent mille francs de valeurs qui ne vaudront peut-être pas deux cent mille sous dans six mois, et tu ris toujours comme si tu étais riche !...

— Chut, lui dit mystérieusement Boulard, j'ai encore à Passy dix-huit poules et trente-deux lapins !!!

———————

Vendredi, 30 Décembre 1870.

Cent troisième journée de siége

L'évacuation du plateau d'Avron s'est effectuée pendant la nuit et dans la matinée.

L'enlèvement des pièces s'est fait avec rapidité et sans aucune perte de notre part.

*
* *

Un certain nombre des canons qui armaient une

position devenue intenable ont été placés dans une redoute qui, avec l'artillerie des forts, empêchera l'ennemi de s'installer sur le plateau maintenant inoccupé.

*
* *

La troupe et les mobiles, en quittant leurs positions sont d'abord venus se placer dans les carrières qui y ont été creusées et, à quatre heures du matin, on les abandonnait définitivement.

Le feu des Prussiens, malgré son effrayante intensité, ne nous a fait éprouver que des pertes véritablement insignifiantes. Aucune de nos pièces n'a été démontée.

*
* *

Les habitants de Rueil et de Nanterre ont été informés ce matin qu'ils feraient bien de se réfugier à Paris, afin de ne pas être exposés aux obus prussiens, l'attaque du Mont-Valérien *devant commencer très-prochainement.*

*
* *

Les artilleurs de la garde nationale de la Seine ont été répartis dans les trois forts, aujourd'hui menacés, de Romainville, de Noisy et de Rosny.

*
* *

On prétendait ce soir sur les boulevards que si les Prussiens bombardent nos forts c'est pour dissimuler la grande quantité de troupes qu'ils envoient au secours de Frédéric-Charles.

*
* *

Le petit-neveu de l'immortel archevêque de Marseille, M. Gaston de Belzunce, âgé de vingt ans à peine, engagé volontaire au 125e de ligne, vient de mourir, à l'ambulance du Grand-Hôtel, des blessures qu'il avait reçues à Villiers.

Bon sang n'a pas menti !

Samedi, 31 Décembre 1870.

Cent quatrième journée de siége

Le feu des batteries ennemies a continué toute la journée. Les forts de Rosny, Noisy et Nogent sont toujours bombardés; mais les Prussiens ont trop l'expérience de la guerre pour ne pas savoir que les sacs de terre obvieront aux ravages que pourraient faire leurs projectiles.

La durée d'un bombardement, dans une place ravitaillée en sacs de terre pour la réparation des brèches, peut être indéfinie. La question des vivres a donc seule des limites et Dieu veuille que nous ne nous fassions pas d'illusion à ce sujet.

* *

La route de Noisy-le-Sec au village de Rosny était aujourd'hui impraticable, ou tout au moins dangereuse à traverser, car les obus de l'ennemi n'ont cessé d'y pleuvoir.

On dit le fort de Rosny assez endommagé, mais nullement de manière à gêner sa défense.

* *

Les artilleurs de la garde nationale attachés aux batteries des forts se conduisent très-brillamment.

Trois d'entre eux sont blessés : M. André Clopin, de la 1re compagnie, un éclat d'obus à l'épaule ; Nicolas Althès, également de la 1re compagnie, éclat d'obus à la fesse ; Paul Guenault, de la même compagnie, deux éclats d'obus, blessé légèrement.

Le canonnier Bador a reçu deux contusions légères.

Un mobile de Seine-et-Oise a été tué, et un autre a été amputé des deux jambes par les soins du docteur

16*

Aude, chirurgien du fort de Nogent, dont la conduite est admirable.

*
* *

On m'apprend à l'instant que trois artilleurs de la garde nationale ont été tués au fort de Rosny : M. Salmon, sortant de la 9ᵉ batterie (capitaine Abran), Faroul et Prévost, sortant de la 7ᵉ batterie (capitaine Grignan).

La mort de ces trois braves citoyens est, paraît-il, le résultat d'une imprudence. La casemate dans laquelle ils se tenaient avec leurs camarades était restée ouverte et un obus prussien a pénétré à ce moment dans la casemate. Ce projectile a tué sur le coup Salmon et Faroul, et blessé mortellement Prévost.

Quelle triste fin d'année !

* *
*

La Malmaison était devenue, depuis longtemps, un nid de Prussiens. Après l'avoir canonnée plusieurs fois, le Mont-Valérien vient de l'incendier tout à fait.

A l'heure qu'il est, il ne reste plus là qu'un monceau de débris.

Encore un souvenir historique qui disparaît[1].

*
* *

La nouvelle d'une grande bataille gagnée par le général Chanzy contre le prince Frédéric-Charles s'est subitement répandue.

Il paraît certain qu'une bataille a été livrée, et si nous avions été vaincus, nul doute que M. de Moltke ne se fût arrangé de manière à nous faire connaître notre défaite.

*
* *

J'allais clore la journée du 31, quand mon ami

---

[1] *Note de l'Editeur :* De combien d'autres souvenirs historiques n'avons nous pas à déplorer la perte aujourd'hui.

Paul Bachelet, lieutenant dans la 5ᵉ compagnie du génie auxiliaire, est venu me raconter ce qu'il avait vu dans la journée à Bondy.

Une batterie avait été établie momentanément sur le bord de la route : elle était desservie par nos marins. Cette batterie, exposée au feu des Prussiens, dut se replier.

Alors on vit un spectacle superbe.

Nos marins, sans attendre les chevaux qu'on se disposait à leur envoyer, s'attelèrent par escouade de vingt-quatre à chaque pièce. Ces pièces sont d'un poids énorme; sous l'impulsion des vingt-quatre hommes, elles s'ébranlent avec peine sur la terre gelée et raboteuse sous sa couche de neige. Il était à la fois horrible et magnifique de voir ces hommes courbés, tirant comme des bœufs, à plein collier, le front mouillé de sueur, la barbe couverte de givre, les pieds enfonçant dans la neige, et traînant avec l'énergie de la rage ces monstres d'airain.

Les bombes pleuvaient autour d'eux, impassibles, ils s'avançaient sans dévier de la ligne droite, sans s'arrêter.

A cet endroit de son récit, mon ami Bachelet tira son mouchoir et s'essuya les yeux : « Ce n'est pas tout me dit-il d'une voix émue, nos braves marins étaient, suivis par un groupe d'infirmières volontaires de la Seine. »

Le courage si calme de ces honnêtes femmes contrastait avec le courage surexcité de nos marins : et ces deux beaux spectacles se complétaient l'un par l'autre.

Dimanche, 1er Janvier 1871.

Cent cinquième journée de siége

Cette nuit, un ballon-poste est parti de la gare
d'Orléans. Il a emporté bien des souvenirs émus,
bien des souhaits mêlés d'amertume et d'inquiétude ;
de pauvres lettres troublées où l'espoir émarge timidement des souffrances endurées pendant un siége de
trois mois et demi.

Que les vents lui soient favorables, et qu'il aille
consoler les chers absents de cette cruelle et longue
séparation.

*
* *

L'ennemi a tiré pendant une grande partie de la
nuit ; nous avons eu quelques blessés parmi les travailleurs et un lieutenant d'artillerie de la garde nationale tué.

Dans nos forts, pas de blessés, peu de dommages.
Le bombardement de Bondy a redoublé d'intensité.

Ce matin, l'attaque est plus vive, les coups se succèdent presque sans interruption.

*
* *

Le 1er janvier s'est levé dans la brume froide ; la
Seine charriait des glaçons ; les passants du Pont-
Neuf s'arrêtaient à peine quelques secondes pour
pointer leur nez rouge sur le thermomètre de l'ingénieur Chevalier. Sur le canal de la rive gauche, les
mariniers de la flottille prisonnière cassaient, à coups
de pic, la glace de notre *port de mer*. Et le canon tonnait violemment, de l'est au nord-est.

Politesse pour politesse. A minuit, pendant qu'on
s'embrassait en famille, en se disant le sacrementel :

Plus de Prussiens, vous savez ! nos forts envoyaient à l'ennemi une solennelle bordée de nouvel an.

*
* *

A six heures du matin, tout le haut de la rue de Belleville était en émoi. Les tambours battaient, les clairons sonnaient, et les habitants du quartier ouvraient leurs fenêtres en criant aux armes! Les voisins entraient les uns chez les autres, inquiets, effarés; ils entendaient battre la générale, les Prussiens étaient aux portes de Paris, etc., etc. Ce n'est que lorsque le jour parut tout à fait que l'on s'aperçut que MM. les tapins venaient tout bonnement souhaiter la bonne année à leur commandant.

*
* *

A propos de bonne année je trouve ce matin dans le *Petit Moniteur* un charmant article de Timothée Trimm d'où j'extrais le passage suivant, tout à fait de circonstance.

*
* *

« Les souhaits du Jour de l'An doivent être motivés selon ceux qui en sont les objets.

» Et aussi d'après l'affection plus ou moins grande qu'ils nous inspirent.

» Je souhaite donc très-fermement au général Trochu — un *plan vainqueur;*

» A Gambetta — *l'enthousiasme des provinces;*

» Au général Ducrot — *sa jonction avec l'armée de la Loire;*

» A Guillaume de Prusse — *la moitié des maux qui peuvent affliger l'humanité;*

» Au chancelier Bismarck — *l'autre moitié;*

» A nos braves mobiles — *des rencontres moins chaudes;*

» A nos vaillants gardes nationaux — *des nuits moins froides;*

» Aux ménagères de Paris — *du bœuf chez les bouchers ;*

» Aux petits enfants — *du lait ;*

» Aux frileux — *du bois ;*

» Aux gourmands — *du fromage ;*

» A Paris — *sa délivrance ;*

» A la France — *sa revanche sur l'étranger.* »

Aujourd'hui M. Leplanquais, maire de Vanves et secrétaire de la commission permanente des maires du département de la Seine, a reçu de la part de son conseil municipal une écharpe d'honneur, en témoignage de la reconnaissance et de la vive sympathie de ses administrés.

M. Leplanquais s'est particulièrement signalé dans l'administration d'une commune, que sa situation exceptionnelle, en présence de l'ennemi, rendait encore plus difficile à gérer.

Par suite des cruelles privations qui nous sont imposées, la mortalité a crû cette semaine dans d'effroyables proportions. On a compté 3,280 décès, soit 552 de plus que la semaine dernière. A la variole, qui a tué 451 personnes, il faut ajouter la fièvre typhoïde, qui figure pour 250 cas dans cette lugubre nomenclature.

La liste des artistes tombés sur le champ de bataille augmente chaque jour. Parmi les victimes des derniers combats on cite MM. Giraudet et Bacquié, qui faisaient partie tous deux de la troupe du Théâtre-Lyrique.

Un conseil extraordinaire auquel ont assisté plusieurs officiers généraux, parmi lesquels nous citerons MM. Vinoy, Ducrot, La Roncière Le Nourry, a eu lieu ce soir à huit heures. De grandes résolutions y ont été prises, après une longue discussion.

*
* *

Dès les premiers jours du siége, les étrangers qui sont restés à Paris se sont tous mis à la disposition du Gouvernement, et ont apporté leur concours à la défense nationale. Ne pouvant en leur qualité de *neutres* prendre les armes, ils se sont dévoués au secours des blessés.

C'est ainsi que nous avons des ambulances américaines, belges, suisses, espagnoles et italiennes.

Lundi, 2 Janvier 1871.

Cent sixième journée de siége

La nuit a été calme. Deux ou trois explosions se sont fait entendre sur le plateau de Châtillon. La Tour-des-Anglais a sauté. L'ennemi semble y travailler activement.

Une forte patrouille a pénétré cette nuit dans Rueil, et s'est retirée après avoir essuyé le feu du poste de l'avenue de la gare.

*
* *

Ce matin avant le jour, on entendait distinctement, mais à une forte distance, des détonations d'artillerie et le bruit d'une fusillade très-nourrie. Corbeil, d'après les uns, Juvisy ou Brétigny, d'après les autres, seraient les points d'où partiraient ces décharges lointaines. Que peut-on en inférer? Les opinions sont contradictoires, mais on se bat dans ce rayon, c'est certain.

Le bulletin de la journée est « beaucoup de bruit et peu de besogne. »

Tirez sur nos forts, messieurs les Allemands! épuisez vos munitions! usez vos pièces! Nous attendons une prochaine occasion pour vous donner de nos nouvelles.

*
* *

Le bruit court ce soir à Paris que le bombardement de Saint-Denis doit commencer demain; la ville et les forts auraient été sommés dimanche de se rendre.

Le fort de l'Est aurait été compris dans la menace du parlementaire. Il forme avec la Couronne, la Briche et quelques ouvrages de moindre importance, l'ensemble de l'avancée du nord de Paris.

Enserrée dans des fortifications, la ville de Saint-Denis est la localité la plus exposée aux conséquences fâcheuses du bombardement, et pourtant rien n'est changé à sa physionomie ordinaire.

L'activité est même plus grande dans ses rues. La seule mesure prise en vue des éventualités d'aujourd'hui est le transfert à Paris des malades de l'ambulance de la Légion d'honneur.

*
* *

J'ai appris aujourd'hui la mort de M. Eugène Collonier, lieutenant de la garde mobile, officier d'ordonnance du général Fournès, atteint sur le plateau d'Avron, le 29 du mois dernier.

*
* *

On me rapporte que dans une boucherie du boulevard Haussmann, on débite aux enchères les deux petits éléphants qui étaient naguère au susdit Jardin la joie des enfants et la tranquillité des parents; ces deux intéressantes bêtes, Castor et Pollux, ont été payées 2,000 fr. pièce. Qu'on juge d'après cela, de ce que doit coûter un beefteak taillé dans ces pachidermes.

D'après un journal, le Jardin des Plantes demande 80,000 francs pour son hippopotame.

Mardi, 3 Janvier 1871.

Cent septième journée de siége

Le bombardement des forts, commencé depuis cinq jours, continue sans relâche.

C'est aujourd'hui, 3 janvier, l'ouverture de la neuvaine de Sainte-Geneviève, patronne de Paris.

A-t-on remarqué la ressemblance singulière du roi Guillaume de Prusse avec l'Attila du groupe de Maindron placé à l'entrée de l'église du Panthéon, et qui représente la sainte arrêtant le roi des Huns aux portes de Lutèce ? Ce qui complète la ressemblance, c'est un casque à pointe qu'on dirait copié sur celui du futur empereur d'Allemagne.

Ce n'est rien encore pourtant. Entrez dans l'intérieur du Panthéon où vous savez que sont appendues les admirables copies, exécutées par les frères Balze, des grandes fresques de Raphaël ; arrêtez-vous devant le saint Léon rencontrant Attila aux portes de Rome, comparez la tête renversée, hagarde, et humiliée du « fléau de Dieu » avec les photographies du maître de Bismarck, et demandez-vous s'il n'y avait pas quelque chose de prophétique dans le génie de Raphaël ?

*
* *

On assure que la ville de Paris est pourvue d'approvisionnements jusqu'au 15 mars prochain, c'est-à-dire pour deux mois et demi.

Je le souhaite... puissions-nous en avoir assez pour attendre les secours de nos armées de province, car décidément il parait qu'elles existent. Ce qui nous

17

le prouve, c'est le passage suivant, extrait d'une lettre prussienne.

« *Les nouvelles troupes françaises sont comme de la*
» *gomme élastique : on a beau chercher à les séparer*
» *violemment, elles cherchent toujours à se réunir.* Elles
» trouvent dans les portions de territoire non occu-
» pées assez d'espace pour se former, et obtiennent
» ainsi au moins ce résultat : *celui de fatiguer nos*
» *troupes.* Il est vrai que cela ne servira qu'à prolon-
» ger la guerre; car il nous arrive d'autres troupes
» d'Allemagne. »

*
* *

Le brave, l'héroïque Richard, de Nogent, qui avait déjà traversé trois fois les lignes prussiennes, en portant des dépêches de Paris à Tours et de Tours à Paris, vient d'être victime de son dévouement. Il a été trouvé mourant sur le bord de la Seine. L'ennemi l'avait dépouillé de ses vêtements après lui avoir enlevé ses dépêches.

Pauvre Richard ! il laisse une femme et deux enfants que Paris n'abandonnera pas.

*
* *

Dans une ambulance, où nos vaillants Bretons, hélas ! se trouvent aussi nombreux que grièvement atteints, on venait de couper une jambe à l'un de ces héros obscurs, simple soldat de la mobile. L'aide chirurgien qui le pansait chercha dans son cœur ému quelques paroles de condoléance et de sympathie.

Mais l'amputé, qui, sans se plaindre, avait subi l'opération, eut encore la force de sourire, pour consoler son consolateur :

— *Démembré*, dit-il, oui, je le suis... mais je m'en moque, si la France ne l'est pas !

Mercredi, 4 Janvier 1871.

Cent huitième journée de siége

Le canon a ronflé toute la nuit. Ce matin le bruit de l'artillerie redouble encore et se fait entendre à coups précipités. On assure que tout ce tapage est dirigé contre les forts de Vanves et de Montrouge, sur lesquels le canon Krupp s'acharne sans beaucoup plus de succès que du côté de Nogent et de Rosny.

Les batteries de Châtillon, celles qui tirent sans doute ce matin, sont à 2,200 mètres du fort de Vanves, à 4,300 mètres de l'enceinte, et à 7,400 mètres des Invalides,

*
* *

Le bombardement des forts de l'est a continué aujourd'hui; le fort de Nogent a reçu plus de 1,200 obus, qui n'ont pas produit plus d'effets que les jours précédents.

*
* *

Nos forts restent dans un silence absolu, et n'ont pas répondu une seule fois; les ordres à cet égard sont, paraît-il, absolus.

C'est un singulier spectacle que de voir toute la garnison des forts de Noisy et de Rosny enveloppée de manteaux, la tête couverte de passe-montagnes, réfugiée dans les casemates blindées, fumant philosophiquement sous cette pluie de fer et de feu, assez inoffensive du reste.

*
* *

Le bombardement, qui n'effraye personne, amuse même ceux qui y assistent de près.

Un très-jeune garde mobile du nom de Louis Dupréel qui rapportait à son ancien patron un éclat d'obus comme cadeau d'étrennes, disait :

— Si vous saviez comme on est content là-bas ! au moins c'est une distraction, on chasse l'obus comme le lapin, et ça fait passer le temps. Nous avons dans la compagnie un camarade qui a une veine pour les ramasser intacts, que c'est à ne pas croire. Quand il court après un de ces joujoux en question on est sûr que c'est fini pour l'éclatement. Il appelle ça collectionner des obus qui gardent leur sérieux.

*
* *

On me communique comme parfaitement exact le renseignement suivant :

Du mardi au dimanche soir, les Prussiens ont lancé sur nos forts 25,000 projectiles pesant en moyenne, tout compris, fonte, charge, etc., 50 kilogrammes, soit 1 million 250,000 kilogrammes ; il a fallu pour transporter cette masse de fer 220 wagons. Le prix de chaque coup est de 60 francs, non compris, bien entendu, les frais de transport. Les 25,000 projectiles lancés contre nous coûtent donc aux Prussiens *quinze cent mille francs.*

L'opinion publique se prononce énergiquement pour une action vive, immédiate, énergique de la part de l'armée de Paris.

Une diversion prompte est indiquée.

Volons au-devant de l'armée de la Loire.

Empêchons l'armée d'investissement d'envoyer des forces pour rallier l'armée du prince-Frédéric-Charles.

Au nom du salut de la France, plus de lenteurs, plus d'hésitation, plus de mollesse.

En avant !

*
* *

M. Alphonse de Rothschild vient de mettre à la disposition de la ville de Paris des bons d'objets confectionnés, gants, bas, gilets, ceintures, jupons, etc., représentant une somme de 200,000 francs.

On exécute en ce moment à Saint-Denis et dans les forts de l'Est, de la Briche et de la Double-Couronne, des travaux pour mettre la population et la troupe à l'abri du bombardement.

Dans toutes les cours des forts et des casernes, on élève des constructions connues sous le nom de *pare-éclats*.

On renforce les blindages des casemates avec des sacs à terre. On prépare les réservoirs d'eau pour éteindre les incendies que pourraient allumer les bombes.

On s'attend au bombardement d'un instant à l'autre; les soldats ont ordre, à l'arrivée du 1er obus prussien, de quitter les grandes casernes qu'ils occupent actuellement et de se réfugier dans les casemates préparées pour les recevoir.

Jeudi, 5 Janvier 1871.

Cent neuvième journée de siége

Le bombardement de Paris est commencé.

L'ennemi ne se contente pas de tirer sur nos forts, il lance ses projectiles sur nos maisons; il menace nos foyers, nos familles.

Sa violence redoublera la résolution de la cité qui veut combattre et vaincre.

Les défenseurs des forts, couverts de feux incessants, ne perdent rien de leur calme, et sauront infliger à l'assaillant de terribles représailles.

La population de Paris accepte vaillamment cette nouvelle épreuve. L'ennemi croit l'intimider, il ne fera que rendre son élan plus vigoureux. Elle se montrera digne de l'armée de la Loire qui a fait reculer l'ennemi, de l'armée du Nord qui marche à notre secours.

La journée militaire a commencé avant le lever du jour. A six heures, les Prussiens se sont massés dans la plaine du côté d'Aubervilliers; les colonnes d'infanterie ont dessiné un véritable mouvement d'attaque; elles étaient suivies de batteries de mitrailleuses et de canons de 6.

Le général Ducrot, prévenu de cette démonstration, est monté à cheval et a donné ses ordres; mais, sans doute, il n'y avait là qu'une feinte destinée à compléter la sérieuse attaque des forts du sud qui allait mettre en émoi toute la rive gauche.

A dix heures, les Prussiens n'avaient pas accentué leurs mouvements; nous sommes néanmoins restés sur nos gardes du côté d'Aubervilliers.

*
* *

Le bombardement a continué aujourd'hui avec une intensité sans précédents.

Honneur à Montrouge! Ce point avancé et culminant de la capitale vient de recevoir avec un calme héroïque les étrennes prussiennes.

*
* *

Dans la soirée, plusieurs obus sont tombés sur Vaugirard, dans les terrains vagues et dans les jardins de la rue Ollivier-de-Serres. D'autres avaient brisé des arbres au cimetière Montparnasse. J'ai vu ramasser des éclats de fonte au Champ d'asile, et beaucoup plus haut près du boulevard Arago.

A l'angle de ce boulevard et du faubourg Saint-Jacques, un obus tombait sur la salle d'escrime de l'Ecole de commerce. Deux autres éclataient dans la rue Daguerre, y blessaient un garde national du 104e bataillon de marche, éventraient un beau chien de chasse, brisaient les vitres de plusieurs maisons et effondraient la porte d'un pavillon. Plusieurs projectiles de forte dimension éclataient dans la rue Ra-

taud et aux numéros 32 et 28 de la rue Gay-Lussac,
où est établie une ambulance. D'autres tombaient dans
la rue des Feuillantines, à Lourcine, dans le jardin
de l'Ecole de pharmacie, sur la place d'Enfer, dans la
rue d'Assas et même dans la partie haute du Luxembourg.

On signale très peu d'accidents, et il y a lieu de s'en
étonner, car vingt ou trente mille curieux s'étaient
portés sur les points dangereux.

A cinq heures, un projectile éclatait à soixante mètres d'une maison où mon père causait au coin du feu,
près du boulevard Arago, et le maître du logis criait
joyeusement : Entrez!...

A sept heures, deux obus tombaient, l'un sur le
boulevard de l'Observatoire, l'autre dans les terrains
vagues où sont établis les grands baraquements des
ambulances.

L'attitude de la population est admirable. Elle n'a
qu'un mot à la bouche : « Qu'on nous mène à l'ennemi! »

Jusqu'à la nuit, le ciel a été couvert d'un nuage de
poudre qui enveloppait les forts. Des éclairs sinistres, suivis de détonations formidables, brillaient à
travers la fumée comme des langues de feu; l'air était
déchiré par les obus qui traversaient l'espace comme
des bolides gigantesques et venaient tomber sur le
sol.

Vendredi, 6 Janvier 1871.

Cent dixième journée de siége

Continuation du bombardement.

Plusieurs obus sont tombés aujourd'hui dans les
rues Cambronne; Saint-Charles, à Vaugirard; Sainte-

Marie, à Grenelle; avenue de Ségur, les rues d'Enfer; Brancion, etc.

Le collège des jésuites, à Vaugirard, a reçu plusieurs obus; personne n'a été blessé.

* * *

L'administration du chemin de fer de ceinture a cru devoir interrompre le service des trains entre Auteuil et Montrouge, à cause des obus prussiens qui pourraient tomber sur la voie ferrée.

J'ai lu à ce sujet l'avis suivant sur la porte des différentes gares :

« Par suite du bombardement, le service du chemin de fer se trouve *momentanément* interrompu sur la ligne de ceinture. » Que ce *momentanément* a l'air crâne ?

L'Allemagne est certainement très-impatiente de connaître les résultats du bombardement de Paris.

Quel succès pour le sire de Hohenzollern quand les bonnes gens de Berlin, de Dresde et de Munich apprendront que le bombardement, organisé à si grands frais, a produit ce résultat formidable et désastreux... d'interrompre *momentanément* le service des trains sur une section du chemin de fer de ceinture.

* * *

Depuis quelques jours, certains clubs avaient multiplié les insultes et les menaces, comme pour prêter leur appui à l'ennemi. Hier, une affiche provoquait les citoyens à la guerre civile. Ces tentatives criminelles ont soulevé l'indignation et le mépris de la population. Elles ne peuvent cependant rester impunies. Les principaux auteurs de ces actes inqualifiables ont été arrêtés et seront traduits devant les conseils de guerre, conformément aux lois.

* * *

La conduite courageuse de MM. Julia et Alexandre,

employés de l'administration des lignes télégraphiques, détachés auprès du 3ᵉ corps de l'armée de Paris, vient d'être signalée au Gouvernement de la défense nationale d'une manière toute particulière.

*
* *

Un arrêté réquisitionnant les bitumes, asphaltes et autres produits similaires, pour servir au chauffage de la population a été affiché dans la journée. C'est M. le docteur Danet, fondateur et directeur de l'ambulance du Luxembourg, qui, manquant de combustible, a, le premier, recouru à ces moyens auxiliaires. Son idée était excellente, et la voilà devenue officielle, ce qui n'arrive pas à toutes les bonnes idées.

*
* *

Encore un spectacle auquel on assiste qu'en temps de siége.

J'ai vu ce soir sur les boulevards une longue file de voitures — de celles qui sont employées aux transports militaires — chargées cette fois de chevaux tués par le feu de l'ennemi. Il y avait foule pour voir passer ces pauvres bêtes, l'approvisionnement de demain.

Samedi, 7 Janvier 1871.

Cent onzième journée de siége

Le bombardement continue toute la nuit avec une intensité effrayante, et il reste établi que, pendant le jour, les Prussiens tirent surtout sur nos fortifications, qu'ils distinguent facilement, mais que la nuit venue, ils dirigent leurs efforts contre nos maisons. Cette tactique est bien digne des destructeurs de Strasbourg.

*
* *

J'ai parcouru ce matin les quartiers exposés au

17*

feu de l'ennemi et j'ai constaté les faits suivants :

Aux environs du Luxembourg, il y a eu quelques dégâts matériels. Le mur du numéro 150, boulevard Saint-Michel, a été entièrement traversé à la hauteur du troisième étage, où l'on peut voir un trou béant d'un mètre de longueur.

Au coin de la rue Saint-Jacques et du boulevard de Port-Royal, une façade de pierre de taille est effondrée.

Parmi les rues qui ont été bombardées pendant la nuit, je peux encore citer la rue du Regard, la rue d'Assas, la rue du Bac, la rue Sainte-Placide, la Chaussée du Maine.

*
* *

Dans la journée, et pour varier leurs plaisirs, les Prussiens ont bombardé la Courneuve avec acharnement.

On a répondu avec la plus grande vigueur. Le général Lavoignet, accompagné des commandants Tollir et Rolland, *des francs-tireurs de la presse*, et des lieutenants d'état-major Yvert et Sahart, a pris toutes les dispositions nécessaires à la défense.

A deux heures de l'après-midi, l'amiral La Roncière le Nourry et le général Lavoignet sont arrivés, suivis de leurs états-majors.

Jamais ce village si bombardé n'a été aussi animé.

Malgré les recommandations des officiers, les soldats grimpent sur les toits, courent après les éclats d'obus, se cachant lorsqu'ils les entendent arriver.

Mille projectiles environ sont tombés sur ce petit centre de population. Les rues sont couvertes de débris de fonte, les toits sont effondrés et les murs troués ou renversés, le sol est labouré et fouillé à une grande profondeur.

*
* *

Les forts d'Issy, de Vanves et de Montrouge, ont

subi toute la journée un bombardement qui, à certains moments, a été d'une violence extrême.

*
* *

Le feu est moins nourri qu'hier sur les redoutes des Hautes-Bruyères et du Moulin-Saquet.

*
* *

L'amiral Fleuriot de Langle visite tous les jours les points menacés et fait rectifier le tir.

*
* *

Pour la quatrième fois, le bois de Vincennes va être abattu. La première fois, c'était sous Charles VI, et pour servir comme aujourd'hui au chauffage des habitants pendant un hiver rigoureux.

Sous Henri II, on le fit couper pour la seconde fois afin d'en modifier le plan ; on dessina en place un parc style renaissance ; enfin, sous Louis XV (1731), les plantations du seizième siècle firent place à celles qu'a modifiées M. Haussmann.

*
* *

Cours des principales denrées alimentaires, relevé dans la seconde quinzaine de décembre de 1870, comparé avec le prix moyen de ces mêmes denrées en 1869 :

	Prix moyen en 1869	en 1870
Pommes de terre, le décal.	1 »	20 »
Céleri, le pied.	» 25	1 75
Betterave, le kilog.	» 20	1 20
Huile d'olive, id.	4 »	10 »
Lait, le litre	» 30	2 »
Beurre frais, le kilog.	6 »	70 »
Œufs frais, la pièce,	» 15	2 »
Graisse de bœuf, le kilog.	1 30	4 »
— de cheval, id.	1 »	6 »
Tête de bœuf, id.	» 70	2 50
Lapins	3 »	30 »
Pigeons	1 50	35 »
Poulets	6 »	55 »
Oies	7 »	80 »
Dindons.	10 »	90 »

Dimanche, 8 Janvier 1871.

Cent douzième journée de siége

Continuation du bombardement; même solidité dans la garnison des forts et dans la population.

Le gouverneur, qui a parcouru aujourd'hui toutes les parties de l'enceinte soumises au feu de l'ennemi, a recueilli les preuves les plus éclatantes du patriotisme des habitants de Paris.

* *

Les batteries prussiennes du pont de Sèvres et de Brimborion, éteintes une première fois vendredi, ont rouvert leur feu ce matin. A trois heures de l'après-midi, des soixante pièces composant les quatre batteries ennemies, neuf seulement tiraient encore.

* *

A Boulogne et à Billancourt, les cantonnements des gardes nationaux mobilisés qui se trouvent dans les maisons sont criblés. Il y a du reste peu de blessés.

* *

Dans la journée, les tours de Saint-Sulpice ont servi d'objectif aux boulets prussiens. Trois sont tombés sur l'église : un entre les tours ; un deuxième sur les combles, mais heureusement il n'a pas éclaté et n'a pu percer la voûte ; un troisième a percé la coupole de l'élégante chapelle de la Vierge, et les éclats ont légèrement dégradé les peintures de la voûte.

Dans le jardin du Palais des Thermes sont tombés aussi deux obus. Plusieurs ont été ramassés dans le Champ de Mars. A Montrouge, douze chevaux ont été atteints dans le dépôt de la Compagnie des omnibus. Quant aux rues, bouleversées par les projectiles, le nombre en est trop considérable pour que je puisse même les mentionner.

Ces premières journées de bombardement n'ont été pour le public de Paris qu'un grand spectacle, une sorte de fièvre prodigieuse, à laquelle il a assisté avec un intérêt des plus vifs. Le sentiment changerait sans doute, si le bombardement devenait plus meurtrier et répandait plus de ruines. Mais ce n'est pas au découragement que la curiosité ferait place.

Il est facile déjà de remarquer dans les esprits une certaine surexcitation qui ne tardera pas à monter jusqu'à la colère.

Le général Trochu ayant laissé échapper les paroles suivantes : « Deux jours de vivres, un seul jour même peut contribuer à sauver la capitale, » les municipalités viennent de demander au Gouvernement de choisir dans leur sein une commission de cinq ou sept membres, afin de faire l'inventaire des vivres qui restent, soit dans les magasins de l'Etat, soit à l'intendance militaire.

Dieu veuille que jusqu'à ce jour on ne se soit pas fait illusion.

En attendant, les prix des produits alimentaires vont de plus en plus en augmentant.

J'ai vu ce soir chez un marchand de comestibles, une dame, payer quatre poules ordinaires 240 fr. et plumées!! comme dirait Arnal.

Lundi, 9 Janvier 1871.

Cent treizième journée de siége

Ce matin, le Gouvernement a reçu de Bordeaux, les dépêches suivantes :

« Bordeaux, 4 janvier.

« *Le général Faidherbe au ministre de la guerre.*

» Aujourd'hui, 3 janvier, bataille sous Bapaume de 8 heures du matin à 6 heures du soir.

» Nous avons chassé les Prussiens de toutes les positions et de tous les villages. Ils ont fait des pertes énormes et nous des pertes sérieuses.

» Avesne-Bapaume, 3 janvier. »

Le pigeon, qui portait les dépêches reçues par le Gouvernement, était aussi porteur de la dépêche suivante adressée à l'agence Havas :

« Les nouvelles de guerre sont bonnes.

» Faidherbe a remporté une victoire à Pont-Noyelle. Son armée augmente chaque jour en nombre et en solidité.

» Chanzy, changeant sa base d'opérations, a effectué un mouvement jusqu'au Mans, tenant continuellement tête à l'ennemi, lui faisant subir pendant huit jours des pertes considérables.

» L'armée de Bourbaki est dans une excellente situation, ses mouvements sont ignorés.

» Les Prussiens se montrent inquiets du mouvement des deux armées qui sont sur leurs flancs et n'osent pas avancer dans le centre ; ils ont évacué Nogent-le-Rotrou, remontant dans la direction de Paris. »

*

* *

Après les bonnes nouvelles nous revenons forcément aux tristes événements qui se succèdent chaque jour.

Le bombardement de la rive gauche a été poursuivi cette nuit avec une effrayante intensité. Plus de 2,000 obus sont venus s'abattre sur Paris pendant cette nuit terrible, et ce n'est qu'à cinq heures du matin que la cessation du feu a mis fin aux angoisses de la population des quartiers sud.

Le quartier du Luxembourg a été particulièrement éprouvé. Une bombe est tombée rue de Vaugirard sur une école de frères de la doctrine chrétienne où cinq enfants ont été atteints. Sur plusieurs points, le jardin du Luxembourg a été labouré par les projectiles dont un grand nombre se sont du reste, enterrés sans faire explosion.

Ce matin, M. du Sommerard se préparait à sortir de l'hôtel de Cluny, quand les obus ont commencé à pleuvoir dans le quartier. Il en est tombé dans le jardin des Ursulines, au Luxembourg, à l'Ecole normale, pas un à l'hôtel de Cluny. M. du Sommerard a fait couvrir de terre le pavé des cours, et tout le personnel couche dans l'hôtel.

*
* *

Au moment le plus intense du bombardement, on célébrait dans l'église du Panthéon l'office de la neuvaine de Sainte-Geneviève.

Les détonations du dehors faisaient trembler les vitres et frissonner les femmes qui étaient là en grand nombre. Mais l'office n'a pas été interrompu, — et il est long, — pas même ralenti, et personne n'a quitté sa place.

Paris est la ville de tous les courages.

*
* *

Les batteries de Châtillon ont bombardé toute la journée les forts de Vanves et de Montrouge et le bastion 74. Les artilleurs de la marine attachés à ce bastion ont répondu de telle manière qu'ils ont fait taire plusieurs fois le feu de l'ennemi.

*
* *

Aujourd'hui, pendant ma tournée quotidienne, j'ai remarqué à Auteuil un peintre travaillant gravement sur l'enseigne d'un marchand de vins dont la boutique a été mis en désarroi avant-hier par deux projectiles. Il y peignait cette ligne :

Au rendez-vous des obus !

*
* *

Toujours même affluence de ménagères à la porte des boucheries. J'ai vu une vieille femme qui, abandonnant son poste, après trois heures de queue, s'en retournait furieuse à la maison.

— Oh ! ce Guillaume, s'écriait-elle, montrant le poing, ce Guillaume ! je voudrais le tenir dans mes mains, comme cela...

— Que lui feriez-vous ? lui dis-je en m'approchant.

— Lui ! je lui ferais faire trois heures de queue.

———

Mardi, 10 Janvier 1871.

Cent quatorzième journée de siége

Pendant la nuit, les Prussiens ont tiré à toute volée sur la ville ; les obus, passant par-dessus les remparts, sont allés tomber dans les quartiers éloignés de l'enceinte.

Plus de trente projectiles du plus gros calibre ont porté sur l'hospice de la Pitié ; une femme y a été tuée et les malades d'une salle ont dû être évacués dans les caves ; l'ennemi tire sans hésitation aucune

sur les édifices que protége le pavillon de la convention
de Genève. Leur but, en effet, est aussi odieux que facile
à entrevoir : ils veulent, en mitraillant les blessés et
les malades, jeter l'épouvante et le désordre dans la ville.

Le Val-de-Gràce était l'objectif choisi par les Prussiens.

En présence d'une telle violation de toutes les lois
de la guerre, le général Trochu a fait transporter dans
cet établissement tous les blessés prisonniers.

En même temps il a averti les généraux ennemis
que si leurs projectiles tombaient sur ce monument,
il n'y aurait de tués que des Prussiens.

*
* *

Dans la rue de Bagneux, une jeune fille de dix-huit
ans a été tuée par une bombe. On transporta le corps
à l'ambulance des frères maristes. Là se trouvaient
plusieurs soldats blessés qui avaient été conduits à
cette ambulance lors des derniers combats.

A la vue de cette jeune et gracieuse enfant, pâle,
les vêtements couverts de sang, nos soldats poussèrent
des cris de rage. Il fallut les retenir de force.

— Nous, bien, disaient-ils, qu'on nous blesse, qu'on
nous tue, passe! nous sommes des hommes, de la
chair à canon, mais des femmes, des enfants, des
filles! Oh! les misérables!

*
* *

On vient de me communiquer la protestation suivante contre le bombardement des hôpitaux :

« Au nom de l'humanité, de la science, du droit des
gens et de la convention internationale de Genève,
méconnus par les armées allemandes, les médecins
soussignés de l'hôpital des Enfants-Malades (Enfant-
Jésus) protestent contre le bombardement dont cet
hôpital, atteint par cinq obus, a été l'objet pendant
la nuit dernière.

» Ils ne peuvent manifester assez hautement leur indignation contre cet attentat prémédité à la vie de 600 enfants que la maladie a rassemblés dans cet asile de la douleur.

» Docteurs ARCHAMBAULT, J. SIMON, LABRIC, H. ROGER, BOUCHUT, GIRALDÈS. »

* *

Ce matin, en plein jour, l'ennemi a renouvelé une attaque qu'il avait déjà faite contre la maison Crochard et sur le poste des Carrières, à gauche de Rueil. C'est la quatrième tentative qu'il fait sur cette position. Les francs-tireurs de la mobile de la Loire-Inférieure et les tirailleurs de l'Aisne ont laissé approcher l'ennemi et l'ont repoussé après lui avoir fait éprouver des pertes assez sérieuses.

* *

Pendant que les quartiers de la rive gauche sont si cruellement éprouvés, ceux de la rive droite continuent à jouir de la tranquillité la plus complète. Il y avait foule ce soir au café de Suède comme aux meilleurs jours de l'année dernière et parmi les nombreux habitués de l'établissement restés fidèles à leurs habitudes, j'ai remarqué plusieurs notabilités artistiques de la capitale.

Berton père et Berton fils, qui font tous deux partie d'un bataillon de guerre ;

Lassouche, le désopilant comique du Palais-Royal, sérieux comme une sentinelle perdue, sur la crête d'un bastion ;

Frédéric Faivre ; Gil-Pérez ; Lafontaine ; Dupuis, des Variétés qui, sapeur de la garde nationale, a laissé pousser toute sa barbe ; Darcier, le chanteur populaire ; Potel ; Taillade, le brave Taillade ne quitte pas l'uniforme et enfin Ballard l'ancien régisseur du Vaudeville.

Parmi les artistes qui sont restés à Paris pour concourir à la défense de la capitale il est juste d'ajouter les noms de MM. Dumaine, Castellano, René Luguet, Villaret; Leroy, de l'Opéra-Comique; Desrieux, Paul Deshayes; Brunet, du théâtre Clevermann et enfin Léon Achard, de l'Opéra-Comique.

Mercredi, 11 Janvier 1871.

Cent quinzième journée de siége

Dans les quartiers exposés au feu de l'ennemi les portes des maisons sont restées entr'ouvertes. Des brancardiers de la garde nationale se tenaient sur différents points, prêts à aller relever les victimes qui, cette nuit encore, n'ont été que trop nombreuses. Ceux des habitants des rues bombardées qui n'avaient pas voulu demeurer dans leurs appartements avaient trouvé un refuge dans différents postes de gardes nationaux, sur la rive droite, et notamment à la mairie du 8e arrondissement.

Il est à remarquer que l'ennemi a surtout tiré à outrance dans la direction de nos écoles, de nos bibliothèques, de nos musées.

Leurs projectiles viennent de détruire l'une des merveilles de Paris : les serres du Muséum.

Ces fameuses serres n'avaient pas de rivales dans le monde.

Les Allemands, jaloux de tout ce qui peut constituer à notre profit une supériorité quelconque, semblent s'acharner sur les monuments de notre grandeur littéraire et scientifique avec plus de rage encore que contre nos forts et nos arsenaux.

*
* *

Cette nuit, le commandant de Poulizac à la tête de

son bataillon a enlevé deux avant-postes prussiens près du Bourget et de Drancy.

Reçus à 150 mètres par une très-vive fusillade, ses hommes n'y ont répondu que par le cri : « A la baïonnette ! » Ils ont été admirables et leur commandant en est fier.

L'ennemi n'a pas tenu. Il s'est enfui dans le plus grand désordre en abandonnant des casques, des armes, des couvertures et des marmites.

*
* *

J'apprends à l'instant que le village de Nogent, épargné jusqu'à présent, a eu à subir pendant 48 heures un bombardement effroyable. L'ennemi avait pris le village en plein et en écharpe ; les projectiles pleuvaient dans les rues et dans les tranchées le long de la Marne.

Les gardes nationaux du 164e et du 197e ont eu à soutenir ce feu, qui a duré 48 heures. Ils ont fait la meilleure contenance, raillant les projectiles qui n'éclataient pas, et s'exposant même d'une façon imprudente. Le service des tranchées et le service ordinaire ont continué sous le feu de l'ennemi, comme si de rien n'était.

Ces deux bataillons ont reçu le baptême du sang ; huit hommes ont été blessés très-grièvement par des éclats d'obus, soit dans les tranchées, soit dans les rues de Nogent. Voici le nom des gardes blessés :

Tisserand, clairon de la 3e compagnie, 197e bataillon. — Carton, 3e compagnie, id. — Deodiardi, fourrier, 3e compagnie, id. — Droin, 2e compagnie, id. — Kirsch, 3e compagnie, id. — Buissonnade, 4e compagnie, id. — Marchandet, 2e compagnie, 164e bataillon.

*
* *

Deux pigeons arrivés hier apportaient *quatorze*

mille dépêches privées, c'est la manne des assiégés.

En aurai-je ma part ? J'ai beau regarder du côté de Plouaret... hélas, je ne ne vois rien venir !

*
* *

Ce soir, avant neuf heures, les Prussiens ont repris leur œuvre d'intimidation.

Nous ne saurions trop le répéter, les assiégeants ne sont pas des soldats, mais des assassins. Il tueront des enfants, des vieillards, des femmes ; ils détruiront, ils incendieront nos demeures et nos monuments ; nous leur cracherons notre mépris à la face.

Soldats ? non. Assassins ! brigands de nuit !

Lundi, 12 Janvier 1871.

Cent seizième journée de siége

Le bombardement s'est ralenti assez sensiblement depuis vingt-quatre heures. Les forts du sud ne répondent que par intervalles à l'attaque de nos ennemis. Paris n'a plus été réveillé cette nuit par les effroyables détonations des nuits précédentes. Mais il ne faudrait pas croire cependant que le bombardement ait cessé ou qu'il ait été interrompu. Un certain nombre de projectiles tombent toujours dans le quartier des Ecoles.

Une maison du carrefour de l'Observatoire a été incendiée cette nuit, et les obus volaient encore ce matin à huit heures au-dessus de la tête des personnes qui traversaient la rue Saint-Jacques.

Deux lycées ont été atteints assez sensiblement ; l'un d'eux dans son ambulance. Plusieurs personnes ont été blessées. On a jugé prudent de transporter les malades dans les caves.

Les habitants de Paris s'habituent d'ailleurs peu à peu à cette situation nouvelle, comme ils se sont habitués à tous les maux du siége.

Ils savent qu'il est impossible à Guillaume, à de Moltke et à Bismarck de réduire Paris par le fer et par le feu. Ils n'y gagneront que la honte éternelle d'avoir fait tomber des obus sur le Val-de-Grâce et la Pitié, l'asile des malades ; sur le Muséum d'histoire naturelle, le Luxembourg, l'Institut, la Sorbonne, l'asile des lettres et des arts ; sur Saint-Sulpice, l'asile de la religion ; sur Saint-Nicolas, l'asile de l'enfance ; sur les quartiers habités par la population la plus pauvre.

*
* *

A l'instant, l'autorité municipale de Vincennes vient de faire annoncer à son de caisse que le bombardement de la petite ville commencerait probablement demain et que ceux qui ne voudraient pas en subir les conséquences pour leur personne ou leur mobilier eussent à partir au plus vite.

*
* *

Article emprunté au *Gaulois* :

La scène se passe chez le gouverneur de Paris.

M. Trochu est à table, seul et préoccupé, ce qui fait qu'il mange d'un air distrait et par acquit de conscience ce que son cuisinier dépose devant lui.

C'est ainsi qu'il vient d'expédier rapidement une côtelette appétissante et qui ressemble trait pour trait à une côtelette d'agneau.

Tout à coup il sort de sa préoccupation et songe enfin à se demander la provenance du mets suspect qu'il vient de consommer.

Le gouverneur de Paris, après réflexion, reste convaincu que, malgré la loi du rationnement, on lui a servi une portion de ce mouton fantastique, acheté l'autre jour 500 francs à la vente du ministère de l'instruction publique. Ses sourcils se froncent; il sonne brusquement son chef.

— Je dois, lui dit-il d'un ton sévère, donner l'exemple de la soumission au rationnement et des privations courageusement subies. Je vous défends de me servir désormais des mets qui ne peuvent pas paraître sur la table des simples citoyens.

Interloqué un moment, le chef finit par retrouver la parole.

— Mon général, dit-il, vous mangez du cheval... comme tout le monde. Aujourd'hui, par extraordinaire, j'ai voulu varier un peu votre menu; vous venez de manger une côtelette de chien !

— Ah ! ah ! ah ! dit le général sur trois tons différents.

Le premier de ces *ah !* était celui de la déception ; le second, le *ah!* que pousse le malade qui vient d'avaler une médecine; le troisième était le soupir d'un homme qui prend son parti avec résolution.

Et le général ajouta :

— A la bonne heure! c'est très-bien. Ces côtelettes sont excellentes. Tâchez de m'en trouver deux pour demain.

Vendredi, 13 Janvier 1871.

Cent dix-septième journée de siége

Les batteries prussiennes ont ralenti cette nuit l'envoi de leurs projectiles.

Mais, après avoir pris un peu de repos, les artilleurs ennemis ont recommencé ce matin de bonne heure leur œuvre de destruction, en tirant indistinctement sur la plupart des quartiers de la rive gauche. Les 14ᵉ et 15ᵉ arrondissements (Montrouge, Vaugirard et Grenelle) ont surtout souffert.

On m'a cité parmi les établissements publics atteints dans la journée :

L'Hôpital de la rue de Lourcine consacré aux femmes en couches ; Sainte-Périnne à Auteuil, établissement sur lequel flotte le drapeau de Genève ; l'Hospice de l'Enfant-Jésus, à Grenelle ; la Communauté de Notre-Dame de la Croix, rue du Cherche-Midi ; l'Observatoire ; la Communauté des religieuses de Notre-Dame de Charité ; le Muséum ; la Sorbonne ; l'Ecole normale supérieure ; la Bibliothèque Sainte-Geneviève ; le Collège Saint-Louis ; le Collège Sainte-Barbe ; le Collège Louis-le-Grand ; le collège Henri IV ; l'Hôtel des Invalides

Je ne parle pas des maisons particulières qui sont malheureusement en grand nombre, et je citerai seulement entre autres la maison du docteur Blanche et celle où se trouve l'atelier du peintre Nanteuil.

Voici du reste l'explication de cette avalanche de projectiles.

Elle se trouve dans le fragment d'un brouillon de lettre trouvé ce soir sur un prisonnier prussien.

. . . .

. . . .

« Nous avons dû lancer aujourd'hui près de *huit*
» *mille obus,* et cette nuit on doit lancer encore
» 300 *bombes à incendie* sur cette fière ville, qui affecte
» de dormir tranquillement sous la canonnade.

» Espérons que cela fera quelque impression sur
» MM. les Français, qu'ils finiront par rentrer en
» eux-mêmes, qu'ils se dépouilleront enfin de leur
» superbe jactance, et nous rendront cette insolente
» ville dont nous attendons depuis trop longtemps
» déjà la reddition.

» Signé : JEAN FELTENOW. »

*
* *

Ainsi que le faisait pressentir hier l'avertissement

donné aux habitants de Saint-Denis, le bombardement des forts du nord a commencé. Les batteries prussiennes établies à Enghien ont dirigé leur tir sur la Briche et la Double-Couronne.

*
* *

J'ai pu voir dans l'après-midi avec quel sang-froid et quelle précision nos artilleurs répondent à l'ennemi.

C'était au bastion n° 12 : on rectifiait le pointage.

Un marin, petit, maigre, leste comme un chat, saute sur une pièce de 24, se met à cheval et dit tranquillement : « Envoyez ! »

Le coup part, et toujours à cheval sur la pièce, le marin, les deux mains en auvent sur la lisière du béret, suit la marche du projectile...

Et l'expérience avait réussi, car le petit bonhomme, se relevant d'un bond et pirouettant du bout du pied sur l'affût, criait joyeusement :

« Arrivé à son adresse ! »

Samedi, 14 Janvier 1871.

Cent dix-huitième journée de siége

Cette nuit, le bombardement a repris avec plus de vigueur que la nuit précédente. Le côté sud a été bombardé pendant plusieurs heures.

Deux obus sont tombés, à peu d'intervalle l'un de l'autre, sur la voûte de l'église Saint-Sulpice qui, malgré ces deux chocs formidables, a résisté. Les éclats ont seulement endommagé fort légèrement la toiture.

Par exemple, la magnifique fresque de M. Lemoyne,

18

représentant le *Jugement dernier*, a beaucoup souffert. Un gros éclat l'a traversée de part en part.

*
* *

Ont été atteints pendant la journée : l'institution des Jeunes-Aveugles, l'hôpital des Enfants-Malades, le couvent des dames du Sacré-Cœur, la caserne Baby-lone, l'hôpital Necker dont le bombardement à provo-qué la protestation suivante :

« Nous soussignés, médecins et chirurgiens de l'hôpital Necker, ne pouvons contenir les sentiments d'indignation que nous inspirent les procédés infâmes d'un bombardement qui s'attaque avec une prémédi-tation de plus en plus évidente à tous les grands éta-blissements hospitaliers de la capitale. Cette nuit, des obus sont venus éclater sur la chapelle de l'hôpital Necker, remplie momentanément de malades ; c'est le point central et le plus élevé de ce grand hôpital, qui sert ainsi de point de mire aux projectiles de l'ennemi. Ce n'est plus là de la guerre : ce sont les destructions d'une barbarie raffinée qui ne respecte rien de ce que les nations ont appris à vénérer. Nous protestons au nom et pour l'honneur de la civilisation moderne et chrétienne.

» Désormeaux, Guyon, Potain, Delpech,
Laboulbène, Chauffard. »

*
* *

Un décret, paru aujourd'hui, dit que tout déten-teur de farines est soumis à la réquisition pour les quantités excédant cinq kilog. par ménage, au maxi-mum.

*
* *

Il est interdit aux boulangers de fabriquer ou de mettre en vente du pain dit pain de luxe.

*
* *

La viande de chien se débite en ce moment chez

des bouchers spécialistes. Une livre de côtelettes de cet animal se vendait aujourd'hui *quatre francs*.

*
* *

Le bruit se répand ce soir que le général de Moltke veut tenter la grande attaque que nous attendons depuis si longtemps, le lundi 16 janvier, jour de la fête du roi Guillaume.

*
* *

M. Gagne adresse aux journaux la proposition suivante :

LA BOUCHERIE PHILANTHROPOPHAGIQUE

« O Paris, fais la boucherie,
» De ta philantropophagie !!
» O Paris, pour vaincre le sort,
» Mange tes fils prêts à la mort !!!

» Monsieur le citoyen rédacteur,

» Paris est, aujourd'hui, le grand vaisseau de la *Méduse*, et va mourir sottement de faim !... Pour s'arracher aux griffes de la famine et faire remporter tous les triomphes, je demande, à grands cris, l'établissement de la *philanthropophagie*, c'est-à-dire la manducation fraternelle de l'homme par l'homme !

» Je demande que le Gouvernement rende un décret qui déclare que tous les hommes et les femmes âgés de plus de soixante ans seront mis à la *retraite de la vie* et livrés à la boucherie humaine ! J'ose espérer que le Gouvernement donnera l'exemple, *sans condition d'âge*, et se sacrifiera glorieusement sur l'autel de la *philanthropophagie*. Tous ses membres ont mérité cet honneur suprême :

» Le Gouvernement provisoire
» Pour le bien qu'il nous a forgé,
» Mérite, *tout entier*, la gloire
» D'être philantropophagé ! »

Dimanche, 15 Janvier 1871.

Cent dix-neuvième journée de siége.

Le bombardement continue jour et nuit, avec des intermittences de violence et de calme relatifs. Cette situation, dangereuse pour certains quartiers, devient un état normal qui n'intimide nullement la population.

L'oreille finit par savoir, de très-loin, où à peu près tombent les projectiles et sur quel terrain. Lorsqu'il y a un édifice d'effondré, l'écroulement est bien plus triste à entendre que le sifflement d'arrivée de l'obus, et pourtant le sifflement ne vous dit pas si vous échapperez à la mort, tandis que la ruine d'un toit voisin vous prouve que le coup n'était pas encore pour vous. Mais nous sommes tous liés les uns aux autres dans ce duel dont l'issue heureuse se dessine aux regards du monde, et notre fortune est devenue si égale que l'épreuve du concitoyen le plus inconnu nous agite au moins autant que la nôtre.

On attribue à une batterie de l'Hay les obus qui approchent le plus du centre.

La rue Gay-Lussac, la rue Saint-Jacques, le Panthéon, le Jardin des Plantes et le Luxembourg, sont les quartiers les plus exposés.

*
* *

On prétend que le prince Fritz, entouré de son état-major, visite chaque jour les positions de Châtillon et de Clamart, ranimant par ses discours l'ardeur, qui se ralentit chaque jour, des Bavarois qui occupent toute la région ouest sud-ouest.

Notre Fritz a dû contempler de ces hauteurs les quartiers de Paris bombardés par les Krupp. Il doit

s'apercevoir que Paris est encore debout, intact, in-
différent.

*
* *

Les Prussiens ont fait pendant la nuit plusieurs
tentatives sur divers points des tranchées qui relient
les forts entre eux. Ils ont été partout repoussés.

*
* *

Les quatre compagnies de guerre du 10ᵉ bataillon
de la garde nationale mobilisée, sous les ordres du
commandant Thorel, sont rentrées à Paris. Elles
étaient parties le 21 décembre et dirigées sur La Va-
renne-Saint-Hilaire, à l'extrémité de la boucle de la
Marne sous les feux de Chennevières, d'Ormesson,
Bonneuil. Elles ont su, par leur ferme attitude devant
l'ennemi, mériter les plus grands éloges.

*
* *

Je remarque que depuis quelques jours les corbil-
lards ne sont plus traînés que par des hommes, les
chevaux devant être livrés à la consommation.

*
* *

Le pain va être rationné.

———

Lundi, 16 Janvier 1871.

Cent vingtième journée de siége

Toute la nuit, une violente canonnade s'est fait
entendre. C'est, à n'en pas douter, l'aimable surprise
que Frédéric-Guillaume nous réservait à l'occasion
de sa fête.

Ce matin, la coupole du Panthéon a été criblée
d'éclats d'obus. Une foule immense est réunie aux
environs contemplant cet acte de sauvage destruction.
Tous puisent à la vue de ce désastre une soif de

18*

vengeance impitoyable. Le Panthéon était, du reste, depuis le commencement du bombardement, l'objectif des batteries prussiennes, ce qui explique le nombre considérable des projectiles qui sont tombés dans les quartiers environnants.

*
 * *

Deux obus viennent de tomber sur les bâtiments de l'œuvre évangélique protestante de la rue Tournefort, 19. C'est là que les enfants des Allemands habitant Paris, dont la plupart étaient occupés à la voirie, recevaient l'instruction française et allemande. Vendredi, vers quatre heures, le digne instituteur de cette fondation, M. Manier, un bon Français, celui-là, et un sincère patriote, — a failli être la victime d'un projectile tombé à quelques mètres de lui. C'était peut-être un de ses anciens élèves qui l'avait lancé !

*
 * *

La place de la Sorbonne, comme celle du Panthéon, est gardée par des gardes nationaux qui font circuler le public.

A la moindre alerte, ils doivent faire évacuer tous les endroits où il pourrait y avoir un danger pour les curieux.

*
 * *

Par suite du bombardement, le marché aux chevaux de boucherie se tiendra désormais à l'abattoir de la Villette, rue de Flandres, tous les jours, de dix heures à quatre heures.

Les chevaux amenés spontanément donnent lieu à l'allocation d'un *prix fort*, et, en outre, à une prime de *dix francs* par cheval.

*
 * *

L'inépuisable générosité de M. Richard Wallace s'est manifestée depuis le commencement du siége ; il vient encore de faire remettre au Gouvernement, pour ètre répartie entre les vingt arrondissements de Paris, une somme de 80,000 fr., représentant 300,000 bons de fourneaux économiques.

Ces bons seront donnés, sans distinction, à des nécessiteux inscrits ou non inscrits aux bureaux de bienfaisance de leur arrondissement.

Cette distribution se fera jusqu'à la fin du siége, et sera prolongée pendant un mois après la levée de l'investissement.

Mardi, 17 Janvier 1871.

Cent vingt et unième journée de siége

La nuit a été relativement assez tranquille, mais depuis ce matin, la canonnade est extrèmement violente sur toute les positions du sud. Elle n'avait pas encore atteint ce degré d'intensité depuis le commencement du bombardement.

Les forts, l'enceinte et toutes les batteries extérieures répondent avec une égale vigueur et tiennent en échec certaines batteries de l'ennemi.

Cette nuit, le général Ducrot a fait une sortie et a rasé les maisons et les murs qui restaient encore au parc de Beauséjour. Quelques prisonniers sont restés entre nos mains.

*
* *

Les Prussiens voudraient à tout prix occuper un fort avant l'arrivée des armées de secours, afin de commander le centre de Paris et de le bombarder d'une de ces positions.

*
* *

Plusieurs établissements particuliers, et un grand nombre de maisons particulières ont encore été at-

teints cette nuit et dans la matinée ; si j'en donne ici
la liste détaillée, c'est afin que mes lecteurs de province puissent à la fin de la guerre se rendre compte
sur un plan de Paris des quartiers qui auront le plus
souffert du bombardement.

* *

Etablissements ou monuments publics atteints par
les obus prussiens dans la nuit du 17 au 18 janvier et
dans la matinée :

L'hôpital Cochin ; la gare de l'Est ; l'usine Cail ; le collège Rol-
lin ; la manufacture des Gobelins ; le pont Notre-Dame ; l'Entrepôt
des vins ; la Boulangerie centrale ; la caserne de la rue Mouffetard ;
la caserne Babylone ; le Dépôt des omnibus ; la Compagnie des
Petites-Voitures ; l'église Saint-Etienne-du-Mont ; l'église Sainte-
Geneviève ; l'Hôtel des Invalides ; le Val-de-Grâce.

Ont aussi été bombardées, les rues :

Monsieur ; Champollion ; Jean-Croix-Nivert ; place Vauban ; avenues de Ségur, de Breteuil, de Villars, de Tourville ; de Lowendal.

Les rues du Commerce, à Grenelle, de la Vieille-Estrapade, de la
Montagne-Sainte-Geneviève, de Vauves, Couesnon, Saint-Médard,
Vanneau, de Sèvres, Saint-Placide, Traverse, de Rennes, de Tour-
non, de Vaugirard, d'Assas, de Fleurus, de l'Ouest, à Plaisance ;
les rues Visconti, Boutarel, de Varennes, Eblé.

Le boulevard Saint-Victor ; le quai de la Rapée ; le quai de Béthune ; enfin, la rue des Beaux-Arts, dans l'atelier du peintre
Dehodencq.

Ces renseignements, probablement très incomplets,
suffisent je crois pour édifier mes futurs lecteurs sur
les gracieusetés de Sa Majesté le roi Guillaume à l'endroit de la capitale du monde civilisé.

* *

Six heures. — A l'instant deux obus prussiens viennent de traverser la Seine, ils sont tombés sur le quai
de Béthune, en face des maisons portant les numéros
32 et 34.

C'est la première fois que les canons Krupp ont
atteint la rive droite.

Aujourd'hui, on a commencé à rationner le pain dans le 9ᵉ arrondissement ; les boulangers n'en livraient qu'à raison de 500 grammes par personne.

Mercredi, 18 Janvier 1871.

Cent vingt-deuxième journée de siége

Le bombardement n'a été comparable ni pour la durée, ni pour l'intensité, au feu des nuits précédentes. Languissant dans la première partie de la nuit, tandis que d'ordinaire il éclatait avec furie entre neuf heures et dix heures, ils s'est ranimé un peu après onze heures et demie et s'est prolongé jusque dans la matinée.

*
* *

Le total des victimes des trois dernières journées s'élève à quatre-vingt-cinq, dont *treize enfants* et *vingt-deux femmes*.

*
* *

L'enceinte a repris son tir ce matin et le combat d'artillerie se continue sur tous les points.

L'ennemi a tenté une attaque contre Bondy pendant la nuit, il a été repoussé. Il avait massé des troupes en avant de Créteil ; mais la pluie ayant rendu la plaine impraticable, il n'y a pas eu d'attaque contre nos tranchées.

Contre Montrouge, le feu n'a pas été très-vif cette nuit ; nous avons eu cependant un officier de marine tué, M. Saisset, fils du vice-amiral.

*
* *

On m'a affirmé qu'aujourd'hui le drapeau parlementaire ayant été arboré sur la batterie de Brimborion pour le passage des dépêches de M. Wahsburne, les bastions commandés par M. le colonel Hellot (bastions 62 à 67) ont cessé immédiatement leur feu. La batterie prussienne de Breteuil, au contraire, n'a nullement suspendu le sien, bien qu'elle domine Brimborion et qu'elle aurait dû être instruite de la cause qui faisait cesser le feu du côté des Français, il en est résulté qu'alors que ce pavillon flottait depuis assez longtemps, le capitaine Lahr a été blessé, le maréchal des logis Bertaud mortellement frappé, un canonnier a eu les deux jambes coupées, et plusieurs autres ont été atteints.

*
* *

Le malheureux village de Boulogne est exposé de la manière la plus immédiate au bombardement, et il est depuis huit jours littéralement accablé de projectiles.

*
* *

Le rationnement du pain qui a commencé hier dans le 9e arrondissement, s'étend aujourd'hui dans tous les quartiers. Il n'est plus fixé à 500 grammes par personne, mais seulement à 300 grammes. Il résulte de calculs faits à ce sujet que la substitution du chiffre de 300 à 500 grammes fera gagner environ un jour sur cinq.

En serions-nous déjà arrivés là?

Jeudi, 19 Janvier 1871.

Cent vingt-troisième journée de siége

Le Gouvernement de la défense nationale vient d'adresser ce matin la proclamation suivante aux habitants de Paris :

« CITOYENS,

» L'ennemi tue nos femmes et nos enfants; il nous bombarde jour et nuit; il couvre d'obus nos hôpitaux. Un cri : Aux armes! est sorti de toutes les poitrines.

»Ceux d'entre nous qui peuvent donner leur vie sur le champ de bataille marcheront à l'ennemi ; ceux qui restent, jaloux de se montrer dignes de l'héroïsme de leurs frères, accepteront au besoin les plus durs sacrifices comme un autre moyen de se dévouer pour la patrie.

» Souffrir et mourir, s'il le faut ; mais vaincre.

» Vive la république ! »

* *

Cette proclamation faisait présager une action décisive : j'apprends à l'instant qu'elle s'est engagée dès hier soir ; de là sans doute la tranquillité relative dont jouissaient cette nuit les quartiers exposés au bombardement.

* *

A onze heures, on affichait les rapports militaires suivants :

« Mont-Valérien , 19 Janvier 1871, 10 h. 10 m.

» Concentration très-difficile et laborieuse pendant une nuit obscure. Retard de deux heures de la colonne de droite. Sa tête arrive en ligne en ce moment.

Maisons Béarn, Armengaud et Pozzo di Borgo, occupées immédiatement. Long et vif combat autour de la redoute de Montretout ; nous en sommes maîtres. La colonne Bellemare a occupé la Maison-Curé et pénétré par brèche dans le parc du Buzenval.

» Elle tient le point 112, le plateau 155, le château et les hauteurs du Buzenval. Elle va attaquer la maison Craon. La colonne de droite (général Ducrot) soutient vers les hauteurs de la Jonchère un fier combat de mousqueterie. Tout va bien jusqu'à présent. »

« Mont-Valérien, 19 Janvier 1871, 10 h. 32 m.

» Montretout occupé par nous à dix heures. L'artillerie reçoit l'ordre d'occuper le plateau à côté et de tirer sur Garches. Bellemare entre dans Buzenval, attaque maintenant vers la Bergerie. Fusillade très-vive. Brouillard intense. Observations très-difficiles. Je n'ai pas encore entendu un coup de canon prussien. »

*
* *

Midi. — Il paraît que nous allons prendre part à la lutte. Tous les bataillons de guerre, gardes mobiles ou gardes nationaux viennent de recevoir l'ordre de prendre les armes et de se préparer à partir.

*
* *

L'heure est décisive, suprême peut-être pour la France. La lutte, et une lutte acharnée, à mort, est engagée partout, à l'est, à l'ouest, au nord et autour de Paris.

*
* *

Quatre heures. — Nous recevons à l'instant l'ordre de rentrer à la caserne avec injonction de ne pas déboucler nos sacs. Je profite de cet instant de répit pour consigner sur mes tablettes quelques incidents de la nuit dernière.

Un obus a pénétré dans le cabinet de travail de M. Littré. Le projectile n'a atteint que le mobilier, qui a été broyé, ainsi qu'un petit buste de Sainte-Beuve et un portrait lithographié représentant Auguste Comte sur son lit de mort. Par bonheur, le cabinet n'était point habité. M. Littré a quitté Paris avant l'investissement.

*
* *

Un éclat d'obus est entré rue de Vaugirard, dans la chambre de M. Edgard Quinet, à travers la fenêtre, où il a fait un large trou. M. Quinet était absent.

On vient de faire à nos chefs la communication suivante :

« La nuit seule a pu mettre fin à la sanglante et
» honorable bataille d'aujourd'hui. L'attitude de la
» garde nationale a été excellente. Elle honore
» Paris. »

Se battra-t-on encore demain ? J'en doute : *une sanglante et honorable bataille* cela ressemble fort à un échec.

———

Vendredi, 20 Janvier 1871.

Cent vingt-quatrième journée de siége

Rapport militaire

» Mont-Valérien, 20 Janvier 1871, 9 h. 50 matin.

» Le brouillard est épais. L'ennemi n'attaque pas. J'ai reporté en arrière la plupart des masses qui pouvaient être canonnées des hauteurs, quelques-unes dans leurs anciens cantonnements.

» Il faut à présent parlementer d'urgence, à Sèvres, pour un armistice de deux jours, qui permettra l'enlèvement des blessés et l'enterrement des morts.

» Il faudra pour cela du temps, des efforts, des voitures très-solidement attelées et beaucoup de brancardiers. Ne perdez pas de temps pour agir dans ce sens. »

*
* *

Je ne me trompais pas. La journée d'hier, si heureusement commencée, n'a pas eu l'issue que nous pouvions en espérer. Voici quelques détails sur cette première et sanglante journée, où la garde nationale a rivalisé d'entrain, de courage et de vigueur avec la ligne et les mobiles :

19

L'armée était divisée en trois corps : la droite sous les ordres de Ducrot, la gauche sous les ordres de Vinoy, et le centre sous les ordres de Bellemare.

Le corps de gauche a pris Montretout, où il n'a éprouvé qu'une faible résistance.

Les Prussiens ont été attaqués à la baïonnette, et l'on a fait 50 prisonniers.

L'ennemi paraissait devoir être délogé des hauteurs et refoulé dans la vallée, entre Saint-Cloud et Sèvres. Il reculait.

Nos obus ont été les y atteindre. Le corps du général Ducrot a rencontré de sérieux obstacles dans le parc de Buzenval, qu'il a franchi.

Le château de Buzenval a été un moment occupé par nous.

Nous avons tenu la Valladière, près de Garches, où l'action a été vivement engagée, et nous avons occupé une grande partie, sinon la totalité, du plateau de la Bergerie.

Un retour offensif des Prussiens a eu lieu vers cinq heures ; nos troupes tenaient vigoureusement près d'un endroit appelé la Maison Curé.

Le général de Bellemare s'était rendu, par la Fouilleuse, aux positions qui lui étaient assignées.

La brigade Henrion était à son avant-garde.

La garde nationale a été partout engagée, et s'est conduite avec la plus grande vaillance.

Le Mont-Valérien a aidé l'opération par son tir continu.

Les Prussiens avaient établi à Chatou, contre nous, une batterie de campagne de 30 pièces. Elle a été vivement combattue par les pièces amenées par des wagons blindés. On apercevait de loin, sur l'aqueduc de Marly, un groupe de l'état-major prussien, d'où se détachaient deux personnages.

Vers la fin de la journée, l'état-major s'est retiré.

C'est alors que d'énormes renforts arrivant nous ont, à notre tour, obligés à abandonner des positions dont la conservation eût entraîné des sacrifices disproportionnés avec leur importance.

* *

Le colonel de Rochebrune, commandant un de nos régiments de la garde nationale mobilisée, est tombé glorieusement hier, en avant de Rueil.

* *

M. Séveste, un des plus jeunes sociétaires de la Comédie-Française, qui fait partie des bataillons de marche, a été blessé par un éclat d'obus. Les deux jambes ont été fortement atteintes ; les blessures sont graves.

M. le comte de Langle, aide de camp du général Trochu, a été très-grièvement blessé.

* *

M. de Larenty, commandant des mobiles de la Seine-Inférieure, malgré une héroïque défense en avant de Montretout, a été fait prisonnier avec trois cents de ses braves soldats.

Samedi, 21 Janvier 1871.

Cent vingt-cinquième journée de siége

La canonnade ennemie dirigée sur Paris a subi depuis hier de notables variations. Très-faible pendant la soirée elle s'est accentuée à partir de minuit, a continué assez vive ce matin. Les projectiles, dont un grand nombre n'ont pas éclaté, ont frappé comme d'ordinaire les quartiers de la rive gauche, et ils sont tombés, à peu d'exceptions près, dans la plupart des rues et sur les édifices ou établissements déjà atteints.

Quarante-quatre propriétés particulières ont été endommagées.

**

Si la bataille du 19 janvier n'a pas donné les résultats que Paris en pouvait attendre, elle est du moins l'un des événements les plus considérables du siége, l'un de ceux qui témoignent le plus hautement de la virilité des défenseurs de la capitale.

**

Détails rétrospectifs sur la journée du 20 :

Le 84ᵉ bataillon de la garde nationale est arrivé le premier à Montretout. Il a eu, dit-on, quatre hommes tués et plusieurs blessés. Au nombre de ces derniers se trouve M. Gérard, lieutenant, ancien officier de l'armée, qui avait été blessé d'un éclat d'obus à Sébastopol.

Le bataillon des tirailleurs des Ternes — francs-tireurs à *la branche de houx* — a été cruellement éprouvé.

Le capitaine de Junnemann et le lieutenant Guillon, ont été tués ; le capitaine Catalan a eu la mâchoire fracassée par une balle ; le lieutenant Giroux, a eu les deux jambes emportées par un boulet.

Un autre blessé, M. Saugé, chef de bataillon du 78ᵉ bataillon de marche de la garde nationale, légèrement atteint au côté, a pu néanmoins reprendre le commandement de ses hommes.

Le 78ᵉ bataillon compte 36 blessés et 9 morts.

M. Albert Susse, fils aîné du papetier de la place de la Bourse, faisant partie du 8ᵉ bataillon du 3ᵉ régiment de marche, a été blessé à la jambe.

**

M. Regnault, le peintre distingué qui avait exposé le tableau très-remarqué de la *Salomé*, au dernier Salon, aurait disparu.

**

Le colonel Langlois a été légèrement blessé aujourd'hui.

Dimanche, 22 Janvier 1871.

Cent vingt-sixième journée de siége

Malgré le bombardement, malgré la monotonie de sa vie de privations, malgré l'échec de la dernière sortie, malgré les stations douloureuses à la porte des bouchers, des boulangers, des marchands de bois; malgré les provocations des partisans de la Commune; malgré l'absence de nouvelles du dehors, le patriotisme du peuple de Paris n'est pas ébranlé. C'est une flamme qui ne veut pas s'éteindre; elle a beau être exposée au souffle des vents contraires, elle est toujours aussi chaude et aussi brillante.

*
* *

Dix heures du matin.— Au moment où j'écris ces lignes, le canon gronde de tous côtés.

*
* *

L'attaque de Saint-Denis en force, à laquelle on s'attendait à la Courneuve, d'un moment à l'autre, paraît s'effectuer.

Mais il paraît aussi que nous devons nous attendre pour cette nuit à une attaque générale sur presque tous les points de notre enceinte fortifiée.

*
* *

Avis à la garde nationale.

« Cette nuit, une poignée d'agitateurs ont forcé la prison de Mazas et délivré plusieurs prévenus, parmi lesquels M. Flourens.

» Ces mêmes hommes ont tenté d'occuper la mairie du 20ᵉ arrondissement et d'y installer l'insurrection; votre commandant en chef compte sur votre patriotisme pour réprimer cette coupable sédition.

» Il y va du salut de la cité.

» Tandis que l'ennemi la bombarde, les factieux s'unissent à lui pour anéantir la défense.

» Au nom du salut commun, au nom des lois, au nom du devoir sacré qui nous ordonne de nous unir tous pour défendre Paris, soyons prêts à en finir avec cette criminelle entreprise; qu'au premier appel la garde nationale se lève tout entière et les perturbateurs seront frappés d'impuissance. »

*
* *

J'éprouve une répugnance invincible à retracer ici les tristes événements auxquels je viens de prendre part : je me contenterai donc, pour ne pas avoir de lacune dans mon histoire du siége de Paris, de reproduire la communication suivante faite ce soir (à 5 h. 40 m.) aux maires des vingt arrondissements par le maire de Paris :

» L'Hôtel de Ville a été attaqué par une compagnie du 101° de marche, au moment où une délégation qu'on venait de recevoir amicalement redescendait et venait de franchir la grille. A ce moment le colonel commandant l'Hôtel de Ville et deux de ses officiers qui étaient occupés entre la grille et le bâtiment à parler aux groupes, assez peu nombreux d'ailleurs, ont été assaillis par une vive fusillade. L'adjudant du bataillon de garde mobile est tombé frappé de trois balles. C'est alors seulement que les mobiles ont riposté. La place se vida en un instant, et le feu cessa du côté des défenseurs de l'Hôtel de Ville, mais les maisons qui font face des deux côtés du bâtiment de l'Assistance publique étaient occupées d'avance et une nouvelle et plus vive fusillade partit de leurs fenêtres, dirigée sur le premier étage de l'Hôtel de Ville qui en porte les traces.

» Il est à noter que parmi les projectiles, on a trouvé beaucoup de balles explosibles et de petites bombes.

» L'arrivée de la garde nationale et de la garde républicaine a mis fin à tout. On a arrêté douze gardes nationaux et un officier embusqués dans les maisons, et un capitaine du 101ᵉ de marche, qui avait commandé le feu avec l'ex-commandant Sapia.

»Ainsi, par le crime de quelques-uns, cette extrémité douloureuse n'aura pas été épargnée à notre glorieux et malheureux Paris. Une agression aussi lâche que folle a souillé une page si pure. Vous en serez, comme moi, pénétré de la plus profonde douleur.

» L'Hôtel de Ville est occupé par des forces considérables. Il n'y a rien à craindre pour l'ordre. »

L'église Saint-Médard, située rue Mouffetard, l'a échappé belle; un obus est tombé hier matin au milieu d'un chantier de pierres qui se trouve contre l'une de ses façades latérales. Les éclats ont brisé les vitres d'une masure inhabitée touchant au chantier, mais les vitraux de l'église n'ont pas été atteints.

Cette protection divine fera battre de joie le cœur de mon père. C'est à Saint-Médard pendant son séjour à la pension Savouré qu'il a fait sa première communion, et il a conservé pour cette pauvre paroisse un profond sentiment d'affection.

Lundi, 23 Janvier 1871.

Cent vingt-septième journée de siége

Le bombardement de Paris a continué cette nuit avec une extrême vigueur; il a surtout paru dirigé contre le quartier de Montrouge. Les bastions et les forts n'ont que faiblement répondu.

Ce matin, à partir de six heures, les forts de Montrouge et de Vanves ouvrent un feu terrible sur les positions prussiennes. Leur tir, merveilleusement soutenu par les batteries de marine et des pièces de 7 de notre enceinte, inquiète sérieusement l'ennemi, qui répond mollement à cette attaque violente.

*
* *

Le Gouvernement de la défense nationale vient d'adresser à la population de Paris la proclamation suivante :

 « Citoyens,

» Un crime odieux vient d'être commis contre la Patrie et contre la République.

» Il est l'œuvre d'un petit nombre d'hommes qui servent la cause de l'étranger.

» Pendant que l'ennemi nous bombarde, ils ont fait couler le sang de la garde nationale et de l'armée sur lesquelles ils ont tiré.

» Que ce sang retombe sur ceux qui le répandent pour satisfaire leurs criminelles passions.

» Le Gouvernement a le mandat de maintenir l'ordre, l'une de nos principales forces en face de la Prusse.

» C'est la cité tout entière qui réclame la répression sévère de cet acte audacieux et la ferme exécution des lois.

» Le Gouvernement ne faillira pas à son devoir. »

*
* *

On apprend aujourd'hui que le Gouvernement de la défense nationale a décidé que le commandement en chef de l'armée de Paris serait désormais séparé de la présidence du Gouvernement.

M. le général de division Vinoy est nommé commandant en chef de l'armée de Paris.

Le titre et les fonctions de gouverneur de Paris sont supprimés.

M. le général Trochu conserve la présidence du Gouvernement.

LISTE ALPHABÉTIQUE

DES

NOMS CITÉS DANS LES TABLETTES D'UN MOBILE

20

QUELQUES GROUPES, ADMINISTRATIONS, COMMUNAUTÉS, ETC.,
CITÉS DANS L'OUVRAGE

Un nouveau décret qui vient de paraître supprime les clubs jusqu'à la fin du siége.

*
* *

C'était la garde *impériale* prussienne qui occupait Buzenval. Sur les deux heures, un parlementaire est sorti du parc et a fait les sonneries d'appel. On a répondu de la Fouilleuse. Les Prussiens offraient deux heures pour enlever les morts. M. Jules Claretie et le commandant des brancardiers, M. Léon Béquet, ont fait procéder à cet enlèvement.

*
* *

Le peintre Regnault, qu'on avait cru disparu, a été tué devant le mur du parc de Buzenval ; il faisait partie de la 2ᵉ compagnie du 69ᵉ bataillon, qui tint si vaillamment ces hauteurs.

Un membre des ambulances, explorant le champ de bataille, crût le reconnaître ; il ouvrit la capote de drap marron que portent les gardes de ce bataillon et lut une étiquette cousue à la doublure :

REGNAULT, PEINTRE,
Fils de Regnault, de l'Institut.

et au-dessous son adresse.

On m'a assuré que le pauvre Regnault était fiancé à Mˡˡᵉ Breton, petite-fille du célèbre éditeur Hachette père.

Mardi, 24 Janvier 1871.

Cent vingt-huitième journée de siége

Le bombardement a été lent mais continu sur Vaugirard et Grenelle, pendant la nuit dernière ; au jour, il a repris avec plus de vigueur.

*
* *

Dans la soirée, les bruits les plus sinistres recommencent à circuler : on dit que vingt bataillons de la garde nationale sont en marche sur l'Hôtel de Ville pour venger leurs frères.

S'ils viennent, ils seront mal reçus.

Le général Vinoy, a établi son quartier général au Louvre, dans les bâtiments qui donnent sur le quai de la Seine. Deux régiments seront casernés dans les bâtiments neufs attenant, pour être à sa disposition.

Le général Vinoy a choisi pour chef d'état-major général le général de Valdant, qui était déjà chef d'état-major du second corps d'armée.

**

A défaut de rapports militaires, de nouveaux noms viennent à chaque instant s'ajouter à la liste des braves frappés en combattant pendant la dernière bataille.

Au nombre des morts, on compte encore :

MM. Maurice Bixio ; Marcel Taillard, capitaine au 4ᵉ régiment d'artillerie ; le comte de Langle ; M. Passemart, lieutenant du 36ᵉ de marche ; M. Bouissonnous, lieutenant des zouaves ; M. Charles-Bernard ; et le sous-lieutenant Guerrier.

Parmi les blessés on me signale :

M. de Segonzac, capitaine au 7ᵉ bataillon de marche ; M. Caldoni, un étranger venu bravement offrir son épée à la défense ; M. Lomon, fils de M. Lomon, rédacteur du *Pays* ; M. Albert Supe ; M. Eymery fils ; le chef de bataillon du 78ᵉ, M. Saugé ; le vicomte de Murat ; M. de Charsonville et M. Gérard, lieutenant d'une compagnie de marche du 84ᵉ bataillon.

**

Les ambulances ont aussi payé leur tribut ; au moment où elles s'apprêtaient à remplir leur pénible mission, une grêle d'obus est venue les assaillir à Rueil.

M. Coquerel a eu sa botte trouée ; M. Armand Gouzien, son képi jeté à vingt pas ; M. Ramond, blessé à

la main; M. Victor de Lesseps, fils de M. F. de Lesseps,
a été blessé également. C'est M. de Lesseps qui a ramené son fils : appelé sur le champ de bataille par
ses devoirs de membre des ambulances, il a eu la
triste mission de relever son enfant.

*
* *

La *Gazette de France* cite une belle réponse de M. de
Coriolis, tué à l'attaque de Buzenval, à l'âge de
soixante-sept ans.

C'était bien le type de la vieille chevalerie française. Le jour de son départ, comme on lui souhaitait
un heureux retour :

— Souhaitez qu'ils s'en aillent, eux, les Prussiens,
disait-il mélancoliquement, mais ne souhaitez pas
que les vieux comme moi reviennent, car jamais nous
n'aurons eu plus belle occasion de partir.

Mercredi, 25 Janvier 1871.

Cent vingt-neuvième journée de siége

Le tir de l'ennemi s'est beaucoup ralenti pendant
la nuit, mais il a persisté à longs intervalles sur toute
l'étendue de nos lignes. Au sud, l'ennemi continue à
organiser chaque jour de nouveaux emplacements de
batteries, déplaçant celles qui sont battues par nos
pièces : on signale des travaux au viaduc de Fleury.

A l'est, nuit calme.

Au nord, au fort d'Aubervilliers, peu de dégâts matériels; 500 obus atteignent le fort de la Briche, qui
continue à se défendre avec vigueur, mais le feu qui le
couvre, depuis deux jours déjà, rend inutile d'exposer trop le personnel pendant qu'il est l'objectif principal des batteries allemandes.

A l'ouest, rien à signaler, si ce n'est la mise en batterie de quelques pièces volantes entre la maison

Crochard et nos avant-postes, en face de Longboyau.

*
* *

Depuis ce matin, de grands mouvements de troupes s'exécutent. Ils attestent à la fois, l'activité du général Vinoy et sa ferme volonté de marquer glorieusement son passage à la défense nationale.

*
* *

La farine devient de plus en plus rare, et c'est la grave question, la question de vie ou de mort.

En avons-nous encore pour quinze jours ? C'est ce que chacun se demande avec inquiétude. En avons-nous assez pour attendre le contre-coup des opérations de province, heureuses du côté de Bourbaki et de Faidherbe, laborieuses et intelligentes du côté de Chanzy ?

_____

Jeudi, 26 Janvier 1871.

Cent trentième journée de siége

Le bombardement de Saint-Denis a cessé cette nuit ; au moment où sonnait à l'horloge de l'abbaye le premier coup de minuit, une effroyable détonation se fit entendre. C'était un dernier obus qui éclatait au beau milieu de la ville. Puis la vibration s'éteignit en même temps que le douzième coup sonnait et le silence ne fut plus troublé que par le bruit d'explosions lointaines. Le bombardement de Saint-Denis était terminé. En vertu de quel arrangement ? je l'ignore.

Les bruits les plus singuliers circulent à ce sujet dans Paris.

On parle vaguement d'une capitulation ; mais ceux qui connaissent le général Vinoy assurent qu'il n'a pu accepter la situation que pour tenter un sérieux et vigoureux effort.

Cependant les maires ont été réunis d'urgence dans la journée d'aujourd'hui pour entendre les communications du Gouvernement sur la situation des vivres et sur l'état des armées de province, et ces communications auraient fait sur les magistrats municipaux la plus profonde et la plus douloureuse impression. Ils s'en sont rapportés absolument au Gouvernement pour prendre les résolutions suprêmes. Qu'allons-nous donc apprendre ?

*
* *

« Ne semble-t-il pas dit ce soir M. Vrignault, dans son journal, que Paris est, à cette heure, le vaisseau battu par la tempête, monté par des vaillants, des résolus, des dévoués, mais qu'une voie d'eau entraîne au fond de l'Océan.

» La voie peut-elle être aveuglée? Oh! alors, debout! debout tous! Aux armes! au combat! à l'abordage!

» Sinon, élevons nos cœurs, et, s'il faut sombrer, que ce soit comme sombraient nos pères sur le *Vengeur*, noblement, fièrement, en jetant à l'ennemi stupéfait notre dernier cri de : Vive la France ! »

*
* *

Nous savons maintenant la vérité. La vérité est que Chanzy est battu, Faidherbe battu, Bourbaki immobilisé — la vérité est que tout est perdu.

A demain les nouvelles officielles.

Vendredi, 27 Janvier 1871.

Cent trente et unième journée de siége

Pendant la nuit aucun coup de canon ne s'est fait entendre : ce matin encore silence complet sur toutes nos lignes qui n'ont plus à répondre au feu de l'ennemi.

*
* *

Paris est sous l'empire d'une préoccupation anxieuse,

on s'aborde, on s'interroge : « Le Gouvernement parlera-t-il ? »

*
* *

Dix heures : le Gouvernement a parlé et la foule entoure les affiches que l'on vient de placarder.

Aux Habitants de Paris :

« Tant que le Gouvernement a pu compter sur l'arrivée d'une armée de secours, il était de son devoir de ne rien négliger pour prolonger la défense de Paris.

» En ce moment, quoique nos armées soient encore debout, les chances de la guerre les ont refoulées, l'une sous les murs de Lille, l'autre au-delà de Laval ; la troisième opère sur les frontières de l'est. Nous avons dès lors perdu tout espoir qu'elles puissent se rapprocher de nous, et l'état de nos subsistances ne nous permet plus d'attendre.

» Dans cette situation, le Gouvernement avait le devoir absolu de négocier. Les négociations ont lieu en ce moment. Tout le monde comprendra que nous ne pouvons en indiquer les détails sans de graves inconvénients. Nous espérons pouvoir les publier demain. Nous pouvons cependant dire, dès aujourd'hui, que le principe de la souveraineté nationale sera sauvegardé par la réunion immédiate d'une assemblée ; que l'armistice a pour but la convocation de cette assemblée ; que, pendant cet armistice, l'armée allemande occupera les forts, mais n'entrera pas dans l'enceinte de Paris ; que nous conserverons notre garde nationale intacte et une division de l'armée, et qu'aucun de nos soldats ne sera emmené hors du territoire. »

Cette nuit, un départ de ballon aura lieu à la gare du Nord.

L'aérostat en question a été baptisé d'un nom qui a conquis pendant le siège de Paris toutes les sympathies publiques, un de ces noms que la population parisienne n'oubliera jamais, qu'elle conservera éternellement dans son souvenir reconnaissant.

Il s'appelle le *Richard-Wallace.*

On assure que ce ballon ne sera pas le dernier expédié.

Demain encore, peut-être, nous enverrons par cette voie nos lettres à nos amis de province.

Et puis, ce sera tout!... Les communications reprendront leur cours régulier et normal. Et je pourrai enfin, recevoir des nouvelles de Plouaret.

Samedi, 28 Janvier 1871.

Cent trente-deuxième et dernière journée de siége

Dans la nuit, l'armistice politique a été signé : il restait à régler des questions militaires qui ont nécessité aujourd'hui entre Paris et Versailles des échanges de dépêches. L'intérêt qui s'attache à ces pourparlers avait attiré à Sèvres devant la maison dite du parlementaire un assez grand nombre de curieux : en ma qualité d'historien consciencieux, je ne pouvais manquer d'en faire partie ; à chaque instant un bateau traversant la Seine, transmettait de l'une à l'autre rive les pièces diplomatiques qui se succédaient continuellement. En outre du rameur, chaque embarcation contenait, soit deux officiers français, soit deux officiers prussiens : ces messieurs descendaient à terre, qui du côté de Versailles, qui du côté de Paris et échangeaient courtoisement leurs papiers.

*
* *

La distance qui me séparait du point de débarquement à Sèvres m'empêchait de distinguer les traits des parlementaires et cependant chaque fois que le bateau venant de Saint-Cloud approchait de la rive un frisson mortel me parcourait le corps, car l'un des deux officiers prussiens rappelait à ma mémoire certaines apparitions lugubres qui pendant le siége m'avaient profondément troublé; je voulais en avoir le cœur net, et sous prétexte que j'apportais des nouvelles de Paris, je m'élançai du côté du fleuve en agitant en l'air ces tablettes, qui ne me quittent jamais.

Mes pressentiments ne m'avaient pas trompé... Cet officier que j'avais entrevu vaguement jusqu'alors et devant lequel je me trouvais en ce moment était... en chair et en os... celui que j'avais vu deux fois étendu sans vie sur le champ de bataille et une troisième fois couvert d'un linceul à l'hôpital du Val-de-Grâce... « Encore vous (m'écriai-je d'une » voix étranglée par la surprise) mais c'est impos- » sible... ou vous revenez donc de l'autre monde!!! » car... je ne me trompe pas... vous avez déjà été tué » *trois fois*... je crois comprendre d'où vient votre » erreur, fit d'une voix triste l'officier prussien : avant » ce malheureux siége nous étions *quatre frères* et, » ajouta-t-il en essuyant une larme, aujourd'hui je » reste seul. »

* * *

Demain, en même temps que les chemins de fer seront ouverts à la circulation, les services de la poste et des télégraphes seront repris.

Je n'ai donc plus rien à apprendre à la province, et je termine ce soir mon histoire du siége de Paris, tout fier de pouvoir clore mon journal par cette phrase de M. de Bismarck :

« Le gouvernement prusssien est rempli d'admira- » tion pour l'armée et la population parisienne. »

FIN.

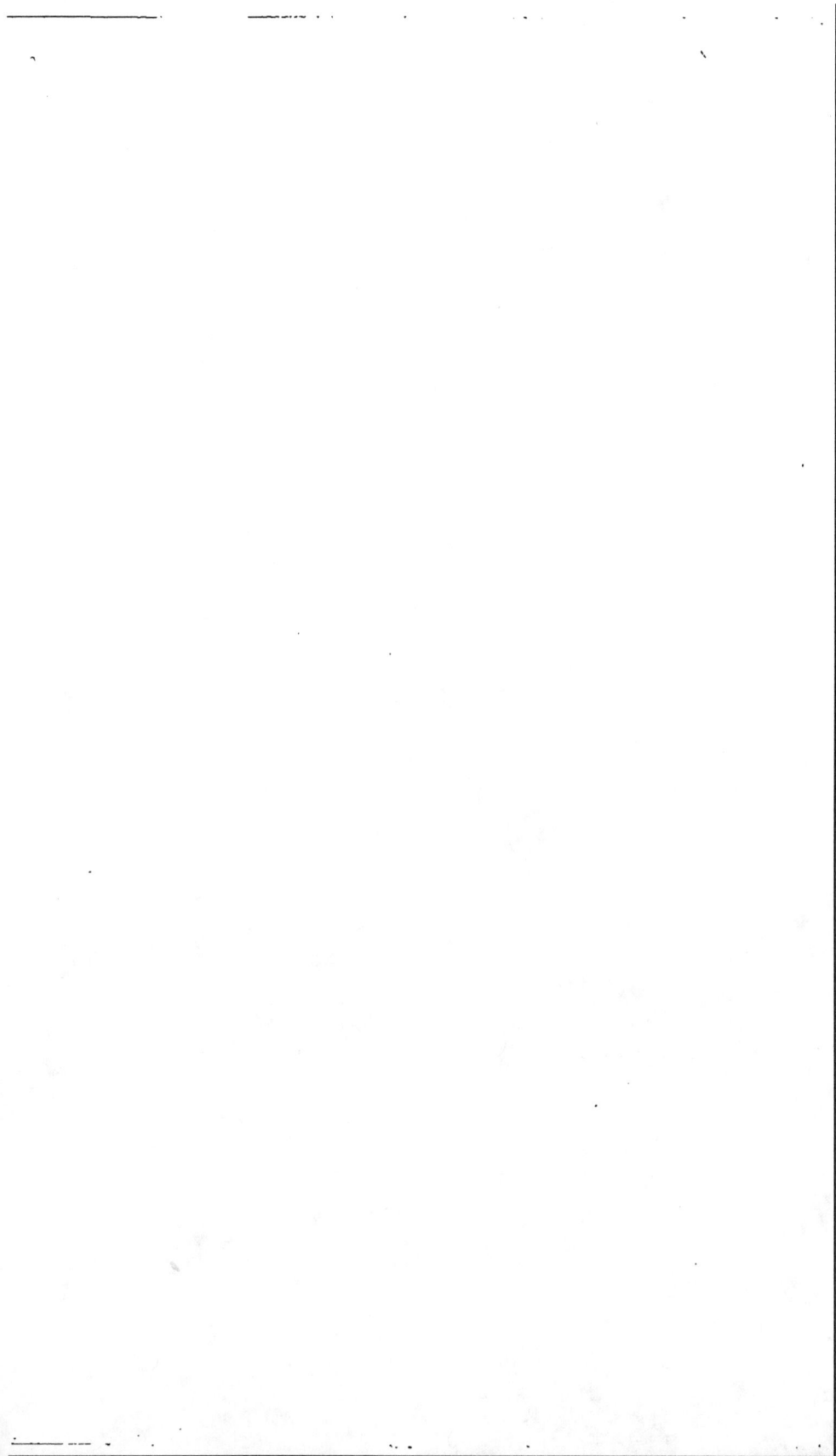

www.ingramcontent.com/pod-product-compliance
Lightning Source LLC
Chambersburg PA
CBHW071634270326
41928CB00010B/1922